기후위기기독교신학포럼은 기후변화가 가져올 심대한 지구적 변화와 이 변화에 따른 재난적 상황에 대처할 전향적인 인식과 실천적인 대안을 제시하고 이에 따른 정책을 신속하고 적절하게 마련할 수 있도록 신학을 중심으로 학제 간 융·복합 연구를 실행하는 것을 목적으로 설립되었다.

기후위기기독교 신학포럼

기독교와 탄소중립의 미래

사이토 코헤이 | 김백민 | 이유진 | 하승수
마쿠스 드뢰게 | 김학철 | 황홍렬 | 이성호 | 박영식 | 전 철

기후위기 기독교 신학포럼

기독교와 탄소중립의 미래

지은이	사이토 코헤이, 김백민, 이유진, 하승수,
	마쿠스 드뢰게, 김학철, 황홍렬, 이성호, 박영식, 전 철
역은이	기후위기기독교신학포럼
초판발행	2023년 7월 1일

펴낸이	배용하
등록	제364-2008-000013호
펴낸 곳	도서출판 대장간
	www.daejanggan.org
등록한 곳	충청남도 논산시 가야곡면 매죽헌로1176번길 8-54
편집부	전화 (041) 742-1424
영업부	전화 (041) 742-1424 전송 0303-0959-1424
ISBN	978-89-7071-618-3 93300

분류	환경	생태	기독교

 값 17,000원

지은이

사이토 코헤이(齋藤幸平/도쿄대학교 교수)

김백민(부경대학교 교수)

이유진(녹색전환연구소 부소장)

하승수(공익법률센터 농본 대표)

마쿠스 드뢰게(h.c. Markus Dröge / 베를린 미래 재단)

김학철(연세대학교 교수)

황홍렬(부산장신대학교 교수)

이성호(배재대학교 교수)

박영식(서울신학대학교 교수)

전 철(한신대학교 신학대학원 원장)

차례

2부 / 기후위기와 탄소중립 정책 그리고 기독교 과제

1부
기후위기 현실과
탄소중립 정책

사이토 코헤이

김백민

이유진

하승수

지속가능발전은 가능한가

: 스톡홀름회의로부터 반세기를 보내며

사이토 코헤이 (齋藤幸平, 도쿄대학교 교수)

번역 : 양주한 (오리오 아이신 단기대학 교수)

1. 들어가는 말

2022년은 스톡홀름회의Stockholm Conference가 열린 지 50년, 그리고 리오 지구회의Rio Earth Summit가 열린 지 30년이 되는 해이다. 하지만 지난 50년을 되돌아보면, 지구생태계 파괴에 제동이 걸린 게 아니라 오히려 그 반대였다. 몇 개의 지구위험한계선planetary boundaries은 이미 넘어섰고 기후변화, 사막화, 생명다양성의 붕괴 등 심각한 생태위기가 계속되고 있다. 리오회의에서 제창된 기후변화대책도 당시부터 세계적으로 노력했다면 1.5도 목표를 달성할 수 있었을지도 모르겠지만, 지금은 거대한 체제전환 없이는 생태위기를 멈춰 세우기는 불가능하게 되었다. 이것이 자본주의 체제를 정당성의 위기에 빠지도록 하고 있다는 사실에 주목하자. 다보스회의조차 '거대한 초기화The Great Reset'를 내세운 것에서도 알 수 있듯, 이러한 위기는 엘리트층을 포함한 모두의 인식이 되어 가고 있다.

그런데 지향해야할 '체제전환'이란 무엇인가? 이것에 대해서는 입장에 따라 견해가 크게 엇갈린다. 이 문제를 생각하는데 열쇠가 되는 것은 '지속가능개발'이라는 말이다. 요즘 '지속가능개발목표SDGs'라는 표어 아래 이 개념이 다시 주목받고 있지만, 결코 새로운 개념은 아니다. 실제 '브룬틀란트 보고서Brundtland Report'1987년에서도, 지구정상회의Earth Summit에서도 '지속가능개발'이 중심 표어로 내세워졌다. 하지만 이 말의 인기와는 정반대로 지금까지 수십 년간의 개발현실은 지속가능성과는 매우 거리가 멀다.

여기에는 '지속가능개발'이라는 개념 자체의 애매함이 자리한다. 세르주 라투슈Serge Latouche가 지적하듯 지속가능개발이라는 표현은 의도적이고도 불명료하게 상반하는 두 단어를 결합시킨 결과다. 이로 인하여 지구의 한계 아래에서 지속가능한 사회의 바람직한 상태를 추구하는 것이 아니라 '개발'을, 보다 정확하게는 '경제성장을 목표로 하는 개발'을 지속가능하게 하기 위한 슬로건으로 사용될 빌미를 준다. 이 모호함 때문에 가지각색의 사람들이 즐겨 사용하는 언어가 된 것이다.[1]

이러한 말이 가져오는 사태에 대한 비판적 반성도 없이, 그 위에 'G'를 보태어서 '지속가능개발목표SDGs'라고 해버렸기 때문에 생태계파괴를 멈출 수 없는 것이 아닐까? 즉 SDGs 안에도 '지속가능개발'이 갖는 모순이 그대로 깊숙이 파고 들어와 있다는 말이다. 분명히 SDGs의 이념에는 '변혁적 전환transformative change'이 담겨있다. 하지만 다른 한편으로 SDGs는 경제성장의 논리에 편입되어 있다.

---

1) セルジュ・ラトゥ シュ(Serge Latouche), 『脱成長(탈성장)』(白水社,2020年)

따라서 지속가능한 사회를 향한 체제전환의 방향성을 정하기 위해서도, 본 논문은 우선 이 '지속가능개발'이라는 개념이 품고 있는 모순을 드러내고 SDGs에 비판적 수정을 가해보고자 한다.

2. SDGs는 대중의 아편이다

SDGs는 Millenniums Development Goals MDGs를 이어받는 형태로 2015년 9월에 유엔에서 채택되었다. 잘 알려진 대로 SDGs는 MDGs 보다 포괄적인 목표인 17개의 목표와 169개의 세부 목표를 내건 것이 특징이다. 여기서 SDGs는 빈곤이나 굶주림 문제를 환경문제와 떼어놓지 않고 오히려 양자가 밀접하게 묶여 있다는 것을 강조한다. 또한, 인류의 번영을 달성하기 위해서는 반드시 환경문제를 해결해야만 한다고 명시하고 있다. 여기에서도 MDGs와 큰 차이가 있다. '빈곤이 바로 환경문제다'라고 보았던 스톡홀룸회의와 비교하면 개발도상국이 중심이 되어 정리한 SDGs의 목표는 큰 진전이 있음에 틀림없다.[2]

그럼에도 불구하고, 나는 『인류세의 자본론』人新世の「資本論」에서 'SDGs는 대중의 아편이다'라고 감히 주장했다.[3] 왜 그랬을까? 간단하게 설명해 보겠다.

윤리적 소비나 SDGs가 확실히 항간에서 유행하고 있긴 하지만, 개인 페트병, 개인 장바구니, 유기농 면organic cotton으로 지구의 미래를 지킬 수는 없다. 자신들이 하고 있는 절수와 절전 등의 작은 노력에 만족해 버리게 되면 구조적 문제, 즉 체제 전환의 필요성으로부터 눈을 돌려 버리게 된다.

---

2) 南博, 稲場雅紀 『SDGs—危機の時代の羅針盤(위기시대의 나침반)』(岩波新書, 2020年)
3) 齋藤幸平 『人新世の「資本論」(인류세의 자본론)』(集英社新書, 2020年)

기업도 SDGs나 윤리적 소비를 선전도구에 사용하고 있는 것은 아닐까? "공정무역Fair trade 커피콩을 사면 과테말라 농가의 어린이들이 학교에 갈 수 있도록 기부를 합니다. 그러니 우리 기업의 상품을 더 많이 사 주세요." 우리들도 이런 선전문구를 진짜로 받아드려 조금 비싼 커피를 사면서 양심의 가책을 약화시키고 있는 것이라면, 결국은 지금까지 그대로의 생활을 지속시키기 위한 '면죄부'가 되는 것이다. 이것은 부자들의 자기만족에 불과하다고 지적해도 무어라 할 말이 없다.

이러한 문제에도 불구하고, 일본에서는 세계의 어떤 국가보다도 SDGs가 유행하고 있다. 왜 일까? 일본인이 빈곤이나 불평등, 환경문제에 관심이 있기 때문일까? 하지만 일본의 성 평등지수는 121위다. 또한 기후변화 문제에 '관심이 있다'고 대답하는 사람의 비율은 다른 나라에 비하면 현저하게 낮다. 게다가 음식은 과잉포장투성이다.

그런데 왜 SDGs가 이런 사회에서 그렇게 유행하는가? 그것이 단지 하고 있다는 느낌을 들게 하는 도구로 전락했기 때문이다. 말만 널리 퍼뜨리려고 내용은 지나치게 빈약하게 해 버린 것은 아닐까? 부드럽고 유연한 기준을 설정하여 그런 지침을 달성하고 있는지를 체크하는 듯한 상품을 컨설턴트가 판매하면 소비자는 그런 상품을 소비함으로써 성취감에 만족하고, 다시 이것이 영업선전에 사용된다. 이런 달콤한 유혹에 지불해야 할 대가는 너무나도 크다.

3. SDGs의 모순

그래도 MDGs와 비교하면 SDGs에는 확실한 진전이 있었다. 케이트 레이워스Kate Raworth가 SDGs를 수용해서 '도넛경제'라는 경제 모델을 제안하는 등, 이론적으로도 큰 공헌을 하고 있다고 할 수 있다.[4] 하지만 SDGs가 이렇게 반신반의하며 애매하게 사용되는 현 상황에서는, SDGs에 의한 이념의 공식화 자체에 문제가 있을 가능성을 비판적으로 검토할 필요가 있다. 여기서 문제는, 흔히 말하듯 SDGs의 환경 관련 목표들 각각에 구체적인 수치목표가 없다는 점이 아니다. 더 본질적인 문제가 있다. 따라서 일본 SDGs의 '비극'에 직면하여 다카하시 마사키高橋眞樹처럼 SDGs의 각 목표들을 별개로 취급해서는 안되며 모두 밀접하게 연결되어 있음을 강조하는 것만으로는 충분치 않다.[5] 여기서 내가 고찰하려는 문제는 연결되어야 하는 목표 자체에 모순이 있다는 점이다. SDGs에는 양립할 수 없는 두 측면이 있다.

첫번째 측면은 목표[6] 6, 12, 13, 14, 15에서 볼 수 있듯 기후변화나 생물다양성 상실로 대표되는 지구환경파괴를 중단하고 인류와 자연의 공존을 지향하면서 인간 발전을 추구하는 비전이다.

예를 들면 SDGs 선언의 '전문'은 현재 위기에 직면한 지구의 지속가능성 문제에 대해 다음과 같이 말한다.

---

4) ケイト・ラワース(Kate Raworth)『ドーナツ経済(도넛경제)』(河出書房新社,2020年)

5) 高橋 真樹『日本のSDGs: それってほんとにサステナブル?(일본의 SDGs; 정말 지속가능한가?)』(大月書店,2020年)

6) (편집자 주) UN의 지속가능 개발목표(SDGs, Sustainable Development Goals)는 17가지의 목표로 구성된다.(본 글에서는 숫자로 표기 함)
1. 빈곤퇴치, 2. 기아종식, 3. 건강과 웰빙, 4. 양질의 교육, 5. 양성평등, 6. 물과위생, 7. 깨끗한 에너지, 8. 일자리와 경제성장, 9. 산업과 사회기반, 10. 불평등완화, 11. 지속가능한 도시, 12. 책임감 있는 소비와 생산, 13. 기후변화대응, 14. 해양생태계, 15. 육생생태계, 16. 평화 정의와 제도, 17. 전세계 파트너쉽

우리는 지구가 현재와 미래 세대의 수요를 뒷받침할 수 있도록 지속가능한 소비와 생산, 천연자원의 지속가능한 관리와 기후변화에 관한 긴급조치를 포함하여, 지구를 파괴로부터 보호할 것을 결의한다. 7)

그리고 지향해야할 '번영prosperity'8)에 관해서는 다음과 같이 말한다.

우리는 모든 인간의 풍요롭고 만족스러운 삶의 향유, 그리고 자연과 조화를 이루는 경제적, 사회적, 기술적 진보를 보장할 것을 결의한다.

'모든 인간'이라는 것이 중요하다. 오늘날의 사회에서는 일부 사람들만 풍요로운 삶을 누릴 뿐, 대다수 사람들은 빈곤과 굶주림 속에 살고 있으며 교육과 의료 등에 충분하게 접근할 수 없다. 또한 기후위기가 심화됨에 따라 그 영향은 반드시 약자에게 우선하게 된다. 이대로는 '모든 사람이 풍요로운 삶을 누린다'는 것은 가능하지 않다. 이 선언은 '어머니 지구'가 '우리 공동의 집common home'이라고 말하면서, 지구를 모두가 관리하여 다음 세대에 확실히 전달하는 것이 필수적인 과제임을 천명한다.

이 '번영'의 비전에 대응하는 것이 '지속가능성'을 키워드로 한 목표 6, 12, 13, 14, 15이다. 그 내용은 다음과 같다. 6. '모든 사람에게 물과 위생의 이용 가능성과 지속가능한 관리를 보장한다.' 12. '지속가능한 소비와 생산양식을 보

---

7)(일본)외무성 홈페이지에 게재되어 있는 번역문에서 발췌함.
8)affluence가 아니라, prosperity라는 것이 중요하다.

장한다.' 13. '기후변화와 그로 인한 영향에 맞서기 위해 긴급대응을 마련한다.' 14. '지속가능개발을 위해 바다와 해양자원을 보전하고 지속가능하게 이용한 다.' 15. '육상생태계의 보호, 복원 및 지속가능한 이용을 촉진한다'. 이러한 목 표를 살펴보면, 자연과의 공존을 추구하는 가히 진정한 '번영'을 지향하고 있다 고 할 수 있다.

하지만 SDGs의 내용은 이러한 목표에 못 미친다. 또 다른 측면이 있는 것이 다. 그것은 목표 8의 '포용적이고 지속가능한 경제성장'에서 전형적으로 나타나 듯, 경제성장이 사회발전을 위해 필요하다는 전제다. 이와 관련하여 목표 1, 2, 3, 4에서 언급된 것처럼, 빈곤과 굶주림을 극복하려면 경제성장이 요청된다는 말이다.

특히 (8.1)은 "일인당 경제성장률은 각국의 상황에 따라 유지한다. 특히 후 발개발도상국은 매해 적어도 7%의 성장률을 유지하도록 한다"고 명확한 목표 수치까지 제안하고 있다. 경제성장을 달성하기 위한 방법은 (8.2)에서 설명된 다. "고부가가치 분야와 노동집약형 분야에 중점을 두는 것을 포함하여 다각화, 기술개선과 혁신을 통해 높은 수준의 경제생산성을 달성한다." 목표 8은 1. 빈 곤 종식, 2. 기아 종식, 3. 건강한 삶 보장, 4. 질 높은 교육 제공에 기반이 된다는 말이다.

이 지점에서 즉시 떠오르는 문제는 다음과 같은 것이다. 여기에서 내걸고 있 는 기술혁신을 통해서 선진국은 지금 그대로의 연간 경제성장률1.6%을 '유지' 하고, 후발개발도상국은 '적어도 7%의 연간 성장률을 달성'한다는 결국 전세계 의 GDP성장률은 지금의 3.6%보다도 높게 된다 것이 과연 자연과의 공존을 향한 '지속가능성'과 양립할 수 있을까? 즉 SDGs에 담겨있는 두 개의 방향성이 과연 양립할 수 있을까?

지금까지 환경경제학에서 종종 지적되었듯이 경제성장과 환경부하環境負荷, environmental loads[9]는 결부되어 있으며, 그 한계 안에서 지속가능성과 경제성장이라는 두 목표 사이에는 긴장관계가 존재한다. 그런데 SDGs는 이러한 긴장관계가 마치 존재하지 않는 것처럼 결합시켜 양자를 한데 묶어 놓고 있다.[10] 그리고 이런 예정조화豫定調和야말로 모든 이해관계자stake-holder로 하여금 SDGs에 뛰어들게 하는 이유다.

따라서 이 조화가 정말로 존재하는 것인가를 검토해야 한다. 경제성장과 지속가능성이 양립 가능 하려면 경제성장은 온실가스배출 뿐만 아니라 이와 관련된 자원과 에너지 사용의 증대와도 분리되지 않으면 안된다. 이른바 '절대적 탈동조화decoupling'를 수행할 필요가 있다. 이것을 지향하는 것이 바로 '녹색경제성장'이다.

4. '녹색성장'이란 무엇인가?

지금까지 살펴본 것에서 알 수 있듯이, 일반적으로 '지속가능개발'이란 개발을 지속 가능하게 하는 것을 가리키지만, 실질적으로는 경제성장과 동의어다. 즉 sustainable development란 경제성장을 지속 가능하게 만드는 것을 목표로

---

9) (역자주) 환경에 부담을 줄 수 있는 모든 것을 일컫는 말이다.

10) Gupta, J., & Vegelin, C. Sustainable development goals and inclusive development.. International Environmental Agreements: Politics, Law and Economics 16 , no. 3 (2016) ; 433-448.

하는 개념이며, 최근에는 이것을 "녹색성장green growth"이라고 부르고 있다.

'지속가능개발'과 마찬가지로 '녹색성장'도 새로운 개념이기 때문에 미묘하게 다른 뉘앙스의 정의가 있다. OECD의 정의에 의하면 녹색경제성장 옹호자들은 "우리의 웰빙이 의존하는 자원과 환경서비스를 자연자산이 계속 제공하도록 보장하면서 경제성장과 경제발전을 촉진하는 것"을 목표로 한다.[11]

'녹색경제성장'의 정의들은 조금씩 다르지만, 추구하는 방향에는 공통점이 있다. 녹색성장은 기술혁신을 통한 효율화와 정부의 개입을 통한 규제와 전환의 촉진을 전제로 한다. 이때 UNEP는 경제성장과 환경부하負荷의 '탈동조화'를 '녹색성장'의 중심에 놓는다. "탈동조화는 보다 자원 효율적인 경제로 전환하는 경우 직면하게 될 어려움을 공식화하기 위한 핵심 개념이다. 글로벌 경제성장이 지구위험한계선에 근접한 상황에서, 경제적 가치의 창조를 자연자원이용과 환경부하로부터 탈동조화하는 것이 긴급하게 요구된다." 녹색성장의 핵심과제는 "물질 및 에너지 집약도와 성장 간의 절대적 탈동조화"라는 사실이 여기서 분명해진다.[12]

다시 말하지만, 문제는 이러한 절대적 탈동조화가 실제로 가능한지의 여부다. 여기서 유명한 환경화학자 토마스 비드만Thomas Wiedmann 등의 연구를 언급하고자 한다. 이 연구는 국제무역에 의한 수정을 통해 물질발자국Material Footprint, MF을 계산한다.[13] 이 연구에 따르면, 수정 후에는 선진국에서도 물질

11) Organisation for Economic Cooperation and Development (OECD), Towards greengrowth (Paris: OECD, 2011), p. 18

12) Ibid., p. 15.

13) Wiedmann et al.

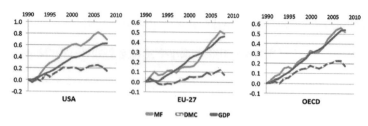

Figure 1. Material use trends for EU-27, OECD and USA, 1990–2008. Source: Wiedmann *et al.* (2015).

발자국의 '상대적 또는 절대적 탈동조화'가 나타나지 않는다. 국내물질소비량 DMC의 감소는 사실이지만, 수입 자원의 물질발자국을 감안하면 각국의 물질 발자국은 GDP와 같은 비율로 증가하고 있음이 밝혀졌다.

그리고 세계 전체로 보더라도 경제성장과 물질발자국은 밀접하게 함께 계속 해서 증가하고 있다.

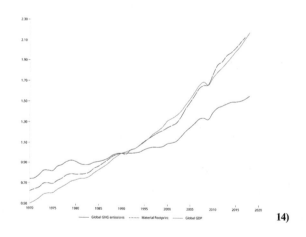

14)

즉, 이러한 데이터는 현재의 경제성장을 유지하면서도 기후변화에 대처하는

13) Wiedmann et al.

데 필요한 '지속적인 탈동조화'를 충분한 규모로 실현할 가능성이 없음을 시사한다. 실제로, 21세기에 들어서 지금까지 글로벌GDP와 물질발자국은 탈동조화decoupling하는 것이 아니라 오히려 역으로 '재결합recoupling'하고 있는 것이 현실이다.

이산화탄소 배출량도 마찬가지다. 에너지소비의 효율화는 주로 선진국의 산업부문을 중심으로 진행되고 있는 것으로 알려져 있다. 미국과 영국에서는 1980년대에 비해 40%의 상당한 개선이 있었다. 영국과 미국만이 아니라, OECD회원국을 중심으로 GDP대비 에너지소비율이 큰 폭으로 감소했으며, 따라서 '상대적 탈동조화'가 진행하고 있는 것은 틀림없다.

그러나 선진국의 추세와는 달리 브라질과 중동의 GDP대비 에너지소비율은 오히려 빠르게 악화하고 있다. 눈앞의 경제성장이 우선시되는 과정에서 대규모 투자는 기존의 기술과 똑같은 방식으로 이루어졌으며, '상대적 탈동조화'조차도 일어나지 않았다. 에너지소비의 효율성이 악화하면 당연히 GDP대비 이산화탄소 배출량 비율도 개선되지 않는다. 2004년과 2015년 사이 경제성장의 중심은 중국과 브라질 같은 국가로 옮아갔으며, 전지구적으로 연간 이산화탄소 배출량은 단지 0.2%만 개선됐다.

요컨대, 이산화탄소 배출을 둘러싼 '상대적 탈동조화'는 세계 전체로서는 최근 몇 년 동안 거의 발생하지 않았다고 할 수 있다. 이러한 상황에서 2050년 배출 제로를 향한 '절대적 탈동조화'는 그저 몽중몽꿈 속의 꿈일 뿐이다. 물론 몇몇 선진국에서 리먼 쇼크 이후의 장기침체도 있었고 해서 이산화탄소 배출량이 약간이긴 하지만 실제로 감소했다. 예를 들어, 영국에서는 2000년부터 2013년 사이에 GDP가 27% 증가했지만 이산화탄소 배출량은 9% 감소했다. 독일도 마찬가지다.

그렇지만 절대적 탈동조화가 일어나고 있는 나라영국, 스페인, 루마니아에서도 그 비율은 약 3~4% 정도다. 목표하고 있는 비율인 12%와는 거리가 멀다. 그리고 수출과 수입을 고려해서 계산해보면, 북유럽과 같이 환경대책에 앞선 듯이 보이는 국가도 여전히 환경부하가 높다는 사실이 확인된다. 북유럽은 미국과 호주 다음으로 환경부하가 높으며, 유럽의 다른 국가들과 비교해서는 훨씬 높다.

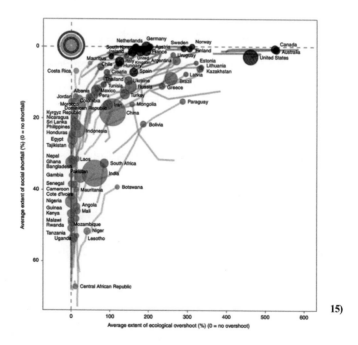

15)

15) Fanning AL, O'Neill DW, Hickel J, Roux N. 2021. The social shortfall and ecological overshoot of nations. Nature Sustainability.

이런 식으로 이산화탄소 배출량은 전혀 줄지 않았다. 현실에서는 '절대적 탈동조화'를 통해 이산화탄소 배출량을 줄이기는커녕 현 상황을 그대로 유지하는 것도 어려운 상태다.

여기서 주목할 점은, 이러한 현실을 받아들여 유럽 환경청EEA도 탈성장을 고려할 필요성을 인식하게 되었다는 사실이다. 즉, 생활 수준을 물질적으로 높이는 것이 아니라 질적으로 행복, 평등, 사회적연대 높일 필요성을 지적하고 있다. "기술의 변화만이 아닌 소비와 사회적 행동의 변화"가 필요하다.[16]

이러한 상황에 직면해서, 왜 북유럽과 같이 언뜻보기에 환경대책에 앞선 것처럼 보이는 국가에서 그레타 툰베리Greta Thunberg와 같은 환경운동가가 나오는지 그 이유를 쉽게 알 수 있다. 만약 북유럽의 환경대책이 적절했다면 툰베리가 학교 파업을 할 필요는 없었을 것이다. 그리고 툰베리의 '급진적인' 주장이 같은 세대 젊은이들 사이에서 열광적인 지지를 얻지도 못했을 것이다. 그런데 상황은 정반대다. '무한한 경제성장의 신화'를 비판하는 연설이 Z세대의 공감을 불러일으킨 것이다. 그들의 주장에 따르면, 녹색성장도 '신화'일 뿐이다.

일본에서는 화석연료 및 원자력발전에 집착하는 기득권층과 재생가능에너지 및 전기자동차EV, electric vehicle에 대한 녹색 투자를 추진하는 사람들이 대립의 양단을 이루고 있는 것으로 묘사되는 경우가 많다. 하지만 유럽에서는 코로나 대유행이 촉발한 변화를 바탕으로 하는 '거대한 초기화'를 둘러싸고 녹색성장 대 탈성장이라는 구도로 논의가 전개되고 있다.

---

16) https://www.eea.europa.eu/publications/growth-without-economic-growth

5. SDGs의 과제해결을 위해 목표 8이 필요한가?

이런 식으로 생각할 때, SDGs가 목표 8에서 GDP성장을 세계규모에서 요구하는 것은 충분한 근거로 정당화될 수 있다고 보기 어렵다. 탈성장 옹호자들이 주장하듯, 빈곤과 굶주림 등을 해결하기 위해 글로벌사우스Global South에 있어서 경제성장은 필요하다고 하더라도, 선진국을 포함한 모든 국가에서 지금까지와 같은 경제성장을 지속할 필요는 없다. 사실 어느 정도의 경제 수준을 넘어서면, 복지 실현을 위한 경제성장은 별로 필요하지 않다. 오히려 과도한 소비, 장시간 노동의 스트레스와 불안이 행복도와 만족도를 감소시킨다. 이러한 상황에서 교육, 건강과 장수, 양성평등 등의 SDGs 목표는, 이미 충분히 풍요로운 선진국이 더 높은 경제성장을 추구함으로써가 아니라, 부를 보다 적절하게 (재)분배하는 경제적 평등을 실현함으로써 달성할 수 있을 것이다.[17]

또한 개발도상국에서는 사회적 필요를 충족하기 위해 경제성장이 필요하다고 해도, 이것이 결코 자동으로 빈곤과 굶주림을 해결하지는 않는다. 예를 들어, 자본주의의 발전은 기계화를 초래한다. 최근에는 '로봇의 위협'이라 일컬어지는, 자동화automation에 의한 실업의 위협이 일어나고 있다. 현재 개발도상국의 제조업은 임금이 싸기 때문에 노동집약적 형태로 글로벌노스Global North의 하청이 되고 있다. 허나 경제성장을 이루는 과정에서 임금이 올라가고 기술혁신으로 기계가 저렴해짐에 따라 개발도상국에서도 자동화가 끊임없이 촉진될 것이다. 그렇게 되면 남은 일자리를 둘러싼 노동자 간의 경쟁이 격화하고, 임금은 오르지 않은 채 불안정고용이 증가한다. 동시에 실업이 늘어나면 빈곤 문제는

---

17) ヨルゴス・カリス(Giorgos・Kallis)『なぜ脱成長なのか(왜 탈성장인가)』(NHK 出版, 2021年)

반드시 해결된다고 볼 수 없다. 마르크스가 말한 '빈곤의 법칙'이 지배적이 되는 것이다.

굶주림도 마찬가지다. 경제성장을 우선시하는 대규모 농업경영은 기계화를 촉진한다. 하지만 이런다고 해서 그곳에 고용된 노동자들과 국민의 생활조건이 반드시 개선되지는 않는다. 왜냐하면, 선진국 수출용 환금작물換金作物은 대규모 농장plantation에서 재배되기 때문이다. 자신이 필요한 만큼 재배하는 소규모 가족농가와 전통적 농가는 파괴되고, 국민의 생활기반은 무너지는 가운데, 이들은 경제적인 곤궁에 빠지게 된다.

즉, 경제성장이 식량문제를 저절로 해결하지는 않는다. 세계식량농업기구 FAO가 옹호하듯, 굶주림을 줄이기 위해 기업농업agribusiness으로부터 가족농가를 든든히 지키면서 투기 등을 규제해야 한다. 식량주권이라는 생각도 중요하다. 하지만, 종종 개발지원이라는 이름으로 경제성장을 위한 대규모개발이 수행되곤 한다.

또한 건강과 관련하여, GDP 증가가 반드시 장수와 건강한 기대수명을 늘린다고 할 수는 없다. 가까운 예를 들면, 일본과 한국의 GDP는 미국보다 낮지만 평균 인간 기대수명은 미국보다 거의 6년정도 더 길다. 그 배경에는 식생활 등 다양한 요인이 있지만, 보편적인 국민의료보험제도에 드는 일본인의 연간의료비가 일인당 35만엔인데 비해 미국은 118만엔에 이른다는 점에 주목할 필요가 있다. 보편적인 의료보험제도 등을 중시하는 것은 사람들의 건강증진에 중요하며, 단순히 GDP를 증가시킨다고 해서 반드시 건강증진에 도움이 되는 것은 아니다.

물론 농업, 의료, 교육을 위해 자원과 에너지가 필요하며 인프라정비를 위해서도 자본은 필요하다. 이러한 이유로 일각에서는 GDP 증가, 경제규모 확대, 자본 축적과 집중이 기술혁신을 통한 효율성을 가져올 것이라는 주장을 펴기도 한다.

확실히 역사를 되돌아보면 선진국의 경제성장에는 효율성이 수반됐다. 그러나 동시에 그 규모의 증가가 효율성을 상회하는 경우가 많고, 그 결과 절대적 탈동조화는 일어나지 않고 환경부하가 증가하는 것도 사실이다. 효율성이 더 많은 소비를 낳는다는 리바운드 효과의 문제도 있다.

또한 환경부하를 줄이는 기술개발이 필요하다는 것은 틀림없지만, 이것이 반드시 총 GDP를 늘리지 않고는 기술혁신과 효율성을 달성할 수 없음을 의미하지는 않는다. 그보다도 필요한 기술혁신을 촉진하기 위한 기술원조나 탄소세 등의 규제책이 더 효율적일 것이다. 지속가능성을 위한 이러한 대책들을 실현해 가기 위해 모든 국가에서 반드시 목표8의 경제성장을 계속할 필요는 없다.

요컨대, 중요한 것은 경제성장 자체가 아니다. 특히 지속가능성이라는 문제를 앞에 두고서 선진국이 지금까지와 같은 경제성장을 계속 추구하지 않으면 안된다고 내세우는 이유들은 그 근거가 약하다. 다시 한 번 강조하자면, 그보다도 국가 내 불평등과 국가 간 불평등을 바로잡는 것이 더 중요하다.

이러한 점을 다루는 것이 목표 10이다. 10.1에서는 다음과 같이 말하고 있다. "2030년까지 각 국 국민소득 하위 40%의 소득성장율이 점진적으로 국내평균보다 높은 수치를 달성하도록 하고 지속시킨다."[18] 하지만 이것도 아직 불충

---

18) 좀 더 혹독하게 말하면, 이 목표달성을 위해서는 2029년까지는 불평등이 계속 확대될 수

분하다. 그리고 여기에 목표 8이 영향을 미치고 있다. 다시 말해, 여기서도 경제성장을 통한 빈곤층의 소득증대를 내세울 뿐, 기존 부를 재분배하여 평등을 달성하는 것에 관해서는 전혀 다루지 않고 있기 때문이다. 이러한 상황에서는 하위층의 부가 국내평균 이상의 비율로 늘어난다고 해도, 일부 슈퍼 리치의 절대적 부는 더 증가할 가능성이 크다. 이런 한계로 인해 목표10은 불충분하다.

6. SDGs의 실현을 향하여

현재 지구환경의 심각성과 경제적 불평등을 고려하면 현상태에서 SDGs를 공식화하기에는 부족한 점이 많다. 그것은 유엔이라고 하는 이해상충의 장에서 마지막 순간에 안을 성립시키기 위하여 필요한 타협이었을지도 모르겠다. 그렇지만 정치적 현실주의를 이유 삼아 비판하지 않는다면, 이는 본질적 문제를 은폐한다는 의미에서 악질적인 냉소주의다.

목표 8로는 불충분하다. 개발도상국에 더 많은 경제성장이 필요하다고 해도, 지속가능성의 관점에서 선진국에 지금까지 그대로의 경제성장이 필요하다고 말할 수는 없다는 점을 분명히 해야 한다. 따라서 8.1의 경제성장의 대상과 실제를 명확히 할 필요가 있다. 이와 동시에 모든 형태의 경제성장을 받아들이기보다는, 교육, 건강, 고용 등의 질을 중시하고, 경제성장이 인간의 발전에 반드시 필요한 것은 아니라는 사실을 분명히 해야 한다.

마찬가지로, 목표10은 단순히 성장이 가져오는 새로운 소득을 통해 빈곤층의 물질적 수준을 높이는 것을 목표로 하기보다 기존의 부를 철저히 재분배해

있으며, 2030년까지도 불평등이 확대된 후에야 가능하다.

야 한다는 점을 분명하게 명시해야 한다. 여기에는 글로벌노스로부터 글로벌사우스로의 국가를 넘어선 재분배가 포함된다. 즉, 선진국은 '탈성장'해야 한다.

　과잉개발과 저개발을 시정하고 국가 간 불균형을 없애는 것이야 말로 해결을 향한 길이다. 따라서 자본주의는 노동과 환경, 두 영역에서의 불평등한 가치교환을 바로잡을 필요가 있다. 이를 위해서는 지금까지의 과도한 착취를 바로잡도록, 개발도상국에서의 임금을 크게 인상할 필요가 있다. 또한 세계은행과 IMF의 구조조정 프로그램SAPs에 의해 억지로 부과된 부채를 탕감하는 것도 검토해야 한다. 불평등한 교환을 고려할 때, 빚이 있는 쪽은 선진국이기 때문이다. 부채 탕감에 맞추어서, 세계은행, IMF 등 국제기구는 개발도상국의 의사를 반영하는 민주적이고 공정한 기구로 변모해야 한다. 또한, 이러한 재분배를 보다 효율적으로 만들기 위해 조세 피난처tax haven와 경제특별구역을 규제하고 국제적인 법인세, 소득세, 금융자산과세 등을 검토해야 한다.

　불행히도 이러한 대담한 제도개혁의 필요성은 기존의 SDGs에서는 모호하게 되어 있다. 왜냐하면, 이러한 길은 너무도 어려운 길이기 때문이다. 그리고 이 곤혹스러운 물음을 피할 수 있는 유일한 방법이 더 높은 '경제성장'이다. 경제성장이 기술혁신을 가져오고 효율성이 불평등과 환경문제를 해결한다. 사람들은 이런 이야기로 몰려든다. 그러나 '녹색성장'은 신화이며, 현상태 그대로의 경제성장유지는 지속가능성이 지향하는 물질발자국과 이산화탄소 배출량의 감소와는 서로 양립할 수 없다. 이런 사실이 널리 퍼지는 것이 SDGs가 아편이 되는 것을 막기 위하여 필요한 개혁이다.

持續可能な開發は可能
：か—ストックホルム會議から半世紀に

齋藤幸平 (University of Tokyo)

はじめに

2022年は, ストックホルム會議から50年, そしてリオの地球サミットから30年の年である. だが, この50年間を振り返ってみて, 地球環境の破壊に齒止めがかかったかといえば, 事態はむしろ逆である. いくつものプラネタリ　バウンダリーが突破され, 氣候変動, 砂漠化, 生物多様性の崩壊などいくつもの深刻な環境危機が進行している. リオ會議で提唱される氣候変動對策も当時から世界的に取り組んでいれば, 1・5度目標を達成できたかもしれないが, 今や大きなシステム・チェンジなしには, 環境危機を食い止めることは不可能になっている. そのことが, 資本主義システムを正当性の危機に陥れるようにもなっていることに注目しよう. そして, そのことは, ダボス會議で「グレート・リセット」が掲げられるようになっていることからもわかるように, エリート層を含めた認識になりつつある.

だが, 目指すべき「システム・チェンジ」とはどのようなものであろうか. ここでは, 立場によって, 見解が大いに異なる. この点を考えるのに鍵となるのが, 「持續可能な開發」(sustainable development)と譯される言葉である. 今, 「持續可能な開發目標」(SDGs)という標語のもとで, この概念への注目が再び集まっているが, それは決して新しい概念ではない. 事實, 「ブルントラント報告」(１９８７年)でも, 地球サミットでも「持續可能な開發」は中心的な標語として掲げられてきた. だが, この言葉の人氣とは裏腹に, ここ數十年の開發の現實は, 持續可能性とは程遠かったのである.

ここには, 「持續可能な開發」という概念が孕む, 曖昧さがある. セルジュ・ラトゥーシュが指摘するように, 持續可能な發展という表現は意図的に不明瞭で, 相反する言葉をペアにしている. そうすることで, 地球の限界のもとで持續可能な社會のあり方を追求するのではなく, 「開發」, より正確には「經濟成長を目指した開發」を持續可能にするためのスローガンとして用いる余地を殘しているというわけだ. そして, まさにこの曖昧さがゆえに, 樣 々な人々が好んで用いる言葉になったというのである.[1]

そうした言葉がもたらした事態への批判的反省もないままに, そこに「G」を足して, 「持續可能な開發目標」(SDGs)としたところで, 環境破壊を止めることはできないのではないか. というのも, SDG s のうちにも, まさにこの「持續可能な開發」につきまとう矛盾がそのままに入り込んでいるからである. たしかに, SDG s はその理念に「トランスフォ マティブ・チェンジ」が内包され

---

1) セルジュ・ラトゥ シュ『脱成長』(白水社, ２０２０年).

ている.だが,他方では,ＳＤＧｓは経済成長の論理に取り込まれてもいるからである.

そこで,本稿では,持續可能な社會へのシステム・チェンジの方向性を定めるためにも,まずこの「持續可能な發展」という概念が孕む矛盾を露わにし,SDGsに批判的修正を加えていくことにしたい.

▼「SDGｓは大衆のアヘンである」

SDGsはMillenniums Development Goals（MDGs）を引き継ぐ形で,２０１５年９月に國連で採擇された.よく知られているように,SDGsは17の目標と１６９のターゲットからなり,MDGｓよりも,包括的な目標を掲げるようになっている点に特徴がある.その際,SDGsは,貧困や飢餓の問題を環境問題と切り離すのではなく,むしろ,両者が密接に結びついていることを強調し,人類の繁榮を達成するためには,環境問題を解決することなしには不可能であることを明示化している.ここにも,MDGｓとの大きな違いがある.「貧困こそが環境問題である」と言われたストックホルム會議から比べると,途上國が中心となってまとめた SDGsの目標には大きな前進があるのは間違いない[2].

けれども,そのようなSDGsに對して,「SDGsは大衆のアヘンである」と,『人新世の「資本論」』で,私は敢えてそう主張した[3].なぜか.言葉が獨り歩きし

---

2) 南博, 稲場雅紀『SDGs―危機の時代の羅針盤』(岩波新書,２０２０年)
3) 齋藤幸平『人新世の「資本論」』(集英社新書,２０２０年)

ているので, 簡単に説明しておこう.

たしかに, 巷では, エシカルやSDGsが流行っているが, マイボトルやマイバッグ, オ　ガニックコットンで地球の未來を守ることはできない. そもそも, 個人の力だけでは, 環境危機を止めることは到底できない. それどころか, 自分たちのやっている節水や節電などの小さな努力で満足してしまえば, 構造的問題, つまりシステムチェンジの必要性から目をそらすことになってしまう.

企業も, SDGsやエシカルを宣伝道具に使っていないだろうか. フェアトレ ドのコ　ヒ　豆を買えば, グアテマラの農家の子供たちが學校にいけるように寄付をします. だから, うちの企業の商品をもっと買ってください. 私たちも, そんな宣伝文句を眞に受けて, 少し高いコ　ヒ　を買って良心の呵責を和らげるのであれば, 結局は, 今まで通りの生活を續けるための「免罪符」になっている. それはお金持ちの自己満足に過ぎない, と言われても, 返す言葉がないだろう.

こうした問題点にもかかわらず, 日本では, 世界と比べてもSDGsが流行っている. なぜだろうか. 日本人が貧困や格差, 環境問題に關心があるからだろうか. だが, 日本のジェンダ　格差は１２１位である. また, 氣候変動問題についても, 「關心がある」と答えた人の割合は, 他國と比べて著しく低い. それに食べ物は過剰包装だらけだ.

では, なぜSDGsがそのような社會でこれほど流行るかといえば, やっている感を出す道具に成り下がっているからである, 言葉を廣めるために, 内容

を薄めすぎてしまったのではないか. 緩やかな基準を設定し, そうした指針を達成できているかをチェックするような商品をコンサルが販賣し, 購入側も達成したことに満足し, それを營業宣伝に使う. このような甘えの代償はあまりにも大きい.

▼SDGsの矛盾

それでも, MDGsと比べるとSDGsは確實に前進しており, SDGsを取り入れる形でケイト・ラワ　スの「ド　ナツ経濟」のという考え方が提起されるなど, 理論的にも大きな貢献をしていると言ってよい[4]. だが, その一方で, SDGsがこれほど中途半端な利用をされている現状には, やはり, SDGsによる理念の定式化そのものに問題があるという可能性を批判的に検討しておく必要がある. ここで問題視したいのはよく言われるような, SDGsの環境關連の各目標に具体的な數値目標が入っていないという点ではない. もっと本質的な問題である. それゆえ, 日本のSDGsの「惨狀」を前にして, 高橋眞樹のように, SDGsはバラバラに扱ってはならず, すべてが密接につながっていることを強調するだけでも不十分である[5]. ここで考察したいのは, その結びついているはずの目標そのものに矛盾が存在するという問題なのである. SDGsには相いれない二つの側面があるのだ.

一つ目の側面は, 目標6, 12, 13, 14, 15にみられるような, 氣候変動や生物

---

4) ケイト・ラワ　ス『ド　ナツ経済』(河出書房新社, 2020年)
5) 高橋眞樹『日本のSDGs:それってほんとにサステナブル?』(大月書店, ２０２０年).

多様性の喪失に代表される地球環境破壊を食い止め，人類と自然の共存を目指しながら，人間的發展を目指すべきだというビジョンだ．

例えば，SDG s の宣言の「前文」では，今地球が危機に直面する持續可能性の問題について，次のように言われている．

「我　は，地球が現在及び將來の世代の需要を支えることができるように，持續可能な消費及び生産，天然資源の持續可能な管理並びに氣候変動に關する緊急の行動をとることを含めて，地球を破壊から守ることを決意する．」[6]

そして，目指すべき「繁榮」(prosperity)[7]についてはこう述べる．

「我　は，すべての人間が豊かで滿たされた生活を享受することができること，また，経濟的，社會的及び技術的な進歩が自然との調和のうちに生じることを確保することを決意する．」

「すべての人間」がというのが重要である．今の社會は，一部の人　が豊かな暮らしを享受する一方で，多くの人が貧困•飢餓状態にあり，教育や医療などにも十分なアクセスができないからだ．そして，氣候危機が深まっていけ

---

6) 外務省HPに掲載されている仮訳から．
7) Affluenceではなく, prosperityであることが重要である．

ば, その皺寄せは, 確實に弱者にいくことになる. このままでは, 「すべての人間が豊かで滿たされた生活を享受する」ことはできない. そこで, 宣言は, 「母なる地球」が「我 の故鄉」(common home)だとし, 地球をみなで管理し, 次世代にしっかり託していくことを本質的な課題として掲げているのである.

　この「繁榮」のビジョンに對應するのが, 「持續可能性」をキ ワ ドにした目標6,12,13,14,15である. それぞれ次のようなものだ. ⑥「すべての人に水と衛生へのアクセスと持續可能な管理を確保する」. ⑫「持續可能な消費と生産のパタ ンを確保する」. ⑬「氣候変動とその影響に立ち向かうため, 緊急對策を取る」. ⑭「海洋と海洋資源を持續可能な開發に向けて保全し, 持續可能な形で利用する」. ⑮「陸上生態系の保護, 回復および持續可能な利用の推進」. これらの目標を見る限り, まさに自然との共存を目指す「繁榮」目標にされている.

　ところが, SDGsの内容はそれにつきない. もう一つの側面があるのだ. それは, 目標⑧「包括的かつ持續可能な經濟成長」に典型的にみられるように, 經濟成長が社會發展のために必要だという前提である. それに關連して, 目標1,2,3,4で言われるような貧困や飢餓の克服に向けて, 經濟成長が要請されることになるのである.

　特に, 8.1では, 「各國の狀況に応じて, 一人 たり經濟成長率を持續させる. 特に後發開發途上國は少なくとも年率 7%の成長率を保つ」と, 明確な數値目標まで入れられている. その經濟成長を達成するための方法は, 8.2に書かれている. 「高付加価値セクタ や勞働集約型セクタ に重点を置くことな

どにより, 多様化, 技術向上及びイノベ ションを通じた高いレベルの経済生産性を達成する」というのである. そして, この目標⑧こそが, ①貧困を終わらせ, ②飢餓を終わらせ, ③健康的な生活を確保し, ④質の高い教育を提供するための基盤になるといわけだ.

ここで頭にすぐに浮かぶ問題は, 当然次のようなものだ. ここで掲げられている技術革新によって, 先進國においても, これまで通りの経済成長率を「持續」させつつ(先進國1.6%), 後發開發途上國において, 「少なくとも年率7%の成長率を保つ」こと――これによって, 全世界のGDP成長率は今の3.6%よりも高くなる――が, 自然との共存に向けた「持續可能性」と相容れるのか. つまり, SDGsに含まれる二つの方向性が果たして, 兩立できるのか.

これまで環境経済學でしばしば指摘されるように, 経済成長と環境負荷は結びついており, その限りで, 持続可能性と経済成長という二つの目標の間には緊張關係が存在する. ところが, SDGsはそのような緊張關係があたかも存在しないかのように, 結びつけ, 兩者をひとまとめにされている[8]. そして, これ予定調和こそが, あらゆるステ クホルダ がSDGsに飛びつくことを可能にしている理由なのである.

したがって, この調和が本当に存在するのかを檢討しなければならない. もし経済成長と持續可能性が兩立可能であるとすれば, 経済成長を, それにともなう資源とエネルギ 利用の増大, ならびに溫室効果ガスの排出量増

---

8) Gupta, J., & Vegelin, C. Sustainable development goals and inclusive development. International Environmental Agreements: Politics, Law and Economics 16, no. 3 (2016): 433448.

大と切り離さなければならない. いわゆる「絶對的デカップリング」を行う必要がある. それを目指すのが「綠の經濟成長」である.

これまでにみた内容からもわかるように, 一般に言われる「持續可能な開發」とは, 開發を持續可能にすることを指すが, その開發とは, 實質的に經濟成長と同義である. つまりsustainable developmentとは, 經濟成長を持續可能にすることを目指す概念であり, そのような經濟成長のあり方は近年「綠の成長」(green growth)と呼ばれる.

「持續可能な開發」同樣, この「綠の成長」も新しい概念であるがゆえに, 微妙にニュアンスの異なった定義がいくつもある. OECDの定義によれば, 綠の經濟成長派, 「經濟成長と經濟發展を促進する一方で, 私たちのウェルビイングが依據するところの資源と環境サービスを自然資産が提供しつづけるように確証すること」を目指すものである[9].

さて, 「綠の經濟成長」の定義は異なるが, 目指す方向性には共通点がある. 綠の成長が前提とするのは, 技術革新による効率化と政府の介入による規制と轉換の促進である. その際, UNEPは經濟成長と環境負荷削減という「デカップリング」を「綠の成長」の中心に据える. 「より資源効率的な經濟への轉換を行う際に, 私たちが直面している困難を定式化するための鍵となる概念はデカップリングである. グローバルな經濟成長がプラネタリーバウンダ

---

9) Organisation for Economic Cooperation and Development (OECD), Towards green growth (Paris: OECD, 2011), p. 18.

リ　にぶつかるようになっているなかで,経済的価値の創造を自然資源利用と環境負荷からデカップリングすることは急を要する」.ここでは緑の成長にとっての中心課題が「物質的集約度とエネルギ　集約度から成長を絶対的にデカップリングすることである」と明確に定式化されているのである10).

繰り返せば,問題は,そのような絶対的デカップリングが現実に可能かどうか,である.ここで有名な環境化学者トーマス・ヴィートマンらの研究を参照しておこう.國際貿易による補正を行って,マテリアル・フットプリント(MF)を計算している11).この研究によれば,補正後には,先進國においても,MFの「相對的・絶對的デカップリング」は生じていない.たしかに國内物質消費量(DMC)は減少しているが,輸入している資源のMFを加味するすると,各國のMFはGDPと同じ割合で増大していることが判明する.

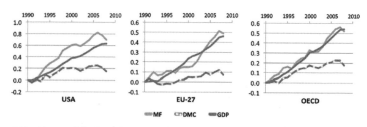

Figure 1. Material use trends for EU-27, OECD and USA, 1990–2008. Source: Wiedmann *et al.* (2015).

そして,世界全体でみても,経済成長とMFは密接に連關して増え續けている.

10) Ibid., p. 15.

11) Wiedmann et al.

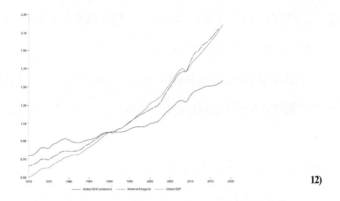

Global GHG emissions --- Material Footprint — Global GDP

　つまり，これらのデータからいえるのは，現在の經濟成長を維持しながら，氣候変動對策に必要な「絶對的デカップリング」を十分な規模で實現できる見込みは，どこにもないということである．現實には，二一世紀に入ってから生じている事態は，グローバルGDPとMFがデカップリングするどころか，逆に「リカップリング（再結合）」している事態なのである．

　二酸化炭素の排出量についても同じことが言える．エネルギー消費の効率化が先進國の産業部門を中心に進んでいるという．アメリカやイギリスでは，一九八〇年代と比較して，四〇％の大幅な改善がみられる．英米だけでなく，OECD加盟國を中心に，對GDP比でのエネルギー消費率は大幅に下がっており，「相對的デカップリング」が進んでいるのは間違いない．

　ところが，先進國の傾向とは逆に，ブラジルや中東では對GDP比のエネルギー消費率が，むしろ急速に惡化している．目先の經濟成長が優先されるなかで，旧來型の技術のままに大型投資が行われ，「相對的デカップリング」

---

12) Wiedmann et al.

さえも生じていないのである.エネルギ 消費の効率性が惡化しているなら
ば,▨然,對GDP比の二酸化炭素排出割合も改善していない.二 四年から
二 一五年のあいだに,經濟成長の中心が中國やブラジルなどに移ったた
め,世界規模でみた場合,排出割合は年率わずか ・二%しか改善していな
い.

　要するに,二酸化炭素排出をめぐる「相對的デカップリング」は,世界全體
としては,近年ほとんど生じていないのだ.こうした狀況では,二 五 年排
出ゼロに向けた「絶對的デカップリング」など夢のまた夢である.なるほど,い
くつかの先進國では,リ マン・ショック以降の長期停滯もあり,二酸化炭素
の排出量はわずかとはいえ,實際に減少している.例えば,イギリスでは,二
年から二 一三年のあいだに,GDPが二七%上昇したが,二酸化炭素排出量
は九%減少した.ドイツもそうである.

　それでも,絶對的デカップリングが起きている國(イギリス,スペイン,ル
マニア)でも,その割合は,三〜四%ほどである.求められている割合である
一二%からは程遠い.そして,輸出入を加味して,計算をすれば,北歐のよう
な環境對策が進んでいるように見える國もまた,環境負荷が高いことが判明
する.北歐は,アメリカやオ ストラリアに次いで環境負荷が高いのであり,
殘りのヨ ロッパ諸國よりも環境負荷が高い.

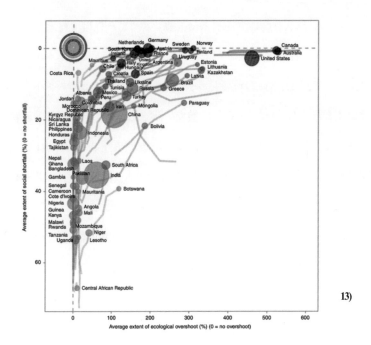

13)

こうして，二酸化炭素の排出量は一向に減らない．そう，現實には，「絶對的デカップリング」によって二酸化炭素の排出量は減るどころか，横ばいにするのが精いっぱいの狀態なのである．

ここで注目したいのは，このような現實を受けて，歐州環境機關（EEA）も脫成長を考える必要を認めるようになっている．つまり，生活水準を物質的にあげていくのでなく，質（幸福度，平等，社會的連帯）をあげていく必要性を指摘している．「技術における変化だけでなく，消費や社會的振る舞いにおける変化」が必要だいうのである[14].

13) Fanning AL, O'Neill DW, Hickel J, Roux N. 2021. The social shortfall and ecological overshoot of nations. Nature Sustainability.

14) https://www.eea.europa.eu/publications/growth-without-economic-growth

こうした現狀を前にすると, なぜ北歐のように一見環境對策が進んでいるように見える國から, グレタ・トーンベリのような環境活動家が出てくる理由もわかる. もし, 北歐の環境對策が十分であれば, 彼女が學校ストライキをする必要はなかったのだ. そして, 彼女の「過激な」主張が, 同世代の若者たちのあいだで熱烈な支持を得ることもなかっただろう. だが, 事態は眞逆である.「無限の経濟成長というおとぎ話」を批判する言説が, Z世代の共感を呼んだのだ. 彼女らに言わせれば, 緑の成長も「神話」なのである.

日本では, 化石燃料や原子力發電にしがみつく既得權益層と再エネやEVへのグリーン投資の推進派という對立軸で描かれることが多い. だが, 欧米においては, ポストコロナの「グレートリセット」をめぐって, 緑の成長派vs脱成長派という構図で議論が展開されるようになっているのである.

▼ SDGｓの課題解決に目標8は必要か

このように考えると, SDGsが目標8でGDP成長を世界規模で求めることは, 十分な根據でもって正當化されているとは言い難い. 脱成長派が主張するように, 貧困や飢餓などを解決するために, グローバルサウスにおいて経濟成長は必要だとしても, 先進國を含めたすべての國でこれまで通りの経濟成長を續ける必要はまったくもって自明ではないのだ. 事實, 一定の経濟レベルを超えたなら, ウェルビーイングの実現のためには, 必ずしも経濟成長が必要とは限らない. むしろ, 過剰な消費や長時間勞働のストレスや不安が, 幸福度や満足度を下げている. そのよう状況においては, 教育や健康・壽

命, ジェンダー平等などのSDGsの目標は, すでに十分豊かになっている先進國がさらなる経済成長を目指すことによってではなく, 富をより適切に（再）分配することで経済的平等を實現することによって達成することができるはずなのだ[15].

　また, 途上國に関して言えば, 経済成長が社會的ニーズを滿たすために必要だとしても, 経済成長が自動的に貧困や飢餓を解決するわけではけっしてない. 例えば, 資本主義の發展は, 機械化をもたらす. 昨今では, それが「ロボットの脅威」と言われる形で, オートーション化による失業の脅威を生み出すようになっている. 現在, 途上國で行われている製造業は, 賃金が安いから, 勞働集約的な形でグローバスノースの下請けとなっている. だが, 経済成長を遂げる中で, 賃金が上がり, 技術革新によって機械が低廉化していけば, 途上国においても, オートメーション化が容赦なく推し進められるだろう. そうなれば, 殘りの仕事をめぐっての勞働者間の競争は激化し, 賃金は上がらず, 不安定雇用が増大する. 同時に, 失業が増えれば, 貧困問題は必ずしも解決しない. マルクスの言う「窮乏化法則」が支配的になるのである.

　同様の事態は, 飢餓についても当てはまる. 経済成長を優先した大規模の農業経営は機械化を推し進めることになる. その際, そこで雇用される勞働者たちや國民の生活條件が必ずしも改善されるとは限らない. なぜなら, 先進國向けの輸出用の換金作物がプランテーションで栽培される形になるからだ. 合わせて, 自分たちが必要とするものを栽培していた小規模の家族

---

15) ヨルゴス・カリス『なぜ脱成長なのか』（NHK出版, 2021年）.

経営や伝統的な農業は破壊され,國民の生活基盤が瓦解し,彼らはむしろ経済的に困窮化していくことになる.

つまり,経済成長が食糧問題を自動的に解決するわけではない.FAOが揚げるように,アグリビジネスから家族経営をしっかりと守り,投機などに規制をかけることが,飢餓を減らすために必要なことである.食料主權という考え方も重要になる.ところが,しばしば開發支援という名目のもとで,大規模開發が経濟成長のためにおこなわれるようになっているのである.

また,健康についても,GDPが増えることが,必ずしも長壽や健康壽命を延ばすわけではない.身近な例をあげれば,日本や韓國のGDPはアメリカより低いが,人の平均壽命は,アメリカよりも六歳近く長い.その背景には,食生活など多様な要因が皆保險制度によって,日本人の年間医療費は一人▧たり35万円であるが,アメリカでは,118万円程度である.皆保險制度などを重視することが,人　の健康を促進することに重要であり,單にGDPを増大させることは,健康の促進に必ずしもなるわけではない.

もちろん,農業,医療や教育のためにも,資源やエネルギ　は必要になるし,インフラ整備のためにも,資本は必要となる.だからこそ,GDPを増やして,経濟規模を大きくし,資本を集積・集中させていくことが,技術革新による効率化をもたらすという反論もあるだろう.

たしかに,歴史を振り返れば,先進國の経済成長には,効率化が伴っている.だが,同時に,その規模の増大が効率化を上回るペ　スで進行することが多く,その結果として,絶對的デカップリングは起きずに,環境負荷が高まっ

ているのも事實である. 効率化が, より多くの消費を生むというリバウンド効果の問題もある.

さらに, 環境負荷を減らす技術開發が必要なのは間違いないが, そのことは, 必ずしもGDPの總計を増やさなければ, 技術革新や効率化が達成できないことを意味しない. それよりも, 求められている技術革新を促進するための技術援助や, 炭素税などの規制をかける方が効率的だろう. そのような持續可能性のための對策を實現していくためには, 必ずしも目標8の経濟成長をあらゆる國において継續することが求められていないのだ.

要するに, 重要なのは, 経濟成長そのものではない. とりわけ, 先進國においてこれまで通りの経濟成長を求め續けなければならない, と考える理由は, 持續可能性という問題を前にして根據が弱い. ポイントを繰り返せば, それよりも, 各國内, そして各國間の格差を是正していくことの方が重要である.

その点を扱うのが, 目標10だ. 10.1では, 次のように言われている.「2030年までに, 各國の所得下位 40%の所得成長率について, 國内平均を上回る数値を漸進的に達成し, 持續させる. 」[16]これもまた不十分である. そして, そのことには目標8が影響している. なぜなら, ここでも, 経濟成長による貧困層の所得増大が掲げられているだけであり, 既存の富を再分配することでの平等の達成についてはまったく触れられていないからである. このような状況で

---

16) いじわるな見方をすれば, この目標の達成のためには, 2029年までは格差が廣がり續けてもよく, 2030年までに散 格差が 廣がった後で,この目標を達成すればよいことになってしまう.

は，下位の富が國內平均以上の割合で増えたとしても，一部の超富裕層の絶對的富は，より大きな額になっていく可能性が高い. その限りで，目標10は不十分なのである.

▼ ＳＤＧｓの實現に向けて

現在の地球環境の深刻さと經濟格差を考えるなら，現狀でのSDGsの定式化には不十分な点が多い. それは，國連という利害對立の場においてギリギリのところで案をまとめるために必要な妥協だったのかもしれない. だが，政治的リアリズムを理由に批判しないのであれば，本質的問題を隱蔽するという意味で惡質な冷笑主義である.

目標8は不十分である. 明確化しなければならないのは，途上國においてさらなる經濟成長が必要であるとしても，先進國において，これまで通りの經濟成長が必要だとは，持續可能性の觀点からはいうことができない. それゆえ，8.1の經濟成長の對象や內實を明確化する必要がある. それと同時に，あらゆる經濟成長を受容するのではなく，教育や健康，雇用などの質を重視し，必ずしも經濟成長が人間的發展には必須でないことをはっきりさせなくてはならない.

同樣に，目標10に關しても，單に成長がもたらす新しい收入によって，貧困層の物質的水準を上げることを目指すのではなく，旣存の富をしっかりと再分配することを明記すべきだろう. しかもそれは，グロ　バルノ　スからグローバルサウスへの國家を超えた再分配を含む. つまり，先進國には「脫成長」が

求められることになる.

　過剰發展と過小發展を是正し, 國家間の格差をなくすことこそが, 解決に
向けた道なのである. だから, 資本主義は勞働力と環境, 二つの不等価交換を
是正していく必要がある. そのためには, これまでの過剰な搾取を是正すべ
く, 途上國での賃金を大幅に上げる必要がある. また, 世界銀行やIMFのSAPs
によって押し付けられた負債を帳消することも檢討しなければならない. な
ぜなら, 不等価交換を考えるなら, 負債を負っているのは, 先進國の方だから
である. 債務取り消しに合わせて, 世界銀行やIMFのような國際機關を途上
國の意向を反映する民主的で公正な組織へと改変すべきである. さらに, そ
のような再分配をより効率的に行うためには, タックスヘイブンや経済特區
に規制をかけ, 國際的な法人税や所得税, 金融資産課税などを檢討しなけれ
ばならない.

　殘念ながら, このような大胆な制度改革の必要性は, 旣存のSDGsのもと
では不明瞭になっている. なぜなら, そのような道はあまりにも困難だからで
ある. そして, この困難な問いを避けるための唯一の方法が, さらなる「経済成
長」なのだ. 経済成長が技術革新をもたらし, 効率化が格差と環境問題を解決
する. 人　はこの話に飛びついた. だが, 「綠の成長」は神話であり, これまで通
りの経済成長は持續可能性に求められているようなMFや二酸化炭素排出量
の削減とは相いれないのである. この事實が廣まることが, SDGsをアヘンに
しないために求められる改革なのである.

과학적 관점에서 살펴본 기후위기의 본질

김백민 (부경대학교 환경대기과학과 교수)

1. 인류세의 시작

45억 년 장구한 역사 속에서 지상의 생명체는 지금까지 다섯 번의 대멸종 사건을 겪었지만 여전히 생명력 넘치는 푸른 행성의 주인공으로 남아 있다. 지구 생명체는 오랜 세월 동안 끊임없는 대자연의 거대한 위협을 특유의 적응 능력과 진화 프로세스로 견뎌내 왔다. 때때로 도저히 극복할 수 없는 수십 도의 온도 변화와 심지어는 극한의 저산소 환경이 닥쳤을 때조차도 유전적 변이를 통한 돌연변이를 내세워 완전히 달라진 환경에 끈질기게 살아 남았다. 무수히 많은 극적인 사건들로 채워진 수십억 년의 시간이 지나 드디어 이 땅에 이전의 생명체와는 차원이 다른 고도의 지능을 가진 생명체인 인류가 출현했다. 처음부터 인류가 고도의 지능을 가졌던 것은 아니었다. 인류는 빙하기의 혹독한 환경 속에 살아남기 위해 수십만 년의 원시시대를 거치며 진화를 거듭했고, 약 수천 년 전부터는 활자와 청동기의 발명을 통해 그 우월성을 뽐내기 시작했다.

인류 문명이 지금의 고도 과학기술 문명으로 다시 한번 탈바꿈하게 된 것은 불과 수백 년 전 일이었는데, 그 시작은 바로 땅 속 깊이 은밀하게 묻혀 있던 화석연료의 사용법을 터득하면서부터였다. 인류는 까마득한 과거에 이 땅에서 살다 간 생명들이 수억 년의 세월을 거치며 화석화되어 잠들어 있음을 알게 되었고, 곧 이 엄청난 탄소로 구성된 유기물 덩어리들을 불에 태웠을 때 기존에 인류가 사용하던 에너지와는 차원이 다른 고효율의 에너지를 만들어 낸다는 사실을 깨달았다. 이 깨달음은 결국 화석연료를 태워 발생한 에너지를 효율적인 운동에너지로 전환시켜 주는 기계 장치인 증기기관의 발명으로 이어졌고, 인류는 드디어 대량생산과 기술 혁신의 시대를 거쳐 비로소 지구의 절대적 지배자로 진정 거듭나게 되었다.

사실 화석연료는 절대 쉽게 만들어진 것이 아니다. 산소가 부족한 환경, 엄청난 열과 압력, 분해되지 않고 빠르게 매장되어야 하는 등 맞추기 어려운 조건이 여럿 존재했고, 또 이러한 조건이 맞아떨어져도 수백만 년 혹은 수천만 년의 세월을 거쳐야 형성된다. 그래서 화석연료는 수십억 년 지구의 지질시대 가운데 아주 짧은 시기에서 환경적인 조건이 맞아떨어진 경우에만 적은 양이 만들어지곤 했다. 석탄을 예로 들어보자. 오늘날 우리가 사용하는 석탄의 약 90%는 지금으로부터 약 3억 년 전 석탄기에 만들어졌다. 오늘날에는 동식물들이 죽으면 바로 미생물들이 이를 분해하기 시작한다. 그러나, 이 시기 미생물들은 세상에 출현한 지 그리 오래되지 않은 거대 식물들을 분해하는 방법을 익히지 못해 이를 효율적으로 분해하지 못했고, 분해가 덜 돼서 그대로 땅에 묻힌 나무는 큰 열과 압력을 받으며 석탄으로 변해 갔다. 즉, 우리가 늘 사용하는 석탄은 오늘날과 같은 환경에서는 자연적으로 만들어지기 어려운 것이다. 더 중요한 점은 이들이 실질적으로 비 재생에너지라는 것이다. 자연이 다시 화석연료를 생산하는 데는 수백만 년 이상의 시간이 걸리기 때문이다.

만약 인류가 화석연료를 사용할 수 없었다면 지금 지구의 모습은 어땠을까? 수많은 격론이 있을 수 있는 질문이지만, 분명한 것은 인류는 지금과 아주 다른 삶을 살 것이라는 점이다. 좋은 쪽으로든 나쁜 쪽으로든 말이다. 그래서일까? 남극의 오존홀을 처음 발견한 것으로 유명한 대기과학자 파울 크뤼천Paul Crutzen은 우리가 "인류세Anthropocene"-인간이 지구를 바꾸어 버린 새로운 지질학적 시대-에 살고 있다고 선언하기에 이르렀다.Steffan et. al., 2011 인류세라는 이름에 걸맞게 인류는 지구상의 많은 지역들을 인공적인 것들로 채워 나갔다. 거대 도시들을 건설해 좁은 공간에서 더욱 빠른 교류와 혁신적인 발전이 이루어질 수 있도록 스스로 자연환경을 개조해 나가고 있으며, 철근 콘크리트라는 혁신적인 건축 자재를 이용해 인류의 오랜 숙원이었던 마천루들을 세계 곳곳에 올리며 절대적 번영을 뽐내고 있다. 그러나 이러한 혁신과 발전 이면에는 심각한 지구환경의 훼손이 자리 잡고 있었다. 열대우림을 파괴하고, 지하에 매장된 화석 연료인 석탄과 석유를 조금이라도 더 뽑아내기 위해 암반을 파쇄했으며, 산을 폭파시키고 거대한 쓰레기 산을 만듦으로써 지구환경은 빠르게 황폐화되고 있다. 그 결과, 바닷속 산호초를 비롯해 셀 수없이 많은 생물 종들이 빠르게 멸종 위기로 내몰리고 있으며, 하루에도 수십 억 마리의 가축들을 먹어

치워 인간 이외의 생명체들의 개체수를 제멋대로 조절해 왔고, 동시에 질소 비료의 발명에 힘입어 농업 생산성을 획기적으로 끌어올려 전 세계 인구수를 폭발적으로 증가시키고 있다. 지질학자 얼 엘리스Erle Ellis와 나빈 라만쿠티Navin Ramankutty의 말을 빌리면, 우리는 "자연 생태계들이 묻어 들어가 있는 인공 체계들" 속에서 살고 있다.Ellis and Ramankutty,2008 자연과 문화 사이에 오랫동안 유지된 장벽들이 산산조각나고 있으며 우리는 더 이상 '자연'에 대항하지 않는 대신 자연이 무엇인지 그리고 무엇이 될 것인지 결정하고 있다. 바로 우리 스스로 말이다.

늘 그러하듯이 세상에 공짜는 없다. 화석연료에 기반을 둔 문명의 발전은 필연적으로 엄청난 양의 온실기체를 우리가 숨쉬는 공기 속으로 주입하고 있고, 이로 인해 지구는 점점 뜨거운 행성으로 바뀌어 가고 있다. 생물학적으로는 나약하기 그지없는 인류에 심각한 위기가 초래되기 시작한 것이다. 빌 게이츠는 얼마 전 그의 저서에서 인류가 꼭 기억하면서 살아야 할 숫자로 500억을 제시한 바 있다. 그가 주목했던 숫자는 바로 인류가 번영의 부산물로 현재 매년 대기 중으로 내뿜고 있는 500억 톤의 온실기체량이었다.빌 게이츠, 2021 지구촌에서 살아가고 있는 대부분의 사람들을 공포에 떨게 하던 코로나 팬데믹은 2년이 훌쩍 지난 지금까지 지구촌 곳곳에서 인류의 삶을 짓누르고 있다. 프란체스코 교황은 코로나 팬데믹을 생태계의 심각한 위기를 무시해 온 인류에 대한 자연의 반응으로 규정하며 인류가 그동안의 무절제한 생산과 소비를 줄여 나갈 것을 촉구한 바 있다. 그러나 안타깝게도 코로나 팬데믹 기간에 수집된 화석연료 사용량에 대한 글로벌 데이터는 모두가 겁에 질리고 위축되었던 이 시기에마저도 인류의 화석연료 중독이 별반 달라지지 않았음을 보여 주고 있었다. 조금 줄기는 했지만, 우리는 여전히 땅 속에 묻혀 있던 화석연료를 태워 거의 500억 톤에 가까운 온실기체를 지구 대기 속으로 뿜어내고 있었던 것이다. 그러는 동안 지구 대기 에 축적되어 온 온실기체는 온실효과를 통해 지구 온도를 서서히 증가시켜 왔으며 이제는 지구촌 곳곳에서 기후위기의 형태로 그 모습을 드러내며 인류의 삶을 옥죄어 나가고 있다.

2. 티핑포인트

'기후위기!' 코로나19만큼이나 오늘날을 살아가는 인류에게 반복적으로 회자되고 있는 단어이다. 얼마 전까지 지구온난화, 기후변화 등으로 불리던 단어가 이제는 좀 더 강렬한 메시지인 기후위기로 불리고 있다. 소리 없이 수백 년 동안 조용히 진행되던 지구의 온도 상승은 특히 2000년대 들어 아찔함이 느껴질 정도로 가팔라졌다. 수면 아래 있던 기후변화가 드디어 모든 사람이 명확하게 인지할 정도로 서서히 그 실체를 드러내기 시작했다. 산업혁명 이전에 비해 지구 평균온도는 이미 1℃ 이상 상승해 버렸고, 매해 기록을 깨면서 오르고 있는 지구 평균온도의 상승 곡선은 지구 온난화에 대해 부정적이고 회의적인 시각을 가진 사람들의 주장까지 무색하게 만들고 있다.

1℃의 온도 변화는 사실 우리가 매일의 날씨에서 느끼는 온도차에 비해 상당히 작은 값이기에 과연 이것이 걱정할 만한 일인가 하고 대수롭지 않게 느껴질

수 있다. 매일 낮과 밤의 일교차가 10℃가 넘어가는 세상에서 살고 있는 우리에게 전 지구 평균온도가 고작 1℃ 상승했다는 것은 솔직히 잘 와닿지 않는다. 비교가 잘못되었다. 사실 지구의 평균온도는 날씨보다는 사람의 체온과 비슷한 면이 있다. 예를 들어보자. 햇빛에 직접 노출된 사람의 팔이나 등은 일시적으로 온도가 2~3℃ 올라갈 수 있다. 그렇더라도 별 문제는 없다. 살갗 일부분의 온도가 많이 올라간다고 해서 우리 몸의 평균적인 온도를 의미하는 체온 자체가 변하는 것은 아니기 때문이다. 문제가 될 때는 우리 몸의 이상을 바로 알려 주는 체온이 2℃ 이상 상승할 때이다. 만약 체온이 3℃ 상승해서 40℃에 육박하게 된다면 몸에 심각한 이상이 있다는 뜻이므로 바로 응급실에 가야 한다. 생명 유지에 있어 가장 기본적인 조건인 체온 조절 기능이 고장났다는 신호이기 때문이다.

전 지구 평균온도는 말 그대로 우리가 살고 있는 행성 지구의 표면 온도를 모든 지역에서 측정한 후 표면적으로 나누고 365일을 평균해 낸 값을 의미한다. 체온이 우리 몸의 전반적인 상태를 잘 알려 주는 지표이듯이 전 지구 평균온도도 전체 지구의 에너지 균형이 잘 유지되고 있는지를 알려 주는 일종의 지표라고 볼 수 있다. 지역별로 날짜별로 매일의 날씨는 다 다르고, 날씨에 따라 온도는 큰 폭으로 출렁거리지만, 이를 다 평균을 내면 지구의 건강 상태를 알려 주는 지표로 변환된다는 얘기이다. 따라서 날씨와 전 지구 평균온도는 비교 대상이 틀렸다. 전 지구 평균온도의 변화가 없다면 지구의 에너지 균형이 잘 맞춰지고 있다는 뜻이다.

바꿔 말해 전 지구 온도가 1℃ 올랐다는 것은 지구의 전체적인 에너지 균형에 균열이 생기고 있다는 뜻이다. 그리고 사람이 열이 날 때 해열제를 먹든지 병원에 가서 주사를 맞든지 조치를 취하지 않으면 위험에 처하듯이 전 지구 평균 온도가 2-3℃로 상승하기 전에 조치를 취하지 않으면 파국적인 결과가 찾아올 수도 있다는 뜻이다. 어떤 파국적인 결과들이 우리를 기다리고 있을까? 이미 극지역과 고산지대의 얼음들이 눈에 띄게 녹아내리기 시작했고, 높아진 해수면으로 인해 작은 섬들이 물에 잠기기 시작했다. 이뿐만이 아니다. 미국 캘리포니아에서 한 해도 거르지 않고 이어지는 산불 소식과 50℃를 넘는 폭염, 호주의 대가뭄, 우리나라에는 40℃를 오르내리는 찜통더위가 여름철마다 되풀이되고 있다. 지구촌 곳곳에서 동시다발적으로 기후위기와 이상기후에 관한 뉴스들이 이제 그리 놀랍지 않은 세상에서 인류는 이미 살아가고 있다. 그런데 파국이라는 단어는 위기라는 단어와 무게감이 다르다. 사태가 심각해져서 되돌릴 수 없는 지경에 이르렀을 때 우리는 파국이라는 단어를 쓴다. 기후위기가 심화되어 파국으로 치닫고 있다는 징후가 도처에서 나타나고 있다.

그중에서도 가장 심각한 곳은 얼음이 존재하는 극지역이다. 아이러니하게도 기후변화로 온도가 가장 빠르게 증가하는 곳이 바로 얼음으로 뒤덮인 극지역이라는 사실을 알고 있는가? 이는 결코 아이러니가 아니다. 얼음이 지구의 온도가 올라가서 녹기 시작하면 온도 상승폭을 더욱 부추긴다. 바로 얼음 반사 피드백이라는 독특한 상승작용 덕분이다. 온도가 상승하면 얼음이 녹고 얼음이 녹으면 반사율이 떨어져 태양빛을 더 흡수하게 되고 이는 더더욱 온도 상승을 부추기는 원리이다. 현재는 북극에서 가장 심하고, 남극에서는 아직 얼음이 많이 녹지 않아 그 효과가 미미하지만 이는 언제든지 작동 스위치를 켜면 가동될 준비가 되어 있는 미래의 온도 증폭장치와 같다. 북극의 온도 증폭작용은 얼마나 강력할까? 일단 최근 지구 온도 상승 경향을 살펴보자. 2021년에는 전 지구 평균 온도 상승폭이 조금 둔화되어 역대 7위를 기록했다. 주목할 만한 점은 2015년부터 2020년 사이 인류 역사상 가장 뜨거웠던 한 해 기록의 1위부터 6위까지가 몰려 있다는 것이다. 놀라운 기록이 아닐 수 없다. 그런데 여기서 좀 더 눈을 크게 뜨고 뜨거웠던 해들의 특징들을 살펴보면 공통적으로 북극해 지역에 엄청난 고온 현상이 있었음을 알 수 있다. 연평균 기준으로 기후가 평년에 비해 6℃ 이상 뜨거운 지역이 최근 몇 년 사이에 출현하고 있으며 북극에 고온이 나타난 해는 대부분 가장 뜨거웠던 해의 기록을 경신했던 것이다. 도대체 이곳에서 무슨 일이 벌어지고 있는걸까? 기후과학자들은 현재 무서운 기세로 치솟고 있는 북극의 온도를 보면서 기후변화의 티핑 포인트tipping point가 북극으로부터 시작될 수 있다고 보고 심각한 우려를 하고 있다. 티핑 포인트란 처음에는 서서히 진행되던 현상이 특정 시점에 이르러 구조적으로 비가역적인 상황으로 전개될 때의 바로 그 임계 시점을 일컫는 용어이다. 탁자 위에 있는 동전을 사람이 조금씩 탁자 모서리로 밀고 있는 상황을 생각해 보자. 조금씩 밀리던 동전은 어느덧 탁자 모서리에 도달하고 그 시점에서 아주 약간만 더 밀면 동전은 탁자 바닥으로 떨어진다. 중요한 점은 큰 변화가 초래되었다는 것에 더해 한번 바닥으로 떨어진 동전은 동일한 크기의 반대 힘으로 동전을 아무리 밀어도 원래 있었던 탁자 위로는 올라가지 못한다는 점이다. 이러한 현상을 우리는 비가역적인 변화가 초래되었다고 하며 탁자에서 떨어지기 바로 직전의 순간을 티핑 포인트[1]라고 할 수 있다.

인간이 초래하는 기후변화에도 이러한 티핑 포인트가 존재하는 것일까? 다시 말해, 대기 중의 이산화탄소 농도 증가에 따라 지구 온도가 증가하다가 어느 시점, 즉 티핑 포인트에 해당하는 온도를 넘어서면 더 이상 아무리 노력해도 회복 불가능한 순간을 맞이할 것인가? 이는 아마도 기후과학에 있어 가장 중요한 질문일 것이다.

2015년 12월 파리. 각국 정상들이 한자리에 모여 인류 역사상 최초로 반드시 지켜내야 할 지구 온도 상승의 마지노선을 2℃로 규정하는 데 전격 합의했다. 그로부터 3년 후 우리나라에서 열린 제48차 IPCC 총회에서 세계 정상들은 점점 더해지는 기후위기의 심각성에 보다 적극적으로 대응하기 위해 이보다 0.5℃ 낮은 1.5℃ 목표치를 재설정하기에 이르렀다. 언제 발생할지 모르는 기후변화의 티핑 포인트에 대한 두려움도 강화된 이때부터 '기후위기'와 '1.5℃'라는 단어는 대중들에게 선명하게 각인되기 시작했고, 뚜렷한 목표 설정은 그동안 지지부진했던 기후위기 대응에도 불을 지폈다. 각국은 앞다퉈 한층 강화된 탄소 감축 목표치를 유엔에 제출하며 기후위기에 대한 국제 공조 의지를 보여 줬으며, 그레타 툰베리Greta Thunberg와 같은 청소년 활동가들을 필두로 일

---

1) 티핑 포인트는 원래 노벨경제학상을 받은 토마스 셸링(Thomas Schelling)의 「분리의모델」(1969)이라는 논문에서 제시한 '티핑 이론'에 나오는 개념이다. '갑자기 뒤집히는점'이란 뜻으로 때로는 엄청난 변화가 작은 일들에서 시작될 수 있고 대단히 급속하게발생할 수 있다는 의미로 사용된다.

반인들의 기후위기에 대한 경각심도 전에 없이 높아졌다. 확실히 지구촌 곳곳에서 나타나고 있는 이상기후 소식들은 인류가 기후위기를 심각하게 받아들여야 한다고 계속 시그널을 주고 있다. 역사적인 파리기후협약이 체결된 지도 벌써 6년의 세월이 지났다. 우리는 그동안 과연 지구 온도 상승을 1.5℃ 이내로 묶어 놓기 위해 충분한 노력을 했을까. 결론부터 얘기하자면 전혀 충분하지 못했다고 평가할 수 있겠다. 지난 6년간 치열한 눈치싸움을 벌이며 서로 입장이 다른 각국이 자국에 유리한 국가별 탄소 감축 목표 설정을 위해 티격태격하는 와중에도 인류의 탄소 배출량은 줄어들기는커녕 올해 사상 최고치를 기록할 것으로 전망되고 있다.

기후위기에 관한 정치적 합의도, 온 인류를 공포로 몰아갔던 코로나 팬데믹도 인류의 탄소 중독을 막기에는 역부족이었다. 설상가상으로 언제 끝날지 모르는 러시아-우크라이나 전쟁은 국제사회의 기후위기 대응을 더욱 힘겹게 만들고 있다. 전쟁으로 러시아로부터 천연가스 수입이 어려워진 유럽에서부터 화석연료 감축 계획이 흔들리고 있기 때문이다. 탄소중립과 화석연료 퇴출에 목소리를 높이며 기후 행동에 선제적 역할을 하던 유럽이 발등에 떨어진 불 끄기에 급급한 상황이 된 것이다. 그러는 사이 지구의 온도는 매년 빠르게 상승하여 1.5℃까지는 이제 겨우 0.3℃만을 남겨 놓고 있는 암울한 상황이다. 냉정하게 보면 지구 온도 1.5℃ 상승을 막는 일은 이미 불가능해졌다고 보는 것이 맞다. 이는 너무나 명백하다. 상황이 그만큼 절박하고 지금처럼 화석연료에 중독된 삶을 지속하다가는 1.5℃는커녕 2℃마저 넘어설 확률이 높아진 상황이다.

혹자는 1.5℃를 넘어서면 지구 기후시스템의 티핑 포인트를 넘어서면서 더 이상 손 쓸 수도 없이 온도가 올라가 버리는 것을 막을 수 없다고 주장한다. 앞에서 살펴본 바와 같이 남극의 빙하나 고위도의 얼어 있는 땅인 영구동토층에 현재 심각한 변화들이 초래되고 있다는 것은 이미 잘 알려진 사실이며, 이로 인해 국지적인local 티핑 포인트들이 곧 발현될 수 있음을 경고하는 여러 연구들이 출판된 바 있다. 하지만, 그렇다고 하더라도 지구 기후시스템 전체의 비가역적인 변화를 초래하는 광역global 티핑 포인트가 실제로 존재함을 입증해 낸 연구는 아직 없다. 한 가지 분명한 사실은 지금까지 많은 기후과학자들이 컴퓨터 시뮬레이션을 통해 지구 기후시스템의 미래에 대해 예측해 오고 있지만 어떤 시뮬레이션 결과도 지구 전체의 기온이 폭주해 버리는 현상을 모의해 내지는 못했다는 점이다. 따라서 과학자들의 티핑 포인트 담론을 확대 해석하여 1.5℃를 넘어서면 당장 인류가 멸망할 것처럼 묘사한다거나 너무 비관적으로 지구의 미래를 생각할 필요는 없는 것이다.

그렇다면 기후위기 극복 노력이 필요하지 않다는 말인가. 아니다. 필자는 우리의 노력 여하에 따라 지구의 온도는 바뀌고, 1.5℃건 2℃건 지구의 평균온도 상승이 인류 생존에 지극히 위험한 일임을 누구보다 더 잘 알고 이해하고 있다. 그리고, 그러하기에 지구 온도 상승을 억제하는 노력은 끊임없이 이어져야 한다고 굳게 믿고 있다. 다만, 지적하고 싶은 것이 있다. 아무리 경각심을 고취하기 위함일지라도 이미 달성이 불가능한 목표치인 1.5℃를 지켜내기 위해 안간힘을 쓰는 것은 어리석은 짓이며 생각보다 매우 큰 부작용을 낳는 측면이 있다는 점이다. 얼핏 생각해 보면 지키기 어렵더라도 1.5℃의 목표치 달성을 위해 최선을 다하는 것이 무엇이 문제인가라는 생각이 들 수도 있다. 무리한 목표치 설정이 초래하는 부작용의 예를 하나만 들어보겠다. 태양광과 풍력발전을 획기적으로 늘려 '탄소 없는 섬'으로의 탈바꿈을 꿈꾸던 제주도의 사례이다. 최근 제주도의 태양광과 풍력발전소는 수시로 멈춰 선다. 작년에만 전력 과잉 생산으로 발전을 멈춘 횟수가 130회에 이르고 이대로 가면 2030년경에는 공급 과잉으로 신재생에너지 발전을 1년에 절반가량 멈춰야 한다는 분석이 나오고 있다. 왜 이렇게 한 치 앞을 보지 못하고 신재생에 너지의 양적 확대에만 혈안이 됐을까. 여러 이유가 있겠지만 근원적으로는 결국 1.5℃를 지켜 내야 한다는 강박관념 때문이라 생각한다. 하루라도 빨리 탄소 감축을 통해 온실효과를 줄여야 한다는 생각에 사로잡혀 있었기 때문이다.

그러나 모든 일에는 순서가 있는 법. 신재생에너지로의 전환은 절대 근시안적으로 추진되어서는 안 될 일이다. 태양광과 풍력발전소를 급격히 늘려 나가기에 앞서 그에 걸맞은 에너지 저장 시설과 송전망의 확충이 선행되어야 한다. 도로도 깔지 않고 자동차부터 찍어 내는 것은 얼마나 어리석은 일인가. 이러한 사태의 이면에는 OECD 국가 중 신재생에너지 보급률 최하위권인 대한민국을 기후 악당으로 내몰며 압박하는 국제사회의 시선 등이 한몫했을 것이다.

결국 깊이 따져 들면 1.5℃라는 마지노선의 설정은 인류가 기후위기에 대해 각성하고 새로운 에너지 전환시대를 준비해야한다는 공감대를 형성하는 데 큰 기여를 하고 있지만, 반대로 이를 지켜 내야 한다는 지나친 강박관념은 차분하고 순리에 맞는 대응을 방해하는 측면도 있다는 것이다. 지금이라도 늦지 않았다. 급할수록 돌아가야 하듯이 지나친 탄소중립의 양적 목표치 달성을 지양하고 지구 온도 1.5℃ 이상의 상승 이후에도 흔들림없이 지속될 수 있는 에너지 전환 정책을 차분히 준비해 나가야 할 시점이다.

3. 굿바이 화석연료

인류 문명은 결국 기후위기를 극복하고 지속가능한 발전을 할 수 있을까? 이를 위해서 무엇보다 중요한 첫 번째 전제는 현재의 인류 문명이 기반하고 있는 화석연료에 대한 에너지 의존에서 벗어나 새로운 청정에너지원을 사용하는 시대로 나아가는 것이다. 다행스럽게도 새로운 에너지 전환의 시대는 이미 빠른 속도로 우리 앞에 펼쳐지고 있다. 앞으로의 10년은 에너지 전환 시대의 서막이 펼쳐지는 시기가 될 것이 틀림없다. 이미 태양광 에너지의 효율이 화석연료의 에너지 효율을 넘어서고 있고, 인류는 자연의 에너지를 전기로 전환해 새로운 시대로 나아가고 있다. 역사를 돌이켜보자. 석기시대는 돌이 부족해서 끝난 게 아니다. 더 효율적인 청동기가 나오는 순간 삽시간에 시대가 바뀌었다. 집집마다 한 대씩 있던 전화기가 핸드폰이 등장하면서 한순간에 사라졌듯이 말이다. 결국 화석연료의 시대는 우리가 생각하는 것 이상으로 빨리 끝날지도 모른다. 내연기관차는 이미 퇴출 수순을 밟고 있고 그 속도는 더욱 가속화될 것이다. 태양광 풍력뿐 아니라 다양하고 창의적인 에너지 전환 아이디어들을 세계 곳곳의 연구실에서 테스트하고 있고 이러한 아이디어들 중 일부는 세상을 바꾸는 데 크게 기여할 것이다.

지속가능한 성장을 위해 정부와 기업, 그리고 개인이 해야 할 일들이 있다. 정부가 해야 할 일은 크게 두 가지이다. 첫째, 탄소중립 2050을 달성하기 위해 무리하게 신재생에너지를 도입하고, 법으로 기업들을 강하게 옥죄어 탄소 배출을 강제로 줄이게 하는 것은 우리 경제에 치명적일 수 있다. 탄소 배출을 줄이는 일은 절대적으로 많은 비용이 드는 일이다. 따라서 지금처럼 전쟁과 금융위기의 그림자가 우리를 위협하는 시기에는 효과를 내기가 매우 어렵다. 정부는 지금이라도 신재생 에너지 설비의 양적 팽창보다는 신재생 에너지가 우리나라 곳곳에서 활개칠 수 있도록 분산형 전력망, 스마트 그리드, 소형원자력발전소SMR의 확충 등 국가적인 재생에너지 인프라를 갖추어나가야 하는 일에 정책의 최우선 순위를 집중시켜야 한다. 두 번째로 정부가 해야 할 일은 우리 사회 곳곳에서 탄소가 눈에 보이게 하는 디지털 저탄소사회로의 전환을 주도해 나가는 일이다. 탄소는 그 자체로 눈에 보이지 않는다. 기업의 공정, 마켓의 물건들이 생산되는 전공정에서 얼마나 온실가스를 배출하는지를 디지털화하여 제품에 표기하는 일을 의무화시키고 공장 굴뚝에서 얼마나 많은 온실가스를 배출하는지를 첨단 과학장비들을 동원하여 감시하는 체계를 하루빨리 만들어야 한다. 지금 어디에서 누가 얼마나 배출하는지에 대해서도 과학적으로 정확하게 알지 못하면서 탄소중립을 2050년까지 달성하겠다는 것은 얼마나 공허한 구호인가? 진정한 탄소중립은 디지털 저탄소사회로의 전환으로부터 시작될 것이다.

기업이 해야 할 일을 살펴보기에 앞서 기업이 기후위기의 주범임을 명확히 하자. 기후위기의 가장 큰 책임은 누구에게 있을까? 나는 자신있게 세계를 호령

하고 있는 글로벌 기업들이라고 답하고 싶다. 우리나라만을 놓고 보더라도 10대 기업들과 이들에게 전력을 공급하는 한국전력의 탄소 배출량을 합하면 우리나라 전체 배출량의 70%에 육박한다. 결국 기업의 배출량을 잡는 것이 본질적인 기후위기의 해결책이라 할 수 있다. 기업들 특히 주식회사의 경우, 주주들의 이윤 추구를 최고의 목표로 삼고 지금까지 지구상의 자원을 아주 적은 비용만을 지불하며 사용해 왔다. 중요한 점은 자원을 제공하는 이는 지구 그 자체인데 인류가 자원을 이용하고 비용을 지불하는 대상은 그 자원에 대한 소유권이 있는 사람일 뿐 정작 자원의 본질적 생산자인 지구에게는 한푼의 비용도 지불되지 않았다.[2] 이는 지구의 지속가능성sustainability에 심각한 위기를 초래하고 있다. 따라서 우리는 기후위기를 단순히 지구 온도 상승의 프레임으로만 바라보면 안 되고, 극단적 자본주의로 흘러가는 시대에서 글로벌 기업들이 무한 이익, 무한 성장을 추구하면서 생긴 폐단들의 한 단면으로 이해해야 한다. 세상에는 공짜가 없는 법. 기업들이 무한 이익을 추구하면 할수록 지구의 자원은 매말라 갔다. 화석연료를 포함해서 말이다.

기업의 배출량을 잡기 위해 가장 필요한 것은 무엇일까? 결국 무한 이윤을 추구하는 자본주의의 체제를 전향적으로 전환[3]하는데 세계인이 동의하지 않는다면, 결국 우리는 현재 체재 하에서 지구의 지속가능성을 보장하는 새로운

---

[2] 강금실 전 장관의 저서 『지구를 위한 변론』에서 지구를 위한 법이 필요한 이유가 잘 설명되어 있다. '하늘도 나무에도 강에도 권리가 있다'라는 문장이 와닿는다. 강금실 전 장관은 지구법의 개념을 중심으로 다양한 환경과 기후위기 이슈를 다루는 재단인 지구와 사람을 설립하여 활발한 활동을 이어오고 있다.

[3] 조너선 닐의 저서 『기후위기와 자본주의』에서는 자본주의의 해체만이 유일한 기후위기 극복이라고 주장하고 있다.

자본주의를 꿈꾸어야 한다. 새로운 자본주의는 어떠해야 할까? 기업들이 무한한 이윤만을 추구하지 않고 우리를 둘러싼 환경Economy과 사회Society, 투명하고 윤리적인 지배구조Governance를 지향하는 개혁을 통해 지속가능한 세상을 만드는데 동참해야 한다. 다행스럽게도 세상은 이미 이러한 방향으로 흘러가고 있다. 기업들이 새로운 비즈니스 모델에 눈을 뜨기 시작한 것이다. 이것이 바로 환경, 사회, 지배구조의 앞글자를 딴 ESG 혁명이다. 필자는 기후위기 극복과 에너지 전환의 시대적 소명을 안고 살아가는 현대 문명에서 ESG 혁명을 가장 중요한 문제 해결의 실마리로 보고 있다. 다행스러운 것은 대기업들을 중심으로 이미 ESG의 개념은 전파되어가고 있으며 무엇보다도 단순히 ESG가 기업이 더 좋은 세상을 만들기 위한 규범 차원에서가 아니라 기업의 실적을 평가하고 이윤활동에 큰 영향을 주는 하나의 잣대로 잡아나가고 있다.

무엇이 기업들의 체질을 바꾸어가고 있을까? 여러 가지 이유들이 있겠지만 필자는 가장 중요한 요인으로 결국 달라진 소비자들을 꼽고 싶다. 결국 소비자들이 ESG를 잘 지켜나가는 기업들을 선택하고 있다는 것이다. 많은 전문가들이 과거에 비해 보다 인권과 환경 이슈에 예민해진 MZ세대들을 ESG가 급속도로 전파되고 있는 이유로 보고 있다. 당연하지만 결국 인류가 만들어 낸 기후위기 극복의 희망의 불씨는 다시 인류로부터 찾아야 하는 것이다.

개인들에게 기후위기 극복을 위해 가장 요구되는 것은 단순히 텀블러를 이용한다든지, 자전거를 이용하는 등 탄소 소비를 줄이는 삶을 살아가는 것이 아니다. 현재의 물질만능주의로 대표되는 과소비주의와는 다른 방식의 삶을 지향하는 인류 보편의 마음가짐이 필요하다. 현재 70억 명의 인구는 2050년이 채 되기 전에 100억 명을 돌파할 가능성이 매우 높다. 기후위기 문제를 논외로 하더라도 지구인 100억 명이 현재와 같은 생활방식으로 살아가기 위해서는 여러 개의 지구가 더 필요하다. 기후위기가 문제가 아니라 자원 자체가 부족하다는 것이다. 절대로 지속가능하지 않다는 점이 인류의 미래를 위협하고 있음을 늘 인지하면서 살아야 한다. 포츠담 기후 영향연구소의 일로나 오토Ilona Otto는 자연계의 티핑 포인트들이 기후위기를 가속화하고 인류를 보다 큰 위험에 빠트리고 있다고 규정하고, 이에 대항하기 위해서는 우리 사회 다양한 요소들에 대해 사회적 티핑 포인트가 발생할 수 있도록 구성원들의 적극적 개입이 필요하다고 강조한 바 있다.Otto, 2020 그가 티핑 포인트가 필요하다고 강조한 여섯 가지 사회 요소들은 금융 시장, 거주지, 에너지 생산과 저장, 교육, 규범과 가치, 정보 피드백 등이다. 그의 주장에 필자는 크게 공감하며, 그중에서도 기후위기 시대에 걸맞은 개인의 규범과 가치에 대한 새로운 정립의 중요성을 이 글을 통해 강조하고 싶다. 기후위기에 대한 대중들의 인식은 날이 갈수록 높아지고 있지만 이러한 인식만으로는 세상을 바꾸기에 부족하다. 근본적인 사회 변화를 일으킬 수 있는 것은 인식을 넘어선 사회적 규범이다. 수백 년간 이어온 자본주의 체계는 점점 더 인류의 소비 확대를 미덕으로 부추기고 있으며 현대 사회의 대부분 국가들은 겉으로는 기후위기 대응을 외치고 있지만 실제로는 경제성장을 최우선 목표로 기후위기 극복에 필요한 사회적 변화를 억제하고 있기 때문이다. 화석연료의 사용은 공동체와 생태계에 심각한 피해를 일으키기 때문에 분명히 비

도덕적이다. 따라서 기후위기 극복을 위한 노력들이 모든 국가에서 사회 규범으로 정착될 때 경제성장과 기후위기 극복이라는 상충되는 가치가 조화롭게 공존하며 가장 강력한 사회적 티핑 포인트를 발생시킬 수 있을 것이라 생각한다.

이제는 개인의 생활양식이 바뀌어야만 한다. 유한한 지구의 자원에 대해 재사용과 재생, 자원 순환이 일상화된 보다 덜 물질적인 삶의 방식을 지향할 수 있도록 인류 전체가 노력해야만 한다. 무분별한 육류 소비를 줄여 나가고 보다 효율적인 교통 체계 확립을 통해 공유 교통과 공유 경제 활성화는 여기에 부합하는 새로운 인류의 생활방식일 것이다. 즉, 마인드와 생활양식의 근본적인 변화가 있어야 한다. 때때로 우리는 화석연료 중독을 인류 공통의 문제로 치부하는 경향이 있는데 사실 부유해지면 질수록 훨씬 더 화석연료에 중독된 삶을 살게된다. 지구상의 부자 10%가 쓰는 화석연료는 하위 50%가 쓰는 화석연료보다 훨씬 많다는 사실을 간과하면 안 된다. 따라서 부유할수록 지구 사용료인 탄소세와 에너지 사용료에 해당하는 세금을 더 많이, 떳떳하게 낼 수 있도록 유도해야 할 것이다.

화석연료와 함께 놀랍게 발전했던 인류 문명은 이제 새로운 전환점을 맞이하고 있다. 마지막으로 필자가 강조하고 싶은 것은 문명의 대전환기에 대한 대비를 기후위기 극복이라는 좁은 프레임으로 바라봐서는 곤란하다는 것이다. 단순히 탄소를 줄이기 위해 혈안이 되는 것은 옳지 못하다. 좀 더 큰 프레임인 인류의 지속가능성과 에너지 대전환을 중심에 두고 국가 전략을 다각도로 수립해야 할 시기이다. 화석연료의 종말을 눈앞에 둔 지금, 어떻게 새로운 시기를 준비해 나가야 할 지 다 같이 고민해 보자. 굿바이 화석연료!

사사Acknowledgement

이 글은 과학기술과 사회 네트워크에서 발간하는 「과학기술과 사회」 제2호에 게재된 저자의 글을 주로 발췌, 인용하였으며, 추가로 기후위기의 본질적 해결책을 기술한 '3. 굿바이 화석연료' 섹션을 새롭게 구성하여 정부, 기업, 개인의 할 일에 대해 구체적으로 논의하였습니다.

참고문헌References

강금실(2021), 『지구를 위한 변론』, 김영사.

김백민(2021), 『우리는 결국 지구를 위한 답을 찾을 것이다』, 블랙피쉬.

빌 게이츠(2021), 『기후재앙을 피하는 법』, 김영사.

조너선 닐(2019), 『기후위기와 자본주의』, 책갈피 .

Ellis, E. C., & Ramankutty, N. (2008), "Putting people in the map: Anthropogenic
biomes of the world", *Frontiers in Ecology and the Environment* , 6(8): 439-447.

https://doi.org/10.1890/070062

lona M. Otto, Jonathan F. Donges, et al. (2020), "Social tipping dynamics for stabilizing Earth's climate by 2050", *PNAS* 117(5): 2354-2365.

Steffen, W., Grinevald, J., Crutzen, P., McNeill, J. (2011), "The Anthropocene: conceptual and historical perspectives", *Philosophical Transactions of the Royal*

Society A: *Mathematical, Physical and Engineering Sciences* , 369(1938): 842-867.

1.5℃와 탄소중립은 모든 생명의 마지노선

이유진 (녹색전환연구소 부소장)

지금 지구에서 사는 우리는 매우 특별한 사람들이다. 화석연료를 기반으로 지난 50여 년 동안 급격히 경제가 성장하면서 풍요를 누리는 세대이며, 우리가 배출한 온실가스로 기후위기를 온몸으로 겪는 이들이다. 동시에 앞으로 30년 이내에 화석에너지 시대와 결별함으로써 지구 생태계가 파국으로 가지 않도록 방지할 기회를 가진 이들이기도 하다. 인간이 만든 기후위기의 해법은 인간이 찾아야 하지만, 이 과제는 너무나 거대해서 우리는 종종 우리가 어떤 임무를 부여받았는지조차 인식하지 못하고 살아간다. 2018년 IPCC 과학자들은 기후위기로 인한 파국을 막으려면 지구평균기온 상승을 1.5℃ 이하로 안정화해야 한다고 경고했다. IPCC, 2018 우리 생명의 마지노선 1.5℃와 탄소중립은 도대체 무엇을 의미하는 것일까?

탄소중립에 대한 이해

지구 평균기온이 1.5℃가 상승하면 전 세계 바닷속의 산호초는 70~90%가 사라지고, 해수면은 최대 77cm 상승, 북극 해빙의 완전 소멸 빈도가 100년에 한 번씩으로 발생한다. 지구 평균기온이 2℃가 상승하면 전 세계 바닷속의 산호초는 99% 소멸하고, 해수면은 최대 93cm 상승, 북극 해빙의 완전 소멸 빈도는 10년에 한 번으로 복원할 수 없어진다. 기후위기는 지금도 위험하고, 1.5℃ 상승도 위험하다. 2℃ 상승은 너무 높은 위험이다.

지구평균기온 상승을 1.5℃이상 올리지 않으려면 세계는 2050년 이전에 탄소중립을 해야 한다. 탄소중립은 인간이 지구대기에 추가로 이산화탄소를 배출하지 않는 상태를 말한다. 80억에 달하는 인구가 대기에 추가로 이산화탄소를 배출하지 않으려면 배출량이 제로가 되거나, 배출량을 최대한 줄이고 조금이라도 배출하면 그 양을 상쇄해서 순배출 제로로 만들어야 한다. 이산화탄소는 주로 인간의 화석연료 연소로 배출되는데, 탄소중립은 인간이 200년을 사용해온 석유, 석탄, 가스를 단 30년 이내에 거의 사용하지 않는 사회를 만든다는 것을

1.5℃ 도달 시기 전망과 탄소중립

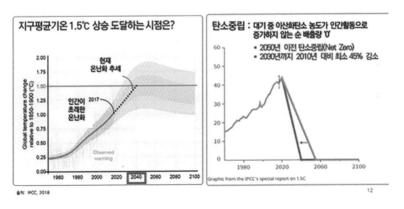

IPCC 1.5℃ 특별보고서에 나오는 1.5℃ 도달 시점 전망과 탄소중립 그래프

의미한다. 현재 인류가 사용하는 1차 에너지의 80%가 화석에너지다. 탄소중립이 엄청난 목표라는 것을 알 수 있다.

탄소중립은 인간의 활동으로 대기 중에 이산화탄소가 추가로 배출되지 않는 상태, 즉 순 배출 '0'인 사회를 말한다. 지구상에 사는 78억 명의 인구가 대기 중에 추가로 이산화탄소를 뿜어내지 않으려면 1인당 배출량을 '0'에 가깝게 줄인 상태에서 배출한 것을 숲이 흡수해서 상쇄해야 한다는 것이다. 이산화탄소를 가장 많이 배출하는 부문이 화석에너지를 사용하는 일인데, 탄소중립을 하려면 앞으로 30년 이내에 석유, 석탄, 가스와 같은 화석에너지를 안 쓰는 사회를 만들어야 한다. 인간이 200년간 의존해온 화석에너지 시대를, 30년 안에 끝내야 하는 도전이다. 우리나라 연간 1인당 이산화탄소배출량은 약 11.8톤으로

2050 탄소중립 시나리오

(단위: 백만 톤 CO2eq)

☞ A안 : 화력발전 전면 중단, 수전해 수소(그린 수소) 생산 등 온실가스 배출을 최대한 줄여 순배출 제로 달성
☞ B안 : A안보다 온실가스 배출량이 많으나 CCUS 등을 적극 활용하여 순배출 제로 달성

(단위: 백만톤CO2eq)

구분	부문	'18년	A안	B안	비고
	배출량	686.3	0	0	
배출	전환	269.6	0	20.7	A안은 화력발전 전면중단, B안은 화력발전 중 LNG 일부 잔존 가정
	산업	260.5	51.1	51.1	
	건물	52.1	6.2	6.2	
	수송	98.1	2.8	9.2	A안은 전기·수소차 등 무공해차로의 전면적인 전환, B안은 내연기관차의 대체연료(e-fuel) 등 사용 가정
	농축수산	24.7	15.4	15.4	
	폐기물	17.1	4.4	4.4	
	수소	-	0	9	A안은 국내생산 수소 전량을 수전해 수소(그린 수소)로, B안은 부생·추출수소 일부 생산 가정
	일부	5.6	0.5	1.3	
흡수 및 제거	흡수원	-41.3	-25.3	-25.3	
	이산화탄소 포집 및 저장·활용(CCUS)	-	-55.1	-84.6	
	직접공기포집(DAC)	-	-	-7.4	포집 탄소는 차량용 대체연료로 활용 가정

출처 : 2050 탄소중립위원회 (2021.10.18.)

세계 18위, 세계 평균의 2.5배다. 이것을 2050년까지는 0톤으로 만들어야 한다. 인간의 소비와 소유에 대한 욕망을 바닥까지 끌어내리고, 지구자원을 소중하게 골고루 나눠야 가능한 일이다.

놀랍게도 2018년 IPCC 1.5 특별보고서 이후 2년여 사이에 전 세계 137개국이 탄소중립을 선언하고, 한국, 중국, 일본, 미국, EU 등 주요 국가들이 탄소중립을 하겠다고 나섰다. 이제는 철강, 자동차, 석유화학 기업도 탄소중립을 하겠다고 하니, '탄소중립'이 곳곳에서 널리 쓰이는 용어가 된 것이다. 1년 사이에 여기저기서 '탄소중립'을 이야기하는데, 이 개념은 언제부터 등장했을까? 탄소중립은 생태발자국 개념과 연결되어 있다. 생태발자국은 사람이 사는 동안 자연에 남긴 영향을 토지의 면적으로 환산한 수치다. 인간이 살아가는 데 필요한 에너지 소비, 먹을거리, 산업 활동, 폐기물 등 자연에 주는 부담을 모두 토지 단위로 환산한 방식이다. 1999년 기후중립네트워크Climate Neutral Network가 만들어지는데 시민단체가 기업의 기후위기 대응을 촉구하기 위해 만들었고, 기후중립인증제도로 이어졌다. 2006년 옥스퍼드 사전은 '탄소중립'을 올해의 단어로 선정했다. 어떻게 보면 탄소중립이 세계에서 주목받기까지 20여 년 정도의 시간이 걸린 셈이다. 그러나 인류에게는 시간이 없다. IPCC 6차 보고서에 따르면 지금 속도대로 인류가 온실가스를 배출하면 2040년 이전에 1.5℃ 마지노선에 도달한다고 경고하고 있다.IPCC, 2022 버클리연구소는 지금처럼 진행되면 2033년에 1.5℃ 상승에 도달할 것이라고 한다.

2020년 한국의 탄소중립 시나리오

2050년 우리는 어떤 지구에서 살고 있을까? 30년 뒤를 정확히 알 수 없지만 확실한 것은 기후위기로부터 우리를 지키려면 지구평균기온 상승을 1.5℃에서 막아야 한다. 기후위기의 폭주를 막아낼 방법은 2050년까지 탄소중립 목표를 달성하는 것이다. 2050년에 우리가 살아갈 미래는 정해져 있다. 온실가스를 거의 배출하지 않는 탈 탄소 사회다. 그런 사회를 어떻게 만들 수 있을까? 그래서 우리는 탄소중립 시나리오를 만든다. 시나리오는 2050년 탄소중립을 실현하기 위해 우리나라의 미래상과 부문별 전환내용을 전망하는 것으로 전환 산업 등 부문별 정책 방향과 전환 속도를 가늠하는 나침반 역할을 한다.

2021년 10월에 만든 탄소중립 시나리오는 국내 순 배출량을 0으로 하는 두 개의 시나리오로 구성되어 있다. 시나리오 A는 △화력발전 전면 중단 등 배출 자체를 최대한 줄이는 안, B는 △화력발전이 남아 있는 대신 CCUS 등 제거기술을 적극적으로 활용하는 안이다.

우리나라에서 온실가스는 전환, 산업, 건물, 수송, 농축수산, 폐기물 분야에서 배출되고, 숲은 이산화탄소를 흡수하는 역할을 한다. 우리가 30년 뒤 탄소중립 목표를 달성하려면 각각의 영역에서는 어떤 변화가 일어나야 할까? 전환발전 부문은 A, B안 모두 석탄발전을 중단하고 재생에너지의 발전 비중을 대폭 상향하는 내용이다. 산업부문에서는 철강 공정에서의 수소환원제철 방식을 도입하고, 시멘트·석유·화학·정유 과정에 투입되는 화석 연·원료를 재생 연·원료로 전환해야 한다. 건물, 수송 부문에서는 건축물의 에너지효율을 향상제로 에너지 건축물, 그린리모델링 등 하고, 무공해차 보급을 최소 85% 이상으로 확대하며, 대중교통 및 개인 모빌리티 이용을 확대하고 친환경 해운으로 전환하는 방법이 있다.

온 국민의 먹을거리를 생산하는 농축수산 부문에서는 화학비료 저감, 영농법 개선, 저탄소·무탄소 어선 보급 등을 통해 농경지와 수산업 현장에서의 온실가스 발생을 최소화하고, 가축 분뇨 자원순환 등을 통해 축산에서 온실가스 배출량을 줄여야 한다. 폐기물 감량, 청정에너지원으로 수전해 수소그린 수소 활용 확대, 산림·해양·하천 등 흡수원 조성, 이산화탄소 포집 및 저장·활용CCUS 기술 상용화 등의 숙제가 있다. 지금까지 소개한 내용은 부문별로 해야 할 일 중에서 핵심 내용만 간략하게 소개했다.

좀 더 풀어서 살펴보자. 우리는 지금 석탄발전소 57여 기에서 호주, 러시아, 인도네시아로부터 수입한 석탄을 1년에 남산 체적만큼 태워 전기를 생산한다. 앞으로 30년 이내에 더 빨리 석탄발전소와 가스발전소를 멈춰야 한다. 우리나라에 등록된 자동차 수는 2,435만대2021년이다. 2050년에도 아무리 전기차로 바뀐다지만 인구 2명당 1명이 자동차를 보유하면서 탄소중립 사회를 만드는 것은 불가능하다. 국토 전역에 1,225개의 산업단지가 있고, 산업부문은 우리나라 온실가스 배출량의 36%를 차지한다. 산업 생산량을 줄이고, 철강 자동차 석유화학 시멘트와 같이 에너지 다소비 산업 구조를 완전히 바꿔야 한다. 우리가 현재 사육하는 소는 350만 마리, 이렇게 많이 키우고 육식이 늘어나면 농업 부문에서 온실가스를 줄일 수 없다. 축산 사육두수를 줄이고 식생활도 식물식 위주의 식단으로 바꾸기 위해 의식적으로 노력해야 한다.

2022년 3월 13일 역대 최장기 산불로 기록된 울진·삼척 산불이 진화됐다. 산불로 주택 319채, 농축산 시설 139개소, 공장과 창고 154개소, 종교시설 등 31개소 등 총 643개소가 소실됐고, 총 2만923㏊를 태웠다. 서울 면적6만500ha의 41.2%가 잿더미로 변한 것이다. 그만큼 산불로 이산화탄소는 배출되고, 흡수원으로 역할 하는 숲은 사라졌다. 이렇게 예상하지 못한 대규모 산불이 일어날 때 탄소중립의 길은 점점 멀어질 수밖에 없다.

2030년 40% 감축 목표

탄소중립 사회를 위한 변화는 앞으로 10년 이내에 급진적으로 이뤄져야 한다. 2050년까지 탄소중립을 위해서는 앞으로 10년, 즉 파리협정에 따른 2030년까지 감축을 위한 목표를 대폭 상향하고 실천에 옮겨야 한다. 2030년이면 한국은 초고령화 시대로 국민의 절반 이상이 50대 이상을 차지하는 가운데, 온실가스를 줄이고 사회를 전환해야 한다는 이중 부담을 안게 된다. 2030년 국가 온실가스 감축 목표NDC는 2018년 온실가스 총배출량 대비 40%를 줄이는 것이다.

2030년 온실가스 감축 목표 이행점검 체계(2050 탄소중립위원회, 2022)

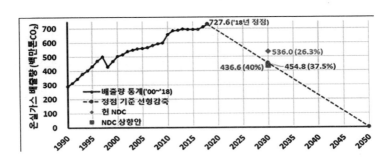

우리나라는 2008년 저탄소·녹색성장 정책을 발표하는 등 온실가스 감축 정책을 10여 년 이상 펼쳐 왔지만, 감축 목표를 달성하지 못했다. 2018년 온실가스 배출량 최고 정점에서 '30년' 이내에 탄소중립 목표 달성을 위해서는 사회 구성원이 탄소중립의 필요성과 시급성을 인식하고 합의하는 과정이 필요하다. 기후위기 대응을 위한 탄소중립을 최우선 과제로 삼아 모든 정책에 반영해야 한다. 2022년 3월 25일이면 기후위기대응을 위한 탄소중립녹색성장기본법을 시행한다. 이에 따라 정부는 20년을 계획 기간으로 하는 국가 탄소중립 녹색성장 기본계획이하 '국가 기본계획'이라 한다을 5년마다 수립·시행해야 한다. 국가 기본계획에는 부문별·연도별 감축 목표를 설정하고, 매년 이행 점검하는 체계를 갖추게 된다. 우리나라 온실가스 배출량의 86%는 에너지 부문에서 발생한다. 그래서 탄소 비용을 가격에 반영하여 탄소중립 에너지전환이 가속하고, 재생에너지 이용 확대 및 지역사회 기반 설치 확대, 재생에너지 중심 전력공급 체계 구축 등이 숙제다.

이러한 급격한 변화는 특정 지역과 특정 직업을 가진 노동자에게 고통을 줄 수 있다. 예를 들면 탈석탄발전과 탈내연기관 시점 설정이 가시화되면 일자리와 지역 경제에 충격이 발생한다. 그러므로 정부는 1)탈탄소화 과정에서 영향받는 산업, 지역, 노동자에 대한 현황파악 2)현실에 근거한 종합대책 수립 3) 지원체계 구축과 실행 4) 지속가능한 사회를 위한 지역과 산업 순환과 같은 체계적인 준비를 해야 한다.

탄소중립 시대를 준비하는 새로운 생각들

우리는 지금 기후위기 속에서 살고 있다. 가뭄, 불볕더위, 폭설, 슈퍼태풍 등 기상관측 기록이 단기간에 경신되는 사회에 살고 있다. 우리는 거의 불가능할 것처럼 보이는 탄소중립을 달성하기 위해 어떤 새로운 생각과 관점을 가져야 할까.

첫째, 오늘 하루가 내일보다 절실하다. 1.5℃를 만드는 탄소 예산이 고갈되고 있어서 하루라도 빨리 온실가스를 줄이는 것이 중요하다. 현재 배출 추세를 보면 앞으로 6년 9개월이면 1.5℃에 도달하게 만드는 온실가스가 다 배출된다 2022년 10월 기준. 1.5℃를 목표로 하기에 너무 늦어버렸다는 주장도 있지만 한 번 배출한 온실가스는 지구에서 오랫동안 온난화 효과를 일으키기 때문에 하루 빨리 감축 행동을 하는 것이 중요하다.

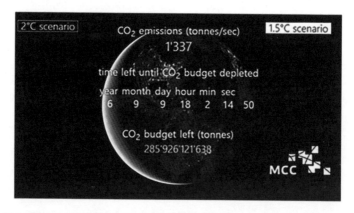

탄소시계 https://www.mcc-berlin.net/en/research/co2-budget.html 2022.10.22

둘째, 우리가 가야 할 미래는 정해져 있다는 것을 분명히 인식하자. 기후위기로 인한 파국을 막으려면 2050년 탄소중립이라는 정해진 목표를 달성하기 위해 움직여야 한다. 2050년 배출량이 제로가 된다고 생각하고, 에너지, 산업, 건물, 수송, 폐기물, 농축수산 모든 영역에서 배출량을 제로로 만들기 위해 노력해야 한다. 정해진 미래를 준비하려면 백 캐스팅 접근을 해야 하는데, 백 캐스팅은 우리가 만들고 싶은 미래를 정해 놓고, 그 미래에 도달하기 위해 지금부터 어떤 경로로 무엇을 해야 목표를 달성할 수 있는지를 계획하는 방식이다. NASA에서 인간을 달에 보내는 데 성공한 "문샷" 프로젝트에 적용한 것이 바로 백 캐스팅이다. 인간을 달에 보내겠다고 목표를 수립하고, 그 목표를 달성하기 위해 우주선을 만들고 비행사를 훈련하는 등 모든 과정을 설계해 실행에 옮겼다. 결국, 인간은 1969년 달에 착륙하는 데 성공한다. 불가능해 보이는 것을 가능하게 만든 것이다.

셋째, 지금 이 시대를 사는 우리가 열쇠를 쥐고 있다. 우리는 우리가 배출한 온실가스가 기후위기를 초래한 것도 알고 있고, 파국을 피하려면 탄소중립을 해야 한다는 것도 알고 있다. 문제는 우리가 앞으로 어떻게 할 것인가에 달려있다. 인류는 1992년 기후변화협약을 체결하고 온실가스를 줄이기 위해 노력했지만 지난 30년간 결과적으로 배출량은 지속해서 늘어났다. 우리나라도 1990년대에 비해 현재 140% 이상 늘어났다. 온실가스를 줄인 것은 IMF 때와 코로나가 왔을 때뿐이었다. 이것은 이렇게 어려운 일을 하려면 집중해야 하고, 기후위기 대응을 위한 온실가스 감축을 최우선 순위로 올려야 한다는 것이다. 앞으로 30년 동안 배출량을 '0'에 가깝게 줄일 수 있는가는 지금 우리에게 달려있다.

기후위기와 인권, 그리고 기후정의

G20 국가들의 온실가스 배출량에 세계 온실가스 배출량의 80%를 배출한다. 전 세계에서 소득이 높은 10%가 온실가스 배출량의 50%를 배출하고, 하위 50%는 10%를 배출한다. 2022년 전 세계에서 가장 큰 기후재난을 입은 곳이 바로 파키스탄이다. 파키스탄에서는 9월 역대 최고급 폭우로 약 1,700명의 사망자와 3,300만 명의 이재민이 발생했다. 전 세계 온실가스 배출량의 0.4%밖에 차지하지 않는 나라가 너무 가혹한 피해를 본 것이다. 그러므로 지금까지 지구 대기에 온실가스 배출을 누적해온 부자들의 책임을 강조할 수밖에 없는 것이다.

공익인권법재단 공감 김지림 변호사는 "모두가 체감하는 이상기후 현상들만 놓고 보면 모든 인간이 똑같이 겪는 불가항력적인 일에 '인권'이 무슨 관계가 있나 싶습니다. 그런데 폭우, 불볕더위, 장마, 한파가 할퀴고 간 구체적인 피해 현장을 유심히 살펴보면 그 생각은 달라질지도 모릅니다."라는 글을 썼다. 기후위기가 지나간 구체적 피해현장을 살펴보면, 2020년 8월, 집중호우로 경기도 이천 산양 저수지가 붕괴하였을 때, 이재민의 80%가 이주노동자였고, 2022년 8월, 폭우로 서울이 물바다가 되었을 때 반지하에 거주하던 일가족 3명이 사망했다. 기후위기 앞에 누군가는 매우 취약할 뿐만 아니라 소중한 생명까지 잃고 있다. 도시연구소와 KBS가 인구주택총조사를 분석한 결과 약 60만 명이 반지하에 거주하고 있는 것으로 나타났다. 그리고 반지하에 사는 사람들은 고령층, 1인 가구, 장애인 비율이 높았다. 이런 자료를 보면 우리가 앞으로 더 강력해질 기후재난 앞에 안전하고 건강하게 살 수 있는 주거권을 보장하는 것이 매우 중요하다는 것, 또 기후위기에 가장 취약한 사람들을 위한 안전망을 갖추는 데 집중해야 한다는 것을 알 수 있다.

기후위기에 대응해 탄소중립을 하려면 단기간에 온실가스 배출량을 급격히 줄여야 한다. 온실가스는 인간의 모든 경제활동과 연결되어 있어서 그걸 실현하는 과정에서 경제와 사회가 급격하게 변하게 된다. 정의로운 전환은 이렇게 기후위기 대응을 위해 사회가 급격히 변할 때 누구도 배제하지 않고 함께 좋은 사회를 만드는 것을 의미한다. 온실가스를 줄이기 위해 석탄발전소를 폐쇄하고, 내연기관 자동차를 더는 생산하지 않으면 그 일을 하는 노동자나 지역이 영향받게 되는데, 그 과정을 사회가 같이 준비하고, 영향받는 사람들을 보호하는 것을 말한다. 여기서 어떤 전환계획을 수립할 것인가를 결정할 때 해당 지역이나 노동자가 직접 참여하는 것이 중요하다. 탄소중립 과정에서는 석탄발전이나 내연기관 자동차만이 아니라 전체 산업도 온실가스를 줄이기 위해 노력해야 하고, 중소상공인, 농민들도 영향을 받는다. 그래서 모든 분야에서 정의로운 전환을 적용해야 한다. 앞으로 기후위기에 대응하려면 이렇게 재난에 적응하고, 온실가스를 줄이고, 정의로운 전환을 하는데 예산과 인력 자원을 사용해야 한다. 그런데 공항 짓고, 토건 사업하고, 도로 건설하는데 예산을 다 써버리면 이게 결국 시민들에게 도움은 안 되고 온실가스만 배출하는 좌초 인프라가 될 수밖에 없으므로 우리가 해야 할 일은 우리가 가진 자원을 기후위기 대응에 우선으로 사용하는 것이다.

기후위기 시대에 근본적으로 대량생산, 대량소비, 대량폐기하는 자본주의 경제에 대한 비판이 일고 있다. 그래서 대안으로 녹색 뉴딜이나 탈성장이 회자

하고 있는데, 그린 뉴딜은 기후위기대응, 불평등 해소, 녹색 일자리 창출을 동시에 접근하자는 것으로 기후위기를 막으려면 정부의 대규모 재정투입과 제도 개선이 있어야 한다는 주장이다. 탈성장은 국민총생산GDP 상승을 맹목적으로 추구하는 경제성장 정책을 멈추거나, 줄이거나 질적 전환을 하자는 주장이다. 지구가 감당할 수 있는 생태적 용량을 넘어서지 않기 위해 한계 내에서 살아갈 수 있도록 경제와 사회시스템을 바꾸자는 것인데, 이런 논의를 더 많이 해야 할 것으로 보인다.

탄소중립이 미칠 지역의 산업, 일자리, 경제 영향

지난 10년 사이 기후위기로 인한 재난의 강도가 강해지고 있고, 국제사회 인식과 실행력도 높아지고 있다. 탄소국경조정제도, 석탄발전 단계적 폐쇄 합의, 화석연료 보조금 폐지 등 온실가스 감축을 강제하는 기후규제가 날로 강화되고 있다. 우리가 국제사회에 약속한 2030년 감축 목표를 달성하지 못했을 때, 한국은 비난받는 정도가 아니라 경제·산업·사회적인 충격을 받게 된다. 기업 활동에 있어서도 기후규제가 강화되면서 온실가스를 많이 배출하는 기업은 지속가능성이 위협받을 뿐만 아니라 공급망에서 배제될 가능성이 크기 때문이다.

우리나라는 2021년, 2050 탄소중립 시나리오와 2030년 감축 목표2018년 대비 40% 감축를 결정하고, 기후위기 대응을 위한 탄소중립·녹색성장 기본법이하 탄소중립기본법을 제정했다. 탄소중립기본법은 2050 탄소중립 목표 달성을 위한 법정 절차와 정책 수단을 담은 법으로 2022년 3월 25일부터 시행에 들어갔다. 윤석열 정부는 2030년 감축 목표를 준수하되 전력, 산업, 수송 부문에 대한 이행방안을 조정한 탄소중립·녹색성장 기본계획을 2023년 3월 이전에 수립하겠다고 밝혔다. 윤석열 정부 임기는 2027년 5월로, 2030 감축 목표를 달성하려면 이 정부에서 적어도 2018년 대비 30%는 줄여야 한다. 지방자치단체도 민선 8기가 시작돼 17개 광역시도와 226개 기초지방자치단체 단체장들도 2030년 감축 목표의 절반 이상을 감축해야 한다.

그러나 정부의 온실가스 감축 목표를 달성하기 위해 지방자치단체의 노력이 필요하다는 접근만으로는 안 된다. 지방자치단체 차원의 온실가스 감축과 기후위기 적응은 이미 시급한 현안이다. 2022년 울진과 밀양의 대규모 산불, 가뭄과 불볕더위로 인한 농업·축산·수산 분야의 피해 규모가 커지는 등 기후위기로 인한 피해가 가시화되고 있다. 국제 통상에서 기후규제가 강화되면서 지방자치단체 중에서 대규모 산단이 위치한 지역은 탄소집약도가 높은 산업체를 중심으로 위기가 닥쳐오고 있다. 내연기관 부품업체가 많이 자리 잡은 지방자치단체나 석탄발전소가 밀집한 지방자치단체는 고용위기, 세수손실, 지역경제 충격에 대비해야 한다. 지방자치단체별로 기후위기에 대한 취약도와 산업별 업종이 다양하고 탄소집약도에 차이가 있으므로 지역 특성에 기반을 둔 적응과 감축 대책을 수립해 실행해야 한다.

탄소중립과 지역전환

탄소중립기본법은 2050 탄소중립 목표 달성과 국가 중장기 온실가스 감축 목표 달성을 위한 탄소중립 녹색성장 기본계획을 국가, 시도, 시군구가 수립하고 이를 이행 점검하는 체계를 갖추고 있다. 국가와 지방자치단체가 동등한 책무를 지는 것이다. 시·도지사, 시장·군수·구청장은 계획 수립 이후 지역의 온실가스 배출 정보와 통계를 매년 3월 31일까지 온실가스종합정보센터에 제출해야 한다. 탄소중립 지역 계획의 추진상황과 성과에 대한 점검결과 보고서는 시·도지사가 5월 31일까지 환경부 장관에게, 시장·군수·구청장은 5월 31일까지 환경부 장관과 관할 시도지사에게 보고해야 한다. 적응 계획은 4월 30일까지 같은 절차로 보고해야 한다. 이렇게 시도/시군구가 보고서를 제출하면, 환경부 장관은 7월 31일까지 점검결과 종합보고서를 2050 탄소중립 녹색성장위원회에 보고해야 한다. 또 법에 따라 시·도지사, 시장·군수·구청장은 매년 12월 31일까지 전년도 추진상황 점검결과를 지방의회에 보고하게 되어있다. 지방의회는 탄소중립 이행을 점검하는 역할을 해야 한다. 지역 정부가 법에 따라 해야 할 일이 산적해 있다.

그러나 현재 지자체마다 탄소중립 이행 역량과 준비 정도가 천차만별이고 지역마다 적응이나 감축 특성도 다양하므로 정부가 지방자치단체를 지원하는 대책을 마련해야 한다. 그러나 윤석열 정부의 주요 국정과제가 '유연하고 효율적인 정부체계 구축'인 것을 볼 때, 정부에서 탄소중립 전담인력 보강이 이뤄질지는 미지수다. 탄소중립을 위한 재정기반 강화도 핵심인데, 정부는 중장기적으로 공모형 단일목적사업 지원 중심에서 벗어나 지역이 도시 탄소중립 모델을 종합설계 후 예산을 포괄 지원하는 형태로 전환 검토하겠다고 되어있으나, 실현 여부는 불투명해 보인다.

2022년은 새로운 정부와 민선 8기 지방자치단체장의 임기가 시작되면서 그 어느 때보다 탄소중립 목표 달성을 위한 이행기반 구축작업이 중요한 시점이다. 그러나 17개 광역지자체 장들의 취임사와 인수위원회 보고서를 살펴보면 기후위기 대응을 위한 지도력이 빈약하다는 것을 알 수 있다. 취임사에서 기후변화를 언급한 지자체장은 17명 중에 단 3명밖에 안 된다. 전라남도 김영록 도지사는 네 번 언급하는데, 기후변화에 대응한 '에너지 대전환'을 강조하고 있다. 추가로 기후위기 대응을 위한 제33차 유엔기후변화협약 당사국총회 유치를 약속했다. 충청남도 김태흠 도지사는 "기후변화와 4차 산업혁명"이 산업 구조를 재편하고 있기에 이에 대비하겠다는 내용으로 한 번 언급하였다. 박형준 부산시장은 15분 도시를 "기후변화에 대응하고 지속할 수 있는 생태 환경 도시를 만들겠다"라는 발언을 통해 기후변화를 언급했다. 이러한 발언도 기후위기의 심각성이나 기후위기를 초래한 원인과 해법에 대한 것이 아니라 산업전환을 해야 할 원인과 배경으로만 인식하고 있다. 더욱이 14명은 언급조차 하지 않았다.

공약과 인수위원회 보고서를 보면 대한민국 지자체의 미래는 '공항건설'에 달린 것처럼 보인다. 전국적으로 총 15개 공항이 운영 중국제8, 국내7이다. 2021년 발표된 제6차 공항개발 종합계획~2025에는 추진·계획 중인 공항으로 ① 울릉공항 ② 흑산공항 ③ 제주 제2공항 ④ 새만금 신공항 ⑤ 대구공항 이전 ⑥ 가덕도 신공항이 명시되어 있다. 여기에 민선 8기 지자체장이 신규와 이전 확대를 포함해서 추진하는 공항은 모두 10개다.

김두겸 울산광역시장은 취임 후 울산-경주-포항을 엮는 신라권 공항건설을, 김동연 경기도지사는 경기 남부에 국제공항 건설 구상을 발표했다. 경상권에는 가덕도와 대구·경북 신공항에 신라권 공항까지 가세하는 셈이다. 경기도는 수원시 공항 이전 정도가 아니라 국제공항으로 규모를 키우고, 이를 위해 공항건설 전담팀까지 꾸릴 예정이다. 오영훈 제주특별자치도 도지사는 제2공항에 대해 애매한 입장이다. 국토부가 추진하는 사업에 지자체 권한을 적극적으로 행사하기 어렵다는 견해다. 도민들의 반대여론이 높은데도 입장을 제시하지 못하고 있다.

8기 민선 지자체장 공항건설 추진계획

지자체	공항건설 계획
부산광역시	가덕도 신공항 조기착공
대구광역시	대구·경북 신공항
울산광역시	울산 신공항(울산-경북-경주-포항) 신라권 공항
경기도	경기국제공항 건설
충청남도	서산공항 건설
전라북도	새만금 국제공항 조기착공
전라남도	무안국제공항, 흑산공항 조기착공
경상북도	대구·경북 신공항(퇴계 공항), 울릉도 공항
제주특별자치도	제주 제2공항

기후위기 시대에 왜 '공항'일까. 이렇게 지역 정부가 '공항'에 다걸기 하는 것은 '공항' 외 지역의 다른 비전을 찾지 못하기 때문이다. 공항건설 계획만 확정되면 대규모 토목사업으로 지역 경기 부양 효과가 확실하고, 주변 개발의 이익까지 얻을 수 있다고 믿기 때문이다. 항공 부문 탄소배출량은 지구 전체 이산화탄소배출량의 2.5%IEA를 차지하고, 항공사에 대한 온실가스 배출규제도 강해지고 있다. 비행기 여행의 부끄러움을 의미하는 '플뤼그스캄flygskam'이라는 신

조어가 등장하면서 유럽에서는 단거리 항공노선 폐지가 논의되고 있는 가운데, 우리나라는 광역지자체가 적어도 1개씩은 국제공항을 갖겠다고 아우성치는 상황이다.

지금도 지역 공항이 적자를 면치 못하고 있는 상황에서 전국 동시다발로 공항건설에 나설 때 좌초 인프라가 될 가능성이 크다. 기후재난에 대한 적응 인프라 구축과 2030년까지 2018년 대비 40% 감축 목표 달성을 위한 감축 사업에 인력과 재원투입이 시급한데, 우리는 공항 활주로 건설에 막대한 예산을 쏟아붓겠다고 한다. 대한민국호가 공항 활주로 건설로 침몰할 지경이다.

기후위기를 중심에 두고, 2050년 이전에 탄소중립 사회를 만들려면 지금 무엇을 해야 하는지 정책수립의 접근법 자체를 완전히 바꿔야 한다. 지역 정부는 온실가스 감축을 위한 인벤토리 기반 탄소중립 계획 이행 점검 체계를 구축하고, 기후위기 대응을 최우선으로 탄소중립 거버넌스와 전담부서, 기후대응기금을 만들어야 할 시점이다. 그리고 기후위기를 무엇보다 걱정하고 행동하는 시민들이 정책수립에 참여해야 한다. 지역의 정책과 미래를 만드는 방식을 완전히 바꾸지 않으면, 지금처럼 정부가 수립한 틀대로 공모사업 유치경쟁만 하다가 끝날 수 있다. 이대로라면 우리는 지역에서 기후위기 대응의 희망을 발견할 수가 없게 된다.

실패할 시간이 없다

탄소중립, 결코 쉬운 일이 아니다. 우리가 성장과 물질적 풍요에 대한 욕망을 내려놓아야 가능한 일이다. 지금까지 인류문명은 그런 선택을 한 적이 없다. 인류는 30여 년 전인 1992년 기후변화협약을 만들어 온실가스 감축과 적응 정책을 펼쳤지만, 기후위기는 더 심각해졌다. 지난 30년은 실패했지만, 앞으로 30년은 실패할 시간이 없다. 이 순간 "앞으로 지구평균기온이 1.5℃ 이상 올라도 된다. 나는 감내하고 견딜 수 있다"라고 확신할 사람은 아무도 없다. 그나마 인류가 정한 기후위기 저지의 마지노선이 1.5℃이고, 1.5℃ 이하로 안정화하려면 탄소중립을 해야 한다.

탄소중립을 위한 경로와 수단은 인류가 마음만 먹으면 불가능한 일이 아니라고 생각한다. 문제는 우리 마음가짐이다. 우리는 어쩌면, 탄소중립을 말하지만, 실제 탄소중립이 의미하는 바를 축소해서 이해하거나 제대로 인식하지 못하고 있는지 모른다. 마음속 깊이는 기후위기와 탄소중립을 부정하고 싶은지도 모른다. 그래서 우리는 탄소중립과 경제의 지속적인 성장과 확장이라는 단어를 같이 쓴다. 사실 탄소중립과 경제의 양적 성장을 동시에 달성하는 것은 불가능하다. 우리가 기후위기 문제를 뼛속 깊이 인식하고, 그 원인에 대해 성찰을 하게 되면 '성장' 자체를 돌아볼 수밖에 없을 것이다. 2050 탄소중립으로 가는 경로가 한 가지 일이 없다. 다만 반드시 가야 하는 길이라면 더 빠르고 과감하면서도 모두 함께 살 수 있는 경로여야 한다. 우리는 기후위기와 탄소중립 앞에 인간의 실존을 뒤흔드는 질문과 숙제에 직면해 있다. 이 숙제를 지혜롭게 해내야 인간을 포함한 지구의 생명체들이 살아남을 수 있다.

기후위기 시대, 대응 현황과 과제

: 사회 · 경제 · 정치의 대전환 없이는 기후재앙에서 벗어날 길 없어

하승수 (공익법률센터 농본 대표)

1. 기후위기와 실패한 플랜A

기후위기가 얼마나 심각한 상황인지에 대해서는 더 이상 말할 필요가 없을 것이다. 문제는 한쪽에서는 기후위기를 얘기하면서, 다른 한쪽에서는 여전히 경제성장을 추구하는 '유체이탈'같은 상황이다. 온실가스 감축에 모든 노력을 쏟아도 쉽지 않은 상황인데, 여전히 온실가스를 대량배출하는 정부들의 최대 관심사는 경제성장이다. 온실가스 배출량 세계 1, 2, 3위인 중국, 미국, 인도를 봐도 그렇다. 그러나 경제성장을 추구하면서 동시에 온실가스 배출량을 획기적으로 줄이기는 어려운 일이다. 대량생산-대량소비-대량폐기의 구조를 바꾸지 않으면 온실가스 배출을 대폭 줄이기는 어려운데, 이런 구조를 바꾸려면 경제성장을 국가의 목표에서 삭제해야 한다. 지금 필요한 '전환'은 생산에서 소비, 폐기에 이르는 모든 과정을 바꾸는 것이다. 화석연료 의존 에너지 시스템과 산업구조, 교통, 농업 · 먹거리, 건축, 폐기물 등을 모두 바꿔야 한다. 그러나 그런 얘기를 하면, '경제성장을 해야 하는데, 급격한 변화는 경제성장에 지장을 초래한다'는 식의 얘기들이 여전히 나온다. 이런 상황이니 온실가스 배출량이 줄어들 리가 없다. 그래서 미래는 암울하다. 유엔기후변화협약UNFCCC 사무국이 2021년 10월에 제출한 보고서에 따르면 2030년 전세계 온실가스배출량은 2010년 대비 13.7% 증가할 것으로 전망됐다. 국가들이 내놓은 감축목표NDC를 종합하면 이런 결과가 나온다는 것이다. 2022년 10월에 발표한 보고서에서도 2030년 전세계 온실가스 배출량이 2010년 수준보다 10.6% 증가할 것으로 전망됐다. 1년전 보고서보다는 2030년 전망치가 조금 줄어들었지만, 2030년까지 2010년 대비 45%를 감축한다는 UN차원의 목표와는 거리가 멀어도 한참 먼 것이다.

대한민국의 경우에는 2030년까지 2018년 온실가스 배출량 대비 40%를 감축한다는 약한 목표를 세웠지만, 추이를 보면 그조차도 달성하기 어려울 것으로 전망된다. 2018년은 대한민국의 온실가스 배출량이 7억 2천 7백만톤으로 정점에 달한 시점인데, 이를 기준으로 감축목표를 세웠다는 것 자체가 비판받을 일이었다. 그런데 2019년 7억 1백만톤, 2020년 6억 5천 7백만톤으로 줄어들던 온실가스 배출량이 2021년에는 오히려 늘어난 것으로 전망됐다. 환경부가 2022년 6월에 발표한 '2021년 온실가스 잠정배출량'은 6억 7천 9백만톤으로, 2020년보다 3.5% 증가한 것이다. 그나마의 감소추세가 사라지고, 다시 증가를 한 것이다. 이런 식이라면, 약하게 설정된 대한민국의 온실가스 감축목표조차 달성하기 어려울 것으로 보인다. 따라서 지금은 냉철하게 상황을 볼 필요가 있다. 현재처럼 여전히 주요 온실가스 배출국가들의 정부가 경제성장에 집착하는 이상, 2030년까지 2010년 대비 온실가스 배출량을 45% 감축한다는 목표는 달성불가능하다. 이는 국가간의 협상과 국가별 온실가스 감축목표 설정을 통해서 기후위기에 대응한다는 '플랜A'의 실패를 보여주는 것이다. 교토의정서부터 파리기후변화협약까지의 과정도 실패였고, 파리기후변화협약도 실패하고 있다. 이를 인정하지 않으면 실질적인 논의는 불가능하다.

2. 녹색성장이 아닌 탈성장이 필요

플랜A의 실패는 '유체이탈'같은 상황을 방치했기 때문이다. 협상테이블에서는 고상하게 '온실가스 감축'을 얘기하지만, 실제로 많은 국가의 정부는 여전히 정책의 우선순위를 '경제성장'에 두고 있다. '온실가스 감축'은 기후위기 관련된 협상테이블에서나 하는 얘기이고, 정부 내의 담당부처에서나 하는 얘기일 뿐이다. 대한민국도 마찬가지이다. 한 국가내에서 온실가스 배출량을 획기적으로 감축하려면 범 정부 차원에서 산업구조 전환을 포함한 포괄적인 계획을 수립하고, 이해관계를 조율하고 조정해내는 것이 필요하다. 그러나 대한민국의 경제정책을 총괄하는 기획재정부의 일차적인 관심은 여전히 기후위기에 있지 않고 '경제성장'에 있다. 기업들도 말로는 ESG를 얘기하지만, 대량생산-대량소비-대량폐기의 시스템이 유지되기를 바라면서 더 많은 이윤을 추구할 뿐이다. 많은 기업들은 오히려 탄소흡수원을 파괴하는 개발사업을 벌이고 있다.

또한 온실가스를 대량으로 배출해 온 에너지, 철강, 시멘트, 석유화학업계는 온실가스 감축에 소극적이다. 이 업계에 속한 온실가스 대량배출 기업들은 한국의 대표적인 기업들이기도 하다. 2019년 〈한국기업지배구조원〉이 발표한 것에 따르면, 대한민국의 온실가스 대량배출기업에는 포스코1위, 한국남동발전 2위, 한국중부발전3위, 한국동서발전4위, 한국서부발전5위, 한국남부발전6위, 현대제철7위, 쌍용양회공업8위, 포스코에너지9위, 현대그린파워10위같은 기업들이 포함된다. 이런 기업들의 반발 또는 소극적인 태도는 온실가스 감축을 어렵게 만들고 있다. 이처럼 말로는 '기후위기', '친환경', '녹색', 'ESG'를 얘기하지만, 실제 행동은 반대로 하고 있는 '유체이탈'같은 상황이 계속되면, 온실가스 배출량을 줄이는 것은 불가능하다. 이런 유체이탈을 잘 보여주는 것이 '녹색성장'이라는 단어이다. 온실가스 배출량을 줄이겠다는 '녹색'과 '경제성장'을 결합시킨 '녹색성장'이라는 단어는 그 자체로 모순일 수밖에 없다. 그런데 대한민국은 2021년 9월 「기후위기 대응을 위한 탄소중립·녹색성장 기본법」을 제정했다. 정부는 이 법의 약칭을 '탄소중립기본법'이라고 부르고 있다. 그러나 이 법을 그렇게 부르는 것은 거대한 기만극을 벌이는 것이다. 이 법률로는 결코 2050년 탄소중립이라는 목표를 달성할 수 없을 것이기 때문이다. 따라서 이 법의 약칭은 '녹색성장 기본법'이라고 부르는 것이 타당하다. 법률의 본문에서 '성장'이라는 단어가 60번 넘게 등장하는 데다, 그 전부터 존재해왔던 '저탄소 녹색성장 기본법'과 근본적인 차이도 없는 법이기 때문이다.

이 법률에서는 "녹색성장"을 "에너지와 자원을 절약하고 효율적으로 사용하여 기후변화와 환경훼손을 줄이고 청정에너지와 녹색기술의 연구개발을 통하여 새로운 성장동력을 확보하며 새로운 일자리를 창출해 나가는 등 경제와 환경이 조화를 이루는 성장"이라고 정의하고 있다. 말은 그럴 듯하게 보인다.

그러나 경제성장을 추구하면서 온실가스 배출량을 획기적으로 줄이는 것은 불가능하다. 그것이 진실이다. 꺾이지 않는 온실가스 배출량 수치가 이를 너무나 잘 보여준다. '녹색성장'은 허구적인 수사일 뿐이다. '녹색성장기본법'의 다른 내용을 들여다봐도 지극히 형식적인 것들로 가득차 있다. 위원회 만들고 기금 만들겠다는 내용이다. 탄소중립위원회는 정부부처 장관들, 기업관계자들, 소위 전문가들로 구성되는 우리나라에서 쉽게 볼 수 있는 위원회다. 이런 위원회를 만드는 것이 어떻게 기후위기에 대한 대책이 될 수 있나? 독일의 '연방 기후보호법'의 경우에는 5명의 독립적인 전문가들로 구성되는 '기후전문위원회'를 두고 있다. 차라리 이런 위원회가 실효성이 있다.

지금의 기후위기는 '녹색성장'이 아니라 '탈脫성장'이 필요하다는 것을 보여주고 있다. 탈성장의 의미와 관련해서 여러 견해가 있을 수 있지만, 최소한 국가의 목표에서 경제성장률을 지우는 것에는 합의할 수 있다고 생각한다. 국가의 목표에서 경제성장률을 지워야, 기후위기에 대응하는 것을 국가의 최우선적인 목표로 할 수 있다. 따라서 법률을 만든다면, 녹색성장기본법이 아니라 탈脫성장 기본법을 만들어야 한다. 경제성장률에 대한 집착을 버리겠다는 '탈성장'을 국가적으로 선언하고, 경제성장주의와 개발주의를 주도해왔던 기획재정부, 국토교통부같은 경제부처들을 해체 해야 한다. 그리고 지금 필요한 총체적 전환을 주도할 수 있는 '전환부'를 신설하고, 경제부총리가 아니라 전환부총리를 둬야 한다. 그야말로 정부가 하는 일을 완전히 전환하겠다는 법이 필요하다. 지금 같은 상황에서도 여전히 경제성장에 집착하는 것은, 배가 난파하여 바다에 빠

졌는데 나무를 잡지 않고 보석상자를 잡겠다는 것이나 다름없다. 지금까지의 경험이 보여주는 것은 온실가스 감축과 경제성장을 동시에 추구한다는 것은 불가능하다는 것이다. 이제는 경제성장주의라는 낡은 틀에서 벗어나야 한다. 그것이 플랜B의 시작이 될 것이다.

3. 플랜B의 기초는 안-줄-분-자와 '농農'

플랜A가 실패한 상황에서, 플랜B는 탈성장을 기조로 해야 한다. 그리고 가장 기본적으로는 안-줄-분-자안하고 줄이고 분산하고 자급하는를 해야 한다. 플랜A가 실패한 이유는 배출량과 감축목표라는 수치만 계산하고 있었을 뿐, 실질적인 것들을 하지 않았기 때문이다.

안 해야 할 것은, 온실가스 배출을 늘릴 수 밖에 없는 일과 탄소흡수원을 파괴하는 일이다. 예를 들어 지금 가덕도 신공항, 새만금 신공항 등 신공항 건설을 강행하고 있는데, 공항을 건설하는 과정에서 탄소흡수원인 갯벌, 임야 등이 파괴되고, 온실가스를 대량으로 배출할 수밖에 없다. 또한 건설 이후에 항공기를 더 많이 이용하면 할수록 온실배출량도 늘어날 수밖에 없다. '녹색사막'이라고 할 수 있는 골프장을 건설하는 것도 그만둬야 한다. 임야와 농지를 파괴하고 건설하는 산업단지도 그만둬야 한다.

줄여야 할 것은 온실가스를 대량배출할 수밖에 없는 산업이다. 대한민국의 경우에는 특히 철강, 석유화학, 시멘트 또한 화석연료 발전이다. 근본적으로는 대량생산-대량소비-대량폐기의 시스템에서 벗어나 생산-소비-폐기의 총량을 줄이는 것이다. 물건과 사람이 이동하는 이동의 총량도 줄여야 할 것이다.

분산하는 것이 해법이다. 더 이상 서울집중-도시집중의 시스템은 유지되기 어렵다. 분산하는 것은 뒤에 언급하는 자급을 위한 전제조건이기도 하다. 서울 같은 대도시는 스스로 에너지 문제, 먹거리 문제를 해결하는 것이 불가능하다. 전기도 외부에 의존하고, 먹는 것도 외부에 의존해야 한다. 내부에서 발생하는 폐기물도 스스로 처리하지 못한다. 재생가능에너지로 발전원을 전환하는 것도 중요하지만, 또 다른 대규모집중 방식이 아니라 분산형 방식이 되어야 한다. 그래야 지속가능하고, 또다른 대규모 환경파괴를 막을 수 있다.

자급해야 한다. 기후위기는 국제적인 불안정성을 키울 것이고, 전쟁같은 사태와 맞물리면 취약한 국가들은 생존의 위협을 받게 될 것이다. 대한민국처럼 에너지와 먹거리를 수입에 의존하는 국가는 대표적으로 취약한 국가라고 할 수 있다. 대한민국의 곡물자급률은 20.2%, 식량자급률은 45.8%에 불과한 실정이다. 2020년 기준 앞으로 에너지 자급, 먹거리 자급을 하지 못하면, 대한민국은 생존의 위협을 받게 될 가능성이 높다. 그런데 에너지 자급, 먹거리 자급은 대한민국 내에서도 지역별로 이뤄져야 한다. 지역단위 자급없이 국가단위 자급도 불가능하다. 그러기 위해서는 작은 기초단위부터 자급을 해야 하고, 중앙정부나 광역지방정부는 이를 지원해야 한다.

특히 대한민국에서 강조할 것은 '農농'이다. 농사, 농민, 농촌에 대한 최우선적인 고려가 필요하다. 앞서 언급한 것처럼 대한민국은 곡물자급률과 식량자급률이 너무 낮다. 그리고 농촌의 고령화도 너무 심하다. 농가인구의 62%가 60대

이상이고, 농가경영주의 42.7%가 70대 이상인 상황이다.2021년 기준 앞으로 10년 뒤면 현재 농민의 40% 이상이 더 이상 농사를 지을 수 없는 상황이 될 수 있는 것이다. 농지도 계속 줄어들고 있다. 2002년 186만 ha였던 경지면적은 2021년 154만 ha로 줄어들었다. 이대로라면 가뜩이나 취약한 먹거리의 자급기반이 앞으로 더 취약해질 상황이다. 또한 농촌의 환경도 많이 악화되고 있다. 산업단지, 대규모 공장, 폐기물처리시설, 대규모 축사들이 농촌지역으로 몰려들어 왔기 때문이다. 농촌의 환경을 보전하고 공간을 지켜야 농촌으로 사람들이 분산할 수도 있다.

말로만 '농'을 중시한다고 하는 것은 의미가 없다. 발상의 대전환을 해야 한다. 가령 2022년 본예산 기준으로 국방예산은 54조6천억원이었다. 그런데 농업 농촌예산은 16조 8천억원이었다. 국방예산의 3분의 1에도 미치지 못하는 것이다. 과연 이것이 옳은가? 라는 질문을 던져야 한다. 농업 농촌 중요성이 정말 국방의 3분의 1도 안되는가? 농업은 전 국민의 생존 기반이다. 분명한 사실은 먹지 않고 살 수 있는 사람은 없다는 것이다. 조금 더 깊이 들어가보자. '자주국방'을 강조하는데, 식량주권은 왜 그만큼 강조하지 않는가? 최저임금은 있는데, 농민들에게도 최소한의 소득을 보장하는 제도가 필요하지 않은가?이런 질문들이 필요한 이유는 위기가 다가오는데도 그에 대한 진지한 인식을 찾아보기는 어렵기 때문이다. 식량위기에 대한 경고의 목소리가 높아지고 있는데, 대한민국 정부는 여전히 '식량은 외부에서 수입해서 먹으면 된다'는 생각에 빠져 있다. 외부로부터의 식량수입에 문제가 생길 경우에 대해서는 '무대책'이나 마찬가지이다. 국외에 진출해서 농장을 운영하고 있는 국내기업들에게 식량을 들여오도록 '반입명령'을 내린다는 것이 유일한 대책인 상황이다. 그러나 자기 나라 국민들이 먹을 게 부족한데, 외국기업들이 식량을 반출하도록 놔둘 국가가 있겠는가?

기후위기의 영향은 국가별로 다르게 나타날 수밖에 없다. 대한민국의 경우 가장 우려되는 것은 식량위기이다. 이를 생각하면, 대한민국의 경우에는 '농'을 살리는 것이 중요하다. 물론 '농'을 살리고 이를 기반으로 하는 사회가 된다면, 자연스럽게 온실가스 배출량도 줄어들 것이다.

4. 전환을 위한 핵심과제

앞서 언급한 것처럼, 탈성장을 철학적 기조로 하고 안-줄-분-자와 '농'을 가장 중요한 전제로 삼는다면, 그 바탕 위에서 전환을 위한 보다 구체적인 과제들을 살펴볼 수 있을 것이다. 이 글에서는 기본소득, 선거제도 개혁, 추첨제 시민의회, 연방제와 면·읍 자치의 문제를 살펴보고자 한다.

가. 전환정책으로서의 기본소득

기본소득은 전세계적인 관심사이기도 하지만, 대한민국에서도 매우 뜨거운 이슈이다. 그런데 기본소득을 어떻게 볼 것인가? 와 관련해서는 매우 다양한 시각이 있다. 기본소득을 경제정책이나 복지정책으로 바라보는 시각도 있다. 그러나 그런 시각은 기후위기 따로, 기본소득 따로 보는 것이다. 기후위기가 지금

시대의 가장 중요한 화두라면, 기본소득도 기후위기와 연관해서 생각을 해야 한다. 그래야 기본소득을 정책으로 도입할 명분도 더 존재한다. 기후위기 시대에 기본소득은 '전환정책'으로 바라볼 필요가 있다. 온실가스 감축을 하는 과정에서 화석연료에 의존해 온 산업들이 더 이상 지속가능하지 않게 되고, 수많은 사람들이 일자리를 잃게 될 것이다. 그 과정에서 발생하는 불안을 해소하기 위해서는 사람들에게 최소한의 마룻바닥Floor이 필요하다. 그런 점에서 기본소득이 필요하다.

물론 생태주의자 중에서는 기본소득이 더 많은 소비를 유도해서 생태계를 더 파괴하게 될 수 있지 않느냐? 는 우려를 하는 사람도 있다. 기본소득을 경제 정책으로 보고 지지하는 사람 중에 '기본소득을 지급함으로써 경제성장을 촉진할 수 있다'는 논리를 펴는 사람도 있기 때문에 그런 우려가 나오는 면도 있다.

이런 우려에 대해서는 세 가지 측면에서 짚어볼 필요가 있다.

첫째, 반대의 질문도 가능하다는 것이다. 즉, 기본소득없이도 경제성장주의에서 벗어날 수 있을까? 라고 되물어보는 것이 필요하다. 문제는 경제성장주의를 통해 이익을 얻고 있는 사람들만이 아니라, 경제성장주의로 인해 피해를 보고 있는 사람들까지도 '경제성장없이는 먹고 살기 힘들 것'이라는 믿음에 사로잡혀 있다는데 있다. 언론을 통해서도 이런 얘기들은 끊임없이 유포된다. 그래서 경제성장주의로부터 벗어나는 '탈성장'이 필요하지만, 논리로 사람들을 설득하는 데에는 한계가 있다. 일자리도 줄어드는 상황에서 어떻게 살아야 할 것인가? 라는 불안이 존재하기 때문이다. 이런 불안이 존재하는 이상, 개발주의와 경제성장주의는 이 사회를 계속 지배할 수밖에 없다. 그래서 기본소득이 필요하다. 기본소득은 '전환'에 대한 불안을 해소하고 '다른 사회', '다른 삶'이 가능하다는 확신을 사람들 사이에 퍼뜨릴 수 있을 것이다. 예를 들어 친환경농업을 해야 한다고 생각하지만, 현실적으로 돈이 필요하기 때문에 망설이고 있는 농민에게 기본소득은 '전환을 위한 버팀목'이 될 것이다. 관행농업을 하는 것보다 시장에서 얻는 소득은 줄어들더라도, 기본소득이 삶을 지탱해주기 때문이다.

둘째, 기본소득을 잘 설계하면, 경제의 전환을 촉진하는 강력한 수단이 될 수 있다는 것이다. 지금 기후변화의 속도는 너무 빠르고, 기존에 도입하거나 논의된 정책으로는 실효성있는 대책이 되지 못한다는 것이 드러나고 있다. 획기적인 방안이 필요하다. 그래서 '생태부담금으로 배당을 준다'는 아이디어를 검토할 필요가 있다. 구체적으로는 '생태부담금-생태배당' 제도를 도입해야 한다. 지금까지는 온실가스를 대량을 배출하는 행위 등 환경을 파괴하는 행위에 대해서 제대로 된 부담을 지우지 않았다. 그래서 사회적, 환경적 비용은 고려하지 않고 무분별하게 환경을 파괴하는 행위들이 저질러져 온 것이다. 따라서 앞으로는 이런 행위들에 대해 정당한 비용을 부담시켜야 한다. 구체적으로는 이런 행위들에 대해 생태부담금을 부과하는 것이다. 그리고 생태부담금을 매년 올리는 것이다. 그렇게 되면, 생태계를 파괴하는 행위를 통해 생산되는 제품들은 경쟁력을 상실하게 된다. 가격이 오르기 때문이다. 어차피 가격이 비싸다면 소비자들도 친환경적인 제품을 선호하게 될 것이다.

기업들을 비롯한 경제주체들은 그렇게 움직일 수밖에 없고, 그것만으로도 효과는 클 것이다. 그러나 이렇게 하면 물가가 오르게 되고, 서민들은 살기가 더 어려워진다는 지적도 나올 수 있다. 생활에 꼭 필요하지 않은 물건이야 가격이 오르면 소비를 줄일 수도 있지만, 생필품은 당장 구입하지 않을 수 없기 때문이다. 이것이 강력한 생태부담금을 도입하려 할 때에, 큰 약점이었다. 그래서 이런 정책은 인기없는 정책, 비현실적인 정책으로 취급당하기 쉬웠다. 그러나 이렇게 걷은 돈을 재원으로 시민들에게 조건없이 생태배당금을 지급하면 어떻게 될까? 당장 시민들은 물가가 올라서 사는 게 힘들어진다는 걱정을 떨치게 될 것이다. 이런 생태부담금 징수 - 생태배당은 온실가스 배출을 줄이는 강력한 수단이 될 것이다. 물론 이런 방식을 통해서 온실가스 배출이 파격적으로 줄게 되면, 생태부담금-생태배당금도 줄어들게 된다. 그래서 생태부담금을 기본소득의 재원으로 하는 것에 대한 비판도 제기된다. 그러나 이런 정책을 통해 온실가스 배출량이 획기적으로 줄게 되면 좋은 일이다. 전환을 두려워하면 될 일이 없다. 필요한 정책은 과감하게 도입해야 한다.

세 번째로, '농'을 살리고 '분산'을 촉진하는 기본소득도 가능하다. 현재 논의되고 있는 농민기본소득이 그것이다. 여기서 말하는 '농민'의 범주에는 농사를 주수입원으로 하는 사람 뿐만 아니라, 농민을 돕거나 농촌에 보탬이 되는 활동을 하는 사람까지 포함시킬 필요가 있다. 이렇게 하면 귀향, 귀농, 귀촌을 통해 대도시 인구를 분산시키는 효과도 가져올 수 있다. 이런 형태의 농민기본소득이 지급된다면 청년들의 귀농, 귀촌도 활발해질 것이다. 농촌이라고 해서 농사만 지어야 하는 것은 아니다. 사람이 사는 곳이기 때문에 복지, 문화, 환경, 교육 등과 관련해서 다양한 일을 할 사람들이 필요하다. 기본소득이 보장된다면 청년들은 농촌에서 새로운 삶의 가능성을 찾기가 쉬워질 것이다. 따라서 기본소득은 가장 확실한 농촌살리기 정책이고, 수도권과 대도시에 집중된 인구를 분산시킬 수 있는 정책이다. 농민기본소득이 지급되어 귀농인구가 늘고 친환경농업을 하는 소농들이 늘어나는 것이야말로 가장 확실한 일자리 정책이기도 하다. 앙드레 고르는 프랑스에서 유기농업이 활성화되면 농사를 전업적으로 해서 먹고사는 사람이 5배 늘어날 것이라고 했는데, 대한민국도 그럴 것이다.

나. 선거제도 개혁과 기후위기

기후위기 얘기를 하는데, 왜 선거제도 얘기가 나오는지 궁금해 할 사람도 있을 것이다. 그러나 선거제도는 기후위기 대응에 큰 영향을 미치고 있다. 다수대표제Majority System, 우리나라에서는 소선거구제라고 불린다 선거제도를 택한 국가의 온실가스 배출량 증가율이 비례대표제Proportional Representation 선거제도를 택한 국가의 온실가스 배출량 증가율보다 높은 것으로 나타나고 있기 때문이다. 미국의 정치학자인 살로몬 오렐라나Saloman Orellana의 연구에 따르면, 다수대표제 선거제도를 택한 국가에서는 17년간 1990- 2007 사이에 45.5%의 온실가스 배출량 증가율을 보인 반면, 비례대표제 선거제도 국가에서는 9.5%만이 증가했다.

그 이유는 각 선거제도가 가진 특성 때문이다. 비례대표제 선거제도는 각 정당이 받은 정당득표율에 따라 의회 의석이 배분된다. 따라서 유권자들 입장에서는 정당에 대한 투표가 중요해진다. 그런데 유권자들이 정당투표를 던질 때에는 그 정당의 정책을 중요하게 볼 수밖에 없다. 즉 기후위기를 심각하게 받아들이는 유권자들은 기후위기 대책에 적극적인 정당예를 들면 녹색당에게 투표를 하게 된다.

그렇게 되면, 정당투표를 더 얻기 위해 애써야 하는 다른 정당들도 기후위기 문제를 소홀하게 다룰 수 없게 된다. 진보적인 정당 뿐만 아니라 보수적인 정당도 기후위기에 대한 정책을 내세울 수밖에 없다. 그래서 자연스럽게 기후위기가 정치영역에서 중요한 의제로 떠오르게 되는 것이다. 따라서 기후위기가 정치에서 중요한 주제로 다뤄지려면, 선거제도가 매우 중요하다.

그런데 대한민국의 경우에는 2020년 이전까지 정당득표율에 관계없이 지역구에서 1등만 하면 무조건 당선되는 다수대표제 방식으로 국회의원 대부분을 선출했다. 국회의원 300명중 253명을 이 방식으로 선출하고, 300명중 47명만을 비례대표로 선출했다. 이런 방식은 다수대표제와 비례대표제를 혼합한 것처럼 보이지만, 실제 효과는 다수대표제에 가깝게 나타난다.

이런 방식을 '병립형parallel system 또는 혼합형 다수대표제Mixed Member Majoritarian, MMM라고 부른다. 그러다가 2020년 국회의원 총선을 앞두고 선거제도 개혁이 추진됐다. 그러나 제대로 된 비례대표제로 전환하지 못하고 '준연동형'이라는 기묘한 방식이 채택됐다. 기득권을 가진 거대정당이 자기 기득권을 포기하지 않았기 때문이다.

'준연동형' 방식은 각 정당의 정당득표율대로 배분한 의석에서 각 정당의 지역구 당선자를 뺀 숫자의 50%를 우선적으로 보장하는 형태이다. 100%를 보장하는 것이 온전한 연동형 비례대표제라면, '준연동형'은 50%만 연동시키는 것이다. 그러나 이 방식은 계속 유지되기가 어려운 방식이다. 너무 복잡해서 유권자들이 이해하기도 어렵다. 그래서 2024년 국회의원 총선전에 선거제도를 다시 바꾸는 것이 불가피한 상황이다.

대안은 온전한 비례대표제를 도입하는 것이다. 덴마크, 스웨덴 등 유럽의 많은 국가들이 채택하고 있는 정당명부식 비례대표제Party-list propotional representation을 도입하든지 아니면, 독일이나 뉴질랜드가 채택하고 있는 연동형 비례대표제혼합형 비례대표제, Mixed Member Propotional representation을 도입하든지 해야 한다.

다. 추첨제 시민의회

앞서 언급한 선거제도 개혁은 대의제가 기후위기라는 사상 최대의 위기에 대한 대응능력을 가질 수 있도록 하려는 것이다. 그러나 대의제 자체가 가진 한계도 있다. 선거에서 승리하려면 자칫 기후위기 대응에는 소극적으로 되기 쉽다. 임기가 정해진 대통령, 국회의원이 자신의 임기 내에 성과를 내기 어려운 과제에 대해 적극성을 가질 수 있는가? 라는 근본적인 의문도 있다.

그래서 기후위기라는 상황에 대처하려면, 무작위 추첨으로 뽑힌 시민들이 참여하는 '시민의회' 방식도 필요하다. 영국같은 경우에는 2020년 무작위 추첨으로 뽑힌 시민들 108명이 참여하는 '기후 시민의회Climate Assembly'를 구성하여 대책을 논의했고, 500쪽이 넘는 보고서를 내기도 했다. 또한 프랑스의 경우에도 150명으로 구성된 기후위기 시민총회Citizens Convention for Climate를 운영했었다.

이런 시민의회 방식이 가진 장점 중에 하나는 '동료시민에 대한 설득가능성'이다. 기후위기에 대응하려면 정치와 정부, 기업의 역할도 있지만, 시민들의 의식변화도 중요하다. 그런데 정치인이나 정부가 시민들에게 '삶의 방식을 어떻게 바꿔야 한다'라고 얘기하는 것은 거부감을 초래할 가능성이 높다. 그러나 동료시민들이 숙고해서 하는 제안이라면 좀더 설득의 가능성이 높아질 수 있을 것이다. 예를 들어 '육류나 유제품 소비를 줄이자'라는 것을 정치인이나 관료가 얘기한다면 거부감이 크겠지만, 동료시민들이 고민하고 토론해서 내린 결론이라면 다를 수 있을 것이다.

물론 이러한 시민의회 방식이 당장 선거를 대체할 수 있는 것은 아니다. 그러나 최소한 대의제를 보완하는 의미에서라도 시민의회 방식이 필요하다. 다만, 이벤트 형식으로 하는 행사에 '시민의회'라는 이름을 붙여서는 안 된다. '시민의회'라는 이름을 쓰려면, 최소한 6개월-1년 정도의 기간을 두고 성, 지역, 계층 등을 고려해서 무작위 추첨으로 뽑힌 시민들이 정기적인 논의를 할 수 있게 해야 한다. 그리고 그 전체 과정이 투명하게 공개되어, 시민의회에 참여하지 않은 시민들도 정보를 제공받고 논의에 의견을 낼 수 있어야 한다. 이런 시민의회는 국가차원에서도 시도할 수 있지만, 지역차원에서는 보다 손쉽게 시도할 수 있을 것이다.

라. 연방제와 농촌지역의 면·읍 자치

앞서 얘기한 분산과 자급을 위해서는 권력도 분산되어야 하고, 보다 작은 단위의 자기결정권이 보장되고 확대되어야 한다. 중앙집권적인 권력구조는 그동안 경제성장주의와 결합하여 기후위기를 심각하게 만드는데 기여해 왔다고할 수 있다. 반면에 에너지 전환을 하고 순환경제와 자급을 추구하는 움직임은 오히려 지역에서부터 출발해 왔다. 그런 점에서 고 김종철 녹색평론 발행인이 1993년 『녹색평론』 8호에서 했던 아래와 같은 지적은 지금도 유효하다.

> "지금과 같은 권력의 중앙집중적 체계속에서는 그 권력이 생명의 옹호를 자신의 과제로 떠맡는다는 것은 불가능할 지도 모른다. 거대한 권력의 집중 그 자체에 이미 반생명적이며, 반생태적인 경향이 내재되어 있다는 것을 우리는 주목해야 한다. 오늘날 우리가 직면한 생태적 위기는 결고 거대권력의 통제에 의해서 극복될 수 있는 것도, 또 그렇게 극복되어서도 안 되는 것이다." 김종철

그런데 요즘 얘기되는 '메가시티'론처럼, '지방대도시' 중심의 균형발전론은 문제를 더 악화시킨다. 이런 주장은 한마디로 서울-수도권을 닮은 거대도시권을 지방에도 만들겠다는 것이다. 그러나 과연 부산-울산-경남 메가시티가 수도권처럼 될 수 있을까? 수도권이 수도권일 수 있는 것은 정치·행정적 권력이 그곳에 있고, 사회·경제적 권력도 그곳에 있기 때문이다. 그렇다면 그 권력을 해체하는 것이 우선이다. 그런데 그런 얘기는 하지 않고 '메가시티'를 얘기하니, 앞뒤가 전혀 안 맞는 얘기이다. 결국 '메가시티'라는 단어만 내세워서 지역주민들을 현혹시키고 중앙정부로부터 개발사업 예산이나 따오는 것으로 끝날 가능성이 높다. 당장 '가덕도 신공항'처럼 대규모 예산낭비와 환경파괴가 우려되는

사업을 타당성 검증도 없이 밀어붙이는 것을 보면 '메가시티'론이 낳을 결말이 예상되는 것이다.

지금 대한민국에 필요한 논의는 메가시티가 아니라 연방제이다. 중앙집권적인 권력구조를 해체하기 위해서는, 대한민국을 주권을 가진 주州로 구성되는 연방국가로 전환하는 것이 필요하다. 그런데 균형발전이나 지방분권을 얘기하면서도 연방제 도입을 얘기하는 것은 주저하는 분위기가 있다. 연방제가 북한이 주장하는 '고려연방제'를 연상시킨다는 이유에서다. 그러나 연방제는 미국도 채택하고 있고, 독일도 채택하고 있는 민주국가의 한 구성원리이다.

그리고 주州의 권한은 다시 기초지방자치단체로 분산되어야 한다. 그래서 지역의 문제는 지역에서 결정해야 한다. 중앙정부는 외교, 국방 등과 전체적인 조정역할만 하고, 나머지 역할은 주와 기초지방자치단체로 넘겨야 한다. 그리고 지역별로 자급의 원칙을 세워야 한다. 서울처럼 100% 자급이 불가능한 지역이라면, 최대한 노력을 하게 해야 한다. 그리고 다른 지역에 피해를 끼치는 만큼, 그에 대한 부담을 져야 한다. 지금처럼 아무 부담없이 다른 지역에 에너지, 폐기물 등과 관련된 문제를 떠넘기는 것을 막아야 한다.

또한 한국의 경우에는 농촌지역의 면面, 읍邑 자치를 부활시켜야 한다. 대한민국의 경우 5.16. 군사쿠데타 이전의 기초지방자치는 시·읍·면 자치였다. 도시지역에서는 시市단위로 자치를 했고, 농촌지역에서는 면, 읍 단위로 자치를 했다. 그런데 5.16. 군사쿠데타를 일으킨 박정희 세력이 쿠데타에 성공하자마자 지방자치를 중단시키면서, 「지방자치에 관한 임시조치법」이라는 것을 만들어서 면·읍을 군郡으로 강제통합한 것이다. 그런데 1987년 민주화 이후에도 이런 체제가 그대로 유지되고 있다. 1991년 지방자치를 부활시키면서도, 면·읍 자치를 부활시키지 않고, 군 단위로 지방자치를 부활시킨 것이다. 그래서 대한민국은 매우 이상한 방식으로 농촌지역 지방자치를 하고 있다.

이웃 일본도 기초지방자치는 시·정·촌 자치이다. 정·촌은 우리로 치면 읍·면 정도이다. 독일의 기초지방자치단체인 게마인데Gemeinde도 농촌지역에서는 우리의 읍·면 정도이다. 스위스의 기초지방자치단체인 코뮌Commune도 그렇다.

지금의 농촌지역 지방자치는 제대로 된 '지방자치'라고 할 수 없다. 면·읍의 지방자치를 부활시켜야 농촌에 맞는 지방자치를 할 수 있다. 지금의 군은 서울시 전체 면적보다 넓은 경우가 많을 정도로 자치를 하기에는 너무 넓다. 군 안에서도 읍·면별로 사정이 많이 다르다. 그러니 군 단위에서는 제대로 된 자치를 하기도 어렵다. 지금도 단위 농협은 면·읍별로 존재하는 경우가 많은 것을 보더라도, 농촌지역의 지방자치는 면·읍별로 해야 한다. 그래야 에너지자립도 가능하다. 독일의 유명한 에너지자립지역인 쇠나우Schönau는 우리로 치면 면面 정도되는 기초지방자치단체이다. 그런데 핵발전소에서 나오는 전기는 사용하지 않겠다는 결정도 주민투표를 통해 했을 정도로 폭넓은 자치권을 누리고 있다. 그렇기 때문에 세계적으로 주목을 받는 재생에너지 중심의 에너지자립 모델을 만들 수 있었던 것이다. 만약 쇠나우가 우리의 면·읍처럼 자치권도 없는 군청의 하부조직이었다면, 불가능한 일이다. 스스로 논의하고 스스로 결정하는 자치가 가능해야만, 대한민국 곳곳에서도 진정한 의미의 '에너지 자립' 모델이 나올 수 있다.

5. 글을 마무리하며

2022년 시점에서 글을 쓰면서 플랜A가 실패했고, 플랜B가 필요하다는 얘기를 하는 마음이 매어 편치 않다. 플랜A의 실패는 지구의 평균기온 상승을 1.5℃ 이하로 막는 것이 어렵다는 것을 보여주는 것이기 때문이다. 그러나 조금의 희망이라도 가지려면, 인정할 수밖에 없는 실패는 빨리 인정해야 한다. 그렇지 않으면 기회는 더욱 줄어든다. 만약 2030년이 되어서야 플랜A의 실패를 인정한다면, 그 때는 어떻게 될 것인가? 그래서 이 글에서는 플랜A의 실패를 인정하고, 더 이상 '녹색성장'같은 허황된 구호에 매달릴 것이 아니라 '탈성장'의 길을 가야 한다고 제안했다. 그리고 플랜B가 가능하려면 안-줄-분-자안하고 줄이고 분산하고 자급하는와 '농'을 전제로 해야 한다고 제안했다.

또한 보다 구체적인 전환의 과제로, '전환정책'으로서의 기본소득, 선거제도 개혁, 추첨제 시민의회, 연방제와 농촌지역의 읍·자치를 제안했다. 이는 경제와 사회, 정치의 변화를 위해 필수적인 과제이다. 그러나 지금의 정치상황을 보면, 과연 이런 과제들이 언제쯤 실현될 수 있을지? 도 알 수 없다. 상황이 계속 악화되고, 식량과 에너지 등을 둘러싼 국제·국내적 갈등이 심각해질 때, 과연 인류가 평화적인 해법을 찾을 수 있을 것인가? 라는 걱정이 크다. 그러나 걱정을 한다고 해서 길이 보이는 것은 아니다. 가장 피해야 할 것은 무력감에 빠져 손을 놓는 것이다. 그렇지 않으려면, 기적을 바라는 심정으로 그저 할 수 있는 일을 다 해보는 수밖에 없다.

2부
기후위기와 탄소중립 정책
그리고 기독교 과제

마쿠스 드뢰게
김학철
황홍렬
이성호
박영식
전 철

독일의 기후위기 대응의 성공과 실패, 그리고 교회의 과제

마쿠스 드뢰게 (Dr. Dr. h.c. Markus Dröge, 베를린 미래 재단)

번역 : 박영식(서울신학대학교 교수)

안녕하세요. 여러분 오늘 제가 할 강연의 주제는 '독일의 기후위기 대응의 성공과 실패, 그리고 교회의 과제'입니다.

I. 교회의 과제

1972년에 로마 클럽에서 보고서 "성장의 한계"를 발행하여 깨우침을 준 이후, 교회들은 지속가능성이라는 주제의 윤리적인 측면을 깊이 생각해 왔습니다.[1] 3년 후 1975년에 나이로비에서 있었던 세계교회협의회 총회는 하나의 "정의롭고, 참여적이며 지속가능한 사회"just participatory and sustainable society

---

[1] 나는 문서 - "Geliehen ist der Stern, auf dem wir leben"(빌린 별에서 우리는 살고 있다) - 를 여기서 그리고 아래에서 언급하고자 한다. Die Agenda 2030 als Herausforderung für die Kirchen. Ein Impulspapier der Kammer der EKD für nachhaltige Entwicklung. Herausgegeben von der Evangelischen Kirche in Deutschland (EKD), Hannover, 2018. (독일개신교협의회에서 2018년 발행한 문서로서, '아젠다 2030 교회를 위한 도전. 지속가능한 발전을 위한 독일개신교협의회 전문분과의 제안서').

를 목표로 발표했습니다. 1980년대에 "정의, 평화, 창조보존"이라는 세 단어를 통해 세계 기독교는 지속가능성의 목표들과 여기서 도출된 윤리적 결과들을 방향성 있게 전개해 왔습니다.

교회는 집중적으로 자연 보호와 삶의 토대 보존을 논의해 왔는데, 이것은 그리스도교 신앙의 세계이해와 인간이해에 토대를 두고 있습니다. 온 세상은 하나님의 창조로 이해됩니다. 세상은 '선하게' 창조되었습니다. 그리고 하나님 자신이 이를 보존하실 것입니다. 그는 "영원토록 신의를 지키십니다."시 146:6 인간은 선하게 지은 창조세계를 착취하여 미래를 위험에 빠뜨리는 잘못을 범했습니다. 성서는 피조물이 인간과 마찬가지로 "신음하며"롬 8:22 고통을 당하며 구원을 희망하고 있다고 말합니다. 따라서 인간에겐 창조세계를 제멋대로 파괴하던 일을 그만두고 돌아서라는 책임성이 요구되며, 자연을 이웃사랑의 책임성 안에 함께 포함시켜야 한다는 요구가 주어집니다.

그리스도교 신앙은 하나님의 피조물인 자연의 존엄성과 하나님의 형상인 인간의 존엄성이 인간의 잘못된 행위를 통해 훼손되었다는 사실을 알고 있습니다. 또한 오늘날 인류와 자연의 생존이 위협받고 있다는 것도 알고 있습니다.

하지만 신앙은 불안감 때문에 참여하도록 하지는 않습니다. 신앙의 기본태도는 오히려 "선한" 창조의 선물에 대한 감사입니다. 감사함으로 인해 검소의 윤리, "만족의 윤리"가 생동합니다. 창조를 지나치게 훼손하지 않으면서도 삶을 살만하게 만드는 가치들이 발견되어야 합니다. 즉, 선물로서의 시간, 복된 삶, 이웃사랑, 공동체, 영성, 인간과 자연의 만남이 그것입니다.

삶의 토대들이 위험에 처해 있고, 긴급하게 다른 새로운 삶의 방식이 필요하게 된 상황에서 독일개신교협의회EKD는 그 역할을 세 가지로 기술했습니다. 교회는 권고자Mahnerin, 중재자Mittlerin, 그리고 추동자Motor가 되고자 합니다.

- **권고자.** 교회는 공적으로 권고하고자 합니다. 근원적인 개선이 필요하며, 겸허와 신중함의 태도가 습득되어야만 하고 포괄적인 사회-생태적인 전환과정이 거침없이 도입되고 실행되어야만 합니다.

- **중재자.** 목표충돌로 인해 타협이 필요할 때, 교회는 중재하고자 합니다.

- **추동자.** 교회 자신은 의미 있고 행복하며 충만한 삶을 가능하게 하는 새로운 삶의 방식이 어떻게 실현될 수 있는지를 앞서 살아왔다는 점에서 교회는 추동자가 되고자 합니다. "변화는 슬픔이나 비애가 아니라 발견의 기쁨이며 감사입니다."[2]

II. 독일에서의 특별한 과제와 교회의 참여[3]

기후 보호를 위해 구체적으로 2015년 파리협정의 목표치에 도달하기 위해서, 즉, 산업화 이전 대비 기온 상승을 2도 아래로 제한하기 위해, 독일 정치는 다음과 같은 구체적인 목표치를 설정했습니다. 온실가스 배출을 2020년까지 1990년과 비교해서 40% 감축하고, 2030년까지는 55%, 2040년까지는 70%, 그리고 2050년까지 80-95% 감축할 것입니다.

독일은 이러한 목표에 도달하기 위해 해결해야 할 두 가지 특별한 과제를 갖

---

2) 앞의 글, 33.
3) 앞의 글, 62 이하 참조.

고 있습니다. 그것은 갈탄에 의한 전력 생산을 중단하는 것과 지속가능한 활동의 새로운 형태를 찾는 것입니다. 독일 교회들은 갈탄 전력 생산의 중단을 강력하게 추진하는 것에 매우 일찍이 동의했으며, 화력발전에 의한 에너지 획득을 단지 "과도기적 기술"로만 인정하고 있습니다. 즉 에너지 공급의 전환이 가능하게 되어, 지속가능하고 재생가능한 대안적인 에너지로 포괄적으로 대체될 수 있을 때까지만 사용할 수 있는 기술로 보고 있습니다.

에너지 절감을 위해 정부는 장려 프로그램을 도입하여, 에너지 개선에 참여하는 건축물에 보조금을 지급하고 있습니다. 독일 교회들은 엄청나게 많은 건축물을 소유하고 있기에, "건축물 에너지 개선"이 교회에는 특별히 긴급한 도전입니다.[4] 교회의 건축물은 교회의 이산화탄소 배출의 70-80%를 차지합니다. 이미 2008년에 하이델베르크의 FEST개신교 공동연구소에서 "기후 보호 연구실Projektb ro Klimaschutz"을 설립하였습니다. 여기서는 지역교회와 교회 기관에게 소위 "기후 보호 대책안" 마련에 대해 전문적인 도움을 제공하고 있습니다. 기후 보호 대책안은 두 가지로 시행됩니다. 첫째, 현재 상황 분석입니다. 어떤 에너지 사용, 어떤 이산화탄소 배출이 현실적으로 교회 활동에 존재하는가? 온실가스 감축에 도달하기 위해서는 하나의 교회공동체 또는 기관에 어떤 절약목표가 설정되어야만 하는가? 둘째, 그런 다음 손에 잡히는 대책들이 제안될 것입니다.

기후 보호라는 주제가 교회 안에서 지속되고 그 일의 성공과 실패를 문서화

---

4) Klimaschutz in der EKD und ihren Gliedkirchen. Sachstandsbericht und Empfehlungen für die Weiterarbeit der neuen EKD-Synode, Oktorber 2021 참조. (EKD와 지교회의 기후보호. 새로운 총회에서의 후속작업을 위한 현안 보고와 제안)

하기 위해 "기후 보호 연구실"은 2008년부터 3년마다 기후 보고서를 작성하여 EKD 총회에 제출하고 있습니다. 이로써 총회 자체가 기후 보호를 여러 방면에서 논의하게 되었습니다. 독일개신교회 총회는 2015년 파리에서 있었던 유엔 기후회의 이후 2016년에 이를 논의했고, 마드리드에서 있었던 유엔기후회의 2019와 독일 정부의 기후조약 이후, 이를 논의했습니다. 총회가 집중적으로 논의한 주제는 기후정의 곧 기후와 세계적인 정의의 연관성, 투자 거부여기서는 투자 대상에 대한 비판적 의식이 주된 문제이며, 기후 보호를 충분히 숙고하지 못한 분야에는 투자하지 않겠다는 것, 석탄 사용 중지입니다.

정부에서 온실가스 배출 감축을 위해 목표로 설정한 것에 따라 개신교회도 스스로 구체적인 목표를 정했다는 점이 중요합니다. 2015년까지 25%, 2020년까지 40%를 줄이고 2050년까지는 탄소중립에 도달한다는 것입니다.

교회의 참여 사례: 니더라우지츠Niederlausitz 지역의 "대화와 변화 센터Zentrum für Dialog und Wandel" 5)

니더라우지츠는 제가 10년 간 주교로서 관할하고 있는 교회 지역으로, 베를린-브란덴부르크-슐레지쉐 오버라우지츠가 있으며, 이곳에 니더라우지츠가 있고 거기에는 거대한 갈탄 생산지가 있습니다. 여러 세대 전부터 많은 사람이 "석탄 속에서" 일하면서 생계를 유지하던 곳입니다. 동시에 탄광은 문화경관을 깊이 훼손했습니다. 1924년 이후로 136개의 마을이 준설되었다고 없어졌고 약 2만 5천 명이 고향을 잃었습니다.

---

5) "Geliehen ist der Stern, auf dem wir leben", 68 참조.

이런 상황에서 교회가 해야 할 일은 무엇일까요? 또한 이런 지역에서? 우리 교회는 세 가지 과제를 염두에 두었습니다.

1. 우리는 되도록 이른 시일 안에 석탄 채굴을 중단한다. 창조보존을 위해서.

2. 하지만 이것은 이 지역에 경제 구조의 변화가 결정적으로 도입된다는 점을 전제로 한다. 새로운 일자리가 창출되어야만 한다. 따라서 우리는 구조변화를 위해 사회문제에 대한 논의를 지지한다.

3. 우리는 자신의 교회에서 친환경적인 활동을 시작한다. 그럴 때만 우리는 신뢰를 얻을 수 있다.

이러한 과제에 적합하게 "대화와 변화 센터ZDW"가 설립되었고, 구조변화에 교회가 함께 보조를 맞추기로 하였습니다. 이 센터는 라우지츠 지역에서 미래를 위한 좋은 삶에 기여할 수 있는 다양한 분야의 주체자들이 소통할 수 있는 플랫폼을 제공합니다. 대화협의체를 형성하고 미래를 위한 워크숍을 시행함으로써, 상황을 정확하게 인지하고 라우지츠 지역에서 살고 있으며 이 지역을 위해 일하고 있는 사람들과 대화를 진행합니다. 여기에 교회의 파트너로 무엇보다도 폴란드와 체코 사람들도 참여하게 합니다.

갈탄 채굴 중지와 구조 변화에 직면한 라우지츠 지역의 도전들은 매우 큽니다. 교회의 참여를 통해 이 지역에서 단념이 아니라 좋은 미래가 시작되도록 해야 합니다. 교회는 이 지역에서 사람들의 참여를 후원하고 "대화와 변화 센터"와 함께 능력을 발휘하여 이러한 형성과정에 참여해야 합니다. 따라서 교회는 이러한 센터와 함께 권고자가 되고, 또한 중재자가 되고자 합니다. 물론 교회는 마땅히 스스로 이러한 분야에서 좋은 사례를 가지고 앞장서야 하며, 그래서 더 많이 기후 보호를 위한 추동자로서 행동해야 합니다.

III. 기후 보호에 대한 교회 참여의 성공, 실패 그리고 딜레마[6]

독일개신교협의회EKD가 지금까지 애쓴 결과로 거둔 성공은, 기후 보호라는 급박한 문제상황을 그사이에 교회들이 널리 의식하게 되었다는 점과 교회가 사회생활에서 매우 분명하게 권고자와 또한 추동자로서, 그리고 물론 공적인 미디어에서는 아니더라도, 실제 현장의 일터에서 중재자로서 인식되었다는 점에서 분명하게 알 수 있습니다. 그사이에 무엇보다도 미래를 위한 금요일Fridays for Future 운동과 같은 또 다른 운동이 훨씬 널리 공적인 영향력을 가지게 되었습니다. 이것 때문에 교회가 낙담할 필요는 없습니다. 이와는 반대로 1980년대 이래로 교회가 지지했던 "창조보존"이라는 주제가 이제는 더 널리, 특히 젊은 사람들에게 사회적인 반향을 얻게 되었다는 사실에 대해 그리스도인들은 기뻐합니다.

또한 그사이에 거의 모든 지역교회가 기후대책안을 모색했다는 사실은 널리 퍼진 성공 사례이며, 이것은 그 주제가 구체적인 교회의 생활에까지 퍼져나가서, 구체적인 목표들이 언급되고 대책들이 세워졌다는 표시입니다. 하지만 유감스럽게도 확실한 것은 탄소배출을 2015년까지 25% 감축하고 2020년까지 40% 감축하려는 목표는 분명하게 실패하고 말았다는 사실입니다. 목표를 실제

---

6) 이하의 내용은 Klimaschutz in der EKD und ihren Gliedkirchen(EKD와 지교회의 기후보호) 참고.

로 이행하는 일은 틀림없이 매우 힘겨운 일입니다. 무엇이 문제일까요? 그 이유로 쉽게 해결될 수 없는 문제점을 언급할 수 있습니다.

1. 목표충돌이 존재합니다. 간단한 예시로 보여줄 수 있습니다. 기후성과가 특히 형편없는 지역교회 중 한 곳은 지난 수년 동안 유치원 확장을 제안했습니다. 새로운 유치원 건물로 인해 이산화탄소 방출은 자연적으로 높아졌습니다. 이러한 두 개의 주제 -유치원 확장과 기후 보호- 를 17개의 지속 가능 목표SDG 리스트에 대입시켜 놓으면, 유치원 건물이라는 주제는 4번 목표 "모두를 위한 교육"에 속할 것이고, 기후 보호라는 주제는 13번 목표 "기후변화와 그 영향력을 제어하기 위해 즉각적 대책 마련하기"에 속할 것입니다. 이때 지속 가능 목표에 내재해 있는 근본적인 딜레마가 언급되는데, 기후 보호 대책의 시급한 시행을 어렵게 하는 목표충돌이 바로 그것입니다.

2. 재정지원 가능성의 문제. 교회가 책임져야 하는 건축물이 많기에, 에너지 개선에 어떻게 재정이 지원될 수 있을지가 질문됩니다. 물론 국가 프로그램은 비중있게 재정지원을 제공합니다. 그렇지만 여러모로 지금 손에 쥐고 있지는 않은 엄청난 자부담금이 마련되어야만 합니다.

3. 정말 본질적인 딜레마는 독일 교회가 처해 있는 전체 상황에서 발생합니다. 교인 수는 엄청나게 줄어들고 있습니다. 교회는 구조적인 변화의 과정에 처해 있습니다. 어떤 건축물이 내일도 여전히 필요할지, 어쨌든 오늘 결정할 수는 없습니다. 왜냐하면 구조적인 변화는 시간이 걸리기 때문입니다. 교회 건물이나 교육관, 총회 건물이 내일도 여전히 사용될지 아직 명백하지 않은 시

점에서 에너지 개선을 계획하는 것은 유의미하지 않습니다.

언급한 세 가지 이유로 인해, 기후 위기에 대응해서 얻은 성공이 원했던 것보다 훨씬 적습니다. 그렇지만 인정해야만 하는 점도 있습니다. 기후 보호 대책과 관련해서 의식의 발전, 상황 분석, 그리고 경험의 획득이라는 측면에서 이미 큰 진척이 있었다고 표시할 수밖에 없습니다.

지금까지 언급되지 않았고 교회의 기후성과에 여전히 드러나지 않았지만, 추가적으로 언급할 주제가 있습니다. 교회가 소유하고 있는 토지 관리의 문제입니다. 독일 교회는 매우 많은 건물을 소유하고 있을 뿐 아니라, 매우 많은 토지를 소유하고 있습니다. 독일의 양대 교회 역자주: 루터교회와 개혁교회는 함께 325,000헥타르의 땅을 소유하고 있습니다. 325,000헥타르 중에서 어쨌든 260,000헥타르는 농업과 관련해 임대 중인 상태입니다.

지속가능한 경제활동과 관련하여 토지는 이산화탄소 저장에 아주 많이 도움을 줄 수 있습니다. 교회가 임대한 땅 중에서 지금까지 겨우 7.5%만 지속가능하게 관리되고 있습니다. 너무 작은 수치죠. 이런 분야에서 교회는 신뢰를 얻지 못하며, 따라서 결코 만족스럽게 자신의 역할을 권고자와 추동자로서 인지할 수가 없습니다.

토지 문제와 관련해서 지금까지 단 하나의 지역교회에서 실시한 하나의 조사가 있습니다. 이 지역교회는 건물과 소비 물자, 그리고 활동을 통해 86,000톤의 이산화탄소를 양산합니다. 하지만 233,000톤의 이산화탄소는 임대지의 농업 활동에서 나옵니다. 따라서 바로 여기에 교회의 엄청나게 거대한 과제가 놓여 있습니다. 다시 말하면, 교회는 지속가능한 농업 활동에 종사하는 농업인들과 앞으로 임대계약을 체결하도록 신경을 써야 합니다.

IV. 전망

서두에서 말했던 것처럼 독일 개신교회는 건강한 기후를 미래세대를 위한 삶의 토대로 여기고, 이를 유지하기 위해 대응하면서 자신을 권고자, 중재자, 그리고 추동자로 이해했습니다. 이 세 가지 역할을 진지하게 받아들일 때, 교회는 여전히 거대한 도전 앞에 서 있습니다.

권고자로서 교회는 계속해서 끈기있게 자신의 공적인 지위에서 기후변화의 문제를 지적해야만 할 것입니다. 현실적으로 교회는 에너지 논쟁에서 우크라이나 전쟁을 계기로 원자력과 갈탄 사용의 연장이 어떤 위기들을 불러올지를 권고하면서 숙고하도록 해야 합니다. - 모든 입장들을 교회는 그 자신의 윤리적 토대와 연관해서 말해야 합니다. 교회에서는 인간의 존엄성과 하나님의 창조로서의 자연의 존엄성이 중요합니다. 인간의 범죄에 대한 고백과 회개와 쇄신의 가능성이 중요합니다. 교회는 상황의 진지함을 언급해야 하지만 불안감을 조장하며 압력을 행사해서는 안 됩니다. 오히려 창조의 선물에 대한 감사와 자연과의 만남에 대한 기쁨을 일깨우고 이를 통해 참여하게 하는 것이 중요합니다.

중재자로서 교회는 목표충돌과 관련하여 아래의 논의를 전개할 공간을 제공할 것입니다. 구체적인 삶에서 기후 보호의 중요성이 노동시장의 과제들과 사회적 요구사항들과 어떻게 조화될 수 있을까?

발전의 **추동자**로서 교회는 이제 자신의 생활 영역에서 기후-목표에 도달하기 위해 매우 고심해야 합니다. 의식화와 분석의 단계를 지나, 이제 독일 교회는 기후 보호 대책이 강력하게 실현되는 단계에 도달해야 합니다.

주의 깊게 들어주셔서 감사드립니다!

Erfolg und Misserfolg im Kampf gegen die Klimakrise in Deutschland und die Aufgabe der Kirche

Dr.Dr.h.c. Markus Dröge, Berlin (Foundation Future Berlin)

1. Die Aufgabe der Kirche

Die christlichen Kirchen haben bald nach dem Weckruf des Club of Rome, der 1972 den Bericht „Die Grenzen des Wachstums" herausgegeben hat, das Thema der Nachhaltigkeit in ihr ethisches Nachdenken aufgenommen.[1] Bereits drei Jahre später formulierte die Vollversammlung des Ökumenischen Rates der Kirchen in Nairobi (1975) die Zielvorstellung einer „gerechten, partizipatorischen und nachhaltigen Gesellschaft" („just participatory and sustainable society"). In den 1980er Jahren war es dann die Trias von „Gerechtigkeit, Frieden, Bewahrung der Schöpfung", mit denen die weltweite Christenheit programma-

---

1) Ich beziehe mich hier und im Folgenden auf „ Geliehen ist der Stern, auf dem wir leben". Die Agenda 2030 als Herausforderung für die Kirchen. Ein Impulspapier der Kammer der EKD für nachhaltige Entwicklung. Herausgegeben von der Evangelischen Kirche in Deutschland (EKD), Hannover, 2018

tisch die Ziele der Nachhaltigkeit und die daraus abgeleiteten ethischen Konsequenzen entfaltet hat.

Dass die Kirchen sich so intensiv mit dem Schutz der Natur und der Bewahrung der Lebensgrundlagen auseinandersetzen, ist begr ndet im Welt- und Menschenversändnis des christlichen Glaubens. Die gesamte Welt wird als Gottes Schöpfung verstanden. Sie ist „gut" erschaffen worden. Und Gott selbst will sie bewahren. Er „hält die Treue ewiglich" (Psalm 146,6). Der Mensch macht sich schuldig, wenn er die gut erschaffene Scöpfung so ausbeutet, dass ihre Zukunft in Gefahr ist. Die Bibel beschreibt bildlich, dass die Schöpfung leidet wie ein Mensch, sie „seufzt" (Röm 8,22), und sie hofft auf Erlösung. So ist der Mensch in die Verantwortung gerufen, die mutwillige Zerstörung der Sch öpfung zu beenden, umzukehren und die Natur mit in die Verantwortlichkeit der Nächstenliebe einzubeziehen.

Dem christlichen Glauben ist also sehr bewusst, dass die Würde der Natur als Schöpfung und die Würde des Menschen als Ebenbild Gottes durch menschliches Fehlverhalten verletzt wird, und dass wir heute in einer Situation leben, in der das berleben der Menschheit und der Natur in Gefahr ist. Der drohende Klimawandel fordert zu entschiedenem Handeln heraus, wenn die Lebensgrundlagen für spätere Generationen erhalten bleiben sollen.

Aber der Glaube will sich nicht primär durch Angst zum Engagement motivieren lassen. Die Grundhaltung des Glaubens ist vielmehr die Dankbarkeit f r das Geschenk der „guten" Schöpfung. Aus Dankbarkeit heraus soll eine Ethik der Bescheidenheit, eine „Ethik des Genug", gelebt werden. Es sollen Werte entdeckt werden, die das Leben lebenswert machen, ohne die Schüpfung über Geb hr zu belasten: geschenkte Zeit, gegläcktes Leben, Nächstenliebe, Gemeinschaft, Spiritualität, Begegnungen zwischen Mensch und Natur.

In dieser Situation, in der die Lebensgrundlagen geährdet sind, und es dringend eines anderen, neuen Lebensstils bedarf, hat die Evangelische Kirche in Deutschland ihre Rolle dreifach beschrieben: sie will Mahnerin sein, Mittlerin und Motor.

- Sie will - öffentlich mahnen, dass eine radikale Umkehr notwendig ist, eine Haltung der Demut und Achtsamkeit eingeübt werden muss und ein umfassender sozial-ökologischer Transformationsprozess zügig eingeleitet und umgesetzt werden muss.

- Sie will vermitteln, wo in Zielkonflikten Kompromisse gefunden werden m ssen.

- Und sie will Motor sein, indem sie selbst vorlebt, wie ein neuer Lebensstil verwirklicht werden kann, der ein sinnvolles, glückliches und erf lltes Leben erm glicht. „Transformation ist nicht Trauer und Trübsal, sondern Entdeckerfreude und Dankbarkeit."[2]

---

2) „Geliehen ist der Stern", S. 33

2. Die spezifischen Herausforderungen in Deutschland und das Engagement der Kirchen[3]

Um das Klima zu schützen (d.h. konkret, um die Ziele des Pariser Übereinkommens von 2015 zu erreichen, also eine Klimaerwürmung unter zwei Grad gegenüber der vorindustriellen Zeit zu erreichen), wurden von der Politik in Deutschland folgende konkreten Ziele festgelegt: Die Treibhausgas-Emissionen sollten bis 2020 um 40% (im Vergleich zu 1990) gesenkt werden; bis 2030 um 55%; bis 2040 um 70% und bis 2050 um 80-95%.

In Deutschland gibt es besonders zwei Herausforderungen, die beältigt werden mässen, um diese Ziele erreichbar zu machen: der Ausstieg aus der Braunkohleverstromung und eine neue Form von nachhaltiger Mobiliüt. Die Kirchen in Deutschland haben sich schon sehr fr h dafür ausgesprochen, den Ausstieg aus der Braunkohleverstromung forciert voranzutreiben und die Energiegewinnung durch Braunkohlekraftwerke nur noch als eine „Br ckentechnologie" zu sehen, die eine Überbrückung der Energieversorgung ermöglicht, solange bis alternative, nachhaltige und regenerierbare Energien umfassend eingesetzt werden können.

Zur Einsparung von Energie hat die Bundesregierung Färderprogramme eingerichtet, mit denen im Gebäudebereich energetische Sanierungen bezuschusst werden. Da die Kirchen in Deutschland einen immensen Geb udebestand haben,

---

3) Zum Folgenden vgl. Geliehen ist der Stern" S. 62ff

ist das Thema „Energetische Geb udesanierung" für die Kirchen eine besonders drängende Herausforderung.[4] Der Gebäudebestand der Kirchen macht 70-80% der CO_2 Bilanz der Kirchen aus. Bereits im Jahr 2008 wurde an der FEST (Forschungsst tte der Evangelischen Studiengemeinschaft e.V.) in Heidelberg ein „Projektbüro Klimaschutz" eingerichtet. Dieses Büro berät die Landeskirchen und kirchlichen Einrichtungen bei der Erstellung von sogenannten „Klimaschutzkonzepten". In den Klimaschutzkonzepten wird zweierlei geleistet: Erstens wird der Ist-Zustand analysiert: Welcher Energieverbrauch, welche CO_2 Emissionen existieren aktuell im gesamten Leben der Kirchen? Und welche Einsparziele m ssen konkret in einer Gemeinde oder in einer Einrichtung erreicht werden, damit die notwendige Reduktion der Treibhausgase gelingt? Zweitens wird dann ein B ndel von Ma nahmen vorgeschlagen, die ergriffen werden müssen.

Um das Thema Klimaschutz in der Kirche präsent zu halten und um die Erfolge und Misserfolge zu dokumentieren wird von dem „Projektbüro Klimaschutz" seit 2008 alle drei Jahre ein Klimabericht vorgelegt, der in die EKD-Synode eingebracht wird. Die Synode selbst hat sich seither vielfach mit dem Thema Klimaschutz auseinandergesetzt: 2016 im Nachgang zur UN-Klimakonferenz in Paris 2015; 2019 im Nachgang zur UN-Klimakonferenz in

---

4) Zum Folgenden vgl. Klimaschutz in der EKD und ihren Gliedkirchen. Sachstandsbericht und Empfehlungen für die Weiterarbeit der neuen EKD-Synode, Oktober 2021.

Madrid und zum Klimapakt der Bundesregierung 2019. Themen, mit denen sich die Synode besch ftigt hat sind: das Thema Klimagerechtigkeit (d.h. der Zusammenhang von Klima und weltweiter Gerechtigkeit), das Thema Divestment (dabei geht es um ein kritisches Bewusstsein f r Geldanlagen: keine Geldanlagen in Bereichen, in denen der Klimaschutz nicht ausreichend bedacht wird) und das Thema Kohleausstieg.

Wichtig ist, dass sich die Evangelische Kirche in der Folge der Festlegung von Zielen f r die Reduktion von Treibhausgas-Emissionen durch die Regierung auch selbst konkrete Ziele gesetzt hat: Bis 2015 sollten die Emissionen um 25%, bis 2020 um 40% gesenkt werden. Bis 2050 soll Treibhausgas-Neutralität erreicht sein.

Ein Beispiel für kirchliches Engagement: Das Zentrum für Dialog und Wandel in der Niederlausitz[5]

Im Bereich der Kirche, für die ich zehn Jahre als Bischof zuständig war, der Evangelischen Kirche Berlin-Brandenburg-Schlesische Oberlausitz, gibt es ein großes Braunkohle-Abbaugebiet, in dem seit Generationen viele Menschen ihren Lebensunterhalt mit Arbeit „in der Kohle" verdienen. Gleichzeitig hat der Kohleabbau tief in die Kulturlandschaft eingegriffen: Seit 1924 wurden 136 D rfer abgebaggert und ca. 25.000 Menschen verloren ihre Heimatd örfer.

---

5) Vgl. Geliehen ist der Stern", S. 68

Was ist die Aufgabe der Kirche in einer solchen Situation? Meine Kirche hat eine dreifache Aufgabe gesehen:

1. Wir setzen uns ein für einen frühestmöglichen Ausstieg aus der Kohlef rderung, um der Schöpfungsbewahrung willen.

2. Dies setzt aber voraus, dass der wirtschaftliche Strukturwandel entschieden eingeleitet wird. Neue Arbeitspl tze m ssen geschaffen werden. Deshalb unterst tzen wir den gesellschaftlichen Diskurs f r den Strukturwandel.

3. Wir setzen uns in der eigenen Kirche für umweltverträgliches Handeln ein, denn nur dann sind wir glaubwürdig.

Um diesen Aufgaben gerecht zu werden, wurde ein „Zentrum für Dialog und Wandel" (ZDW) eingerichtet, um den Strukturwandel kirchlich zu begleiten.

Das ZDW bietet eine Plattform zur Verständigung von Akteuren in den vielfältigen Bereichen, die zu einem guten Leben in der Lausitz einen eigenen Beitrag leisten können. Dialogformate werden gestaltet und Zukunftswerkst ätten durchgeführt, die sich aus der genauen Wahrnehmung der Situation und aus den Gesprächen mit Menschen, die in der Lausitz leben und für die Lausitz arbeiten, entwickeln. Dazu werden auch die Partnerbeziehungen der Kirche, vor allem auch nach Polen und Tschechien, einbezogen.

Die Herausforderungen in der Lausitz angesichts des Ausstiegs aus der Braunkohle und des Strukturwandels sind riesig. Das kirchliche Engagement soll dazu beitragen, dass keine Resignation entsteht, sondern die Gestaltung einer guten Zukunft in der Region engagiert angegangen wird. Die Kirche unterst tzt das Engagement der Menschen in der Region und bringt sich mit dem Zentrum f r Dialog und Wandel profiliert in diesen Gestaltungsprozess ein. Sie versucht also mit diesem Zentrum Mahnerin zu sein, aber auch Mittlerin. Und selbstverst ndlich muss sie auch selbst in ihrem Bereich mit gutem Beispiel vorangehen, und so als ein Motor für mehr Klimaschutz agieren.

3. Erfolge, Misserfolge und Dilemmata des kirchlichen Engagements f r den Klimaschutz[6]

Als Erfolg der bisherigen Bem hungen der Evangelischen Kirche in Deutschland kann sicherlich gesehen werden, dass das Bewusstsein für die drängende Problematik des Klimaschutzes inzwischen breit in der Kirche verbreitet ist, und dass die Kirche im gesellschaftlichen Leben sehr deutlich als Mahnerin und auch als Motor gesehen wird als Mittler eher in der praktischen Arbeit vor Ort, weniger in der medialen Öffentlichkeit. Inzwischen haben allerdings andere, wie etwa die Fridays for Future-Bewegung weitaus mehr öffentliche Wirksamkeit. Dies ist für die Kirche kein Grund zur Betrübnis. Im Gegenteil: Die Christen freuen sich, dass das Thema „Bewahrung der Schöpfung", für das sie seit den 1980er Jahren gekämpft haben, nun endlich eine breite gesellschaftliche Resonanz, besonders bei jungen Menschen, gewonnen hat.

---

6) Vgl. im Folgenden: Klimaschutz in der EKD und ihren Gliedkirchen.

Ein weiterer Erfolg ist, dass inzwischen fast alle Landeskirchen ein Klimak-onzept erarbeitet haben, ein Zeichen dafür, dass das Thema bis in das konkrete Leben der Kirchen vorgedrungen ist, dass konkrete Ziele benannt sind und Ma ßnehmen geplant werden.

Allerdings muss leider festgestellt werden, dass die selbstgesteckten Ziele, bis 2015 eine Reduktion um 25% und bis 2020 eine Reduktion von 40% der Treibhausgas-Emissionen zu erreichen, deutlich verfehlt worden sind. Die praktische Umsetzung der Ziele erweist sich als sehr schwierig. Woran liegt dies? Eine Reihe von Problemen, die nicht leicht l sbar sind, können als Gründe genannt werden:

1. Es bestehen Zielkonflikte, die an einem einfachen Beispiel verdeutlicht werden können: Eine der Landeskirchen, die in der Klima-Bilanz be-sonders schlecht abschneidet, hat in den letzten Jahren das Angebot an Kindertagesstätten ausgebaut. Durch neue Kindertagesstätten aber wurde naturgemä ßder CO_2 Ausstoß erhöht. Ordnet man diese beiden Themen in die Liste der 17 Sustainable Development Goals (SDG) ein, so könnte das Thema Kindertagesst tten dem Ziel 4 „Bildung für alle" zugeordnet werden, das Thema Klimaschutz dem Ziel 13 „Sofortmaßnahmen ergreif-en, um den Klimawandel und seine Auswirkungen zu bekämpfen". Damit ist ein Grunddilemma benannt, das auch den SDG inhärent ist: Zielkonflik-te, die eine rasche Umsetzung von Klimaschutzmaßnahmen erschweren.

2. Die Frage der Finanzierbarkeit. Bei der Fülle der Bauten, für die die Kirchen verantwortlich sind, ergibt sich die Frage, wie die energetischen Sanierungen finanziert werden können. Zwar bieten die staatlichen Programme eine bedeutende finanzielle Unterst tzung. Dennoch müssen erhebliche Eigenmittel aufgebracht werden, die vielfach nicht vorhanden sind.

3. Ein ganz wesentliches Dilemma entsteht durch die Gesamtsituation, in der sich die Kirchen in Deutschland befinden: Die Zahlen der Kirchenmitglieder gehen stark zurück. Die Kirche befindet sich in einem strukturellen Transformationsprozess. Welche Bauten morgen noch benötigt werden, kann vielfach heute noch nicht entschieden werden, weil die Strukturprozesse Zeit brauchen. Bevor aber nicht klar ist, dass ein Kirchengebäude, ein Gemeindehaus, ein Verwaltungsgebäude morgen noch gebraucht wird, ist es wenig sinnvoll, eine energetische Sanierung zu planen.

Die drei genannten Gr nde bewirken, dass die Erfolge im Engagement gegen die Klima-Krise weitaus geringer sind, als es wünschenswert wäre. Dennoch muss anerkannt werden, dass bereits große Fortschritte in der Bewusstseinsentwicklung, in der Analyse der Situation und im Gewinnen von Erfahrungen bei der Umsetzung von Klimaschutzmaßnahmen zu verzeichnen sind.

Eine zusätzliche Thematik, die bisher nicht zur Sprache gekommen ist, und die bisher auch noch nicht in den Klimabilanzen der Kirchen auftaucht, muss noch erwähnt werden: Der Umgang mit dem Land, das sich in Kirchenbesitz befindet.

Die Kirchen in Deutschland sind nicht nur Besitzerinnen von sehr vielen Gebäuden. Sie besitzen auch sehr viel Land. Beide großen Kirchen in Deutschland besitzen zusammen ca. 325.000 Hektar Land. Von den 325.000 Hektar Kirchenland sind immerhin 260.000 Hektar landwirtschaftlich verpachtet.

Bei nachhaltiger Bewirtschaftung k nnen Böden sehr viel zur CO_2-Speicherung beitragen. Von dem verpachteten Land der Kirchen werden allerdings bisher nur 7.5% nachhaltig bewirtschaftet. In diesem Bereich sind die Kirchen nicht glaubw rdig und können deshalb ihre Rolle als Mahner und Motor keineswegs befriedigend wahrnehmen.

Es gibt bisher eine Untersuchung in einer Landeskirche zur Bodenthematik: Diese Landeskirche erzeugt 86.000 Tonnen CO_2 durch ihre Gebäude, ihre Beschaffung von Verbrauchsgütern und ihre Mobilität. Aber 233.000 Tonnen CO_2 durch die Landwirtschaft auf ihren verpachteten Böden. Hier liegt also noch eine immens große Aufgabe vor den Kirchen, nämlich dafür zu sorgen, dass die zuk ünftigen Pachtverträge mit Landwirten geschlossen werden, die eine nachhaltige Landwirtschaft betreiben.

4. Ausblick

Eingangs sagte ich, dass die evangelische Kirche in Deutschland sich selbst im Kampf um die Erhaltung eines gesunden Klimas als Lebensgrundlage für zukünftige Generationen als Mahnerin, als Mittlerin und als Motor versteht. Wenn sie diese drei Rollen ernst nimmt, steht sie weiterhin vor großen Herausforderungen:

Als Mahnerin wird sie weiter unerm dlich in ihren öffentlichen Positionierungen auf die Problematik des Klimawandels verweisen müssen. Aktuell wird sie in der Energiedebatte anl sslich des Ukrainekrieges auch mahnend zu bedenken geben, welche Risiken eine verlängerte Verwendung der Atomenergie und der Braunkohle mit sich bringen würden. All ihre Stellungnahmen sollten den Rückbezug auf ihre eigenen ethischen Grundlagen erkennen lassen: Es geht der Kirche um die Würde des Menschen und die Würde der Natur als Gottes Schöpfung. Es geht um das Eingeständnis der Schuld des Menschen und um die Möglichkeit der Umkehr und Erneuerung. Die Kirche wird den Ernst der Lage benennen, aber nicht mit Angstszenarien versuchen Druck zu erzeugen. Vielmehr geht es darum, die Dankbarkeit für das Geschenk der Schöpfung und die Freude an der Begegnung mit der Natur zu wecken und dadurch zum Engagement zu motivieren.

Als Mittlerin wird sie Räume anbieten, in denen die Auseinandersetzung um die Zielkonflikte geführt werden k nnen: Wie können im konkreten Leben die Belange des Klimaschutzes mit den Herausforderungen des Arbeitsmarktes und mit sozialen Erfordernissen in Einklang gebracht werden?

Als Motor der Entwicklung wird sie sich jetzt verstärkt um das Erreichen der Klima-Ziele im eigenen Lebensbereich kümmern müssen. Nach einer Phase der Bewusstwerdung und der Analyse muss nun in den Kirchen in Deutschland die Phase der verstärkten Realisierung von Klimaschutz-maßnahmen kommen.

Ich danke f r Ihre Aufmerksamkeit!

별첨 / 질의응답

- 답변: 마쿠스 드뢰게 박사(Dr. Dr. h.c. Markus Dröge, 베를린 미래 재단)
- 질문 및 번역: 신익상 교수 (성공회대학교 교수)
- 검토: 박영식 교수 (서울신학대학교)

첫 번째 질문: 화석연료 에너지의 대안으로 핵발전소규모 핵발전을 포함해서을 모색하는 것에 대한 독일과 독일 교회의 입장은 무엇인지요? 그리고 이 문제에 대한 주교님 개인의 의견은 무엇인지요?

드뢰게: 2011년 3월 14일, 후쿠시마 재해가 시작된 지 불과 며칠 후 앙겔라 메르켈 총리가 이끄는 독일 정부는 독일에서 가장 오래된 7개 핵발전소에 대해 3개월간의 유예를 결정했습니다. 이후 2011년 6월 6일 내각은 2022년 말까지 단계적 탈핵발전을 결정했습니다. 하지만, 현재 러시아의 우크라이나 침공으로 에너지 정책이 어려운 상황에서 독일 정부는 핵발전소의 가동을 한시적으로 연장하기로 했습니다. 독일에서 여전히 가동 중인 마지막 3개 핵발전소와 이미 가

동 중단된 3개 핵발전소를 2022년 12월 31일 이후부터 2023년 4월 15일까지 연장 가동하도록 결정했습니다.Wikipedia, 기사 "Atomausstieg" 참조 현재 독일의 몇몇 정당CDU/CSU, FDP, AfD에서는 조금 더 연장 가동하도록 승인해야 되지 않느냐는 논의를 새롭게 제기하고 있습니다. 이것은 탈핵 발전을 취소하는 것을 의미합니다.

이미 1987년에 EKD독일개신교회 의회는 다음과 같은 입장을 분명하게 했습니다: "현재 확실하게 통제할 수 없는 핵에너지 생산의 위험은 이러한 유형의 에너지 생산이 지구를 돌보고 보존하라는 성서의 명령과 양립할 수 없다는 광범위한 인식으로 이어졌다. 우리는 최대한 **빨리** 다른 에너지원으로 전환해야 한다." 이 결의안은 1998년과 2006년 의회에서 각각 재강조 되었습니다. 오늘날까지 EKD는 이 입장을 계속 유지하고 있습니다.

나 자신도 의회의 이러한 견해에 전적으로 동의합니다. 나는 국회와 연방내각이 선출한 "핵폐기물 처리장 조사를 위한 국가감시위원회"에 참여함으로써 이러한 의견에 더욱 힘을 얻었습니다. 18명으로 구성된 위원회는 독일 핵폐기물 처리장에 대한 조사 과정에 비판적으로 참여함으로써 고도로 복잡한 조사 과정이 과학적인 기반과 투명한 방식으로 수행되고 대중도 이 과정에 적절하게 참여할 것이라는 신뢰를 주민들에게 제공하는 데 도움을 줘야 했습니다. 이 위원회의 회원으로서 나는 이러한 과정을 두루 살펴보았고, 핵발전 폐기물이 매우 위험하고 수십만 년 넘도록 남아있을 것이라는 사실을 배웁니다.

Markus Dröge: Am 14. März 2011, also nur wenige Tage nach dem

Beginn der Katastrophe von Fukushima, hat die deutsche Bundesregierung unter Kanzlerin Angela Merkel zunächst ein dreimonatiges Moratorium für die sieben ältesten Kernkraftwerke in Deutschland beschlossen. Am 6. Juni 2011 beschloss das Kabinett dann einen stufenweisen Atomausstieg bis Ende 2022. In der aktuellen, wegen des russischen Überfalls auf die Ukraine energiepolitisch schwierigen Situation, wurde von der Bundesregierung eine Laufzeitverlängerung über den 31. Dezember 2022 hinaus bis zum 15. April 2023 für die letzten drei in Deutschland noch betriebenen Kernkraftwerke beschlossen und drei bereits abgeschalteten Kernkraftwerke werden für diesen Zeitraum wieder hochgefahren. vgl. Wikipedia, Artikel "Atomausstieg". Aktuell gibt es einige Parteien im deutschen Bundestag, CDU/CSU, FDP, AfD die versuchen, die Diskussion wieder neu zu beleben, ob nicht doch ein noch längerer Weiterbetrieb genehmigt werden soll. Dies würde bedeuten, den Atomausstieg rückgängig zu machen.

Die Synode der EKD hatte bereits im Jahr 1987 unmissverständlich festgestellt: "Die nicht mit Sicherheit beherrschbaren Gefahren der gegenwärtigen Kernenergiegewinnung haben zu der verbreiteten Einsicht geführt, dass diese Art der Energiegewinnung mit dem biblischen Auftrag, die Erde zu bebauen und zu bewahren, nicht zu vereinbaren ist. Wir müssen so bald wie möglich auf andere Energieträger umsteigen." Dieser Beschluss wurde 1998 und 2006 erneut von der Synode bekräftigt. Bis heute vertritt die EKD diese Position.

Ich selbst teile diese Auffassung der Synode vollständig. Bestärkt werde ich in dieser Meinung durch meine aktuelle Mitwirkung im "Nationalen Begleitgremium für die Atommüllendlagersuche", in das ich von Bundestag und Bundesrat hineingewählt worden bin. Dieses 18-köpfige Gremium hat die Aufgabe das Suchverfahren nach einem Atommüllendlager in Deutschland kritisch zu begleiten und dadurch mitzuhelfen, Vertrauen in der Bevölkerung zu schaffen, dass das hochkomplizierte Suchverfahren wissenschaftsbasiert und transparent durchgeführt wird, und dass die Öffentlichkeit angemessen beteiligt wird. Als Mitglied dieses Gremiums habe ich Einblick in die Zusammenhänge und erfahre, wie hochgefährlich der Atommüll ist und über hunderttausende von Jahren bleiben wird.

두 번째 질문: 주교님께서는 SDGs의 개별 목표가 서로 충돌하는 경우가 있음을 독일 교회의 예를 통해 보여주셨습니다. 그렇다면, SDGs 자체에 문제가 있는 것이 아니므로 고쳐서 쓰면 될까요, 아니면 다른 대안을 찾아야 할까요?

드뢰게: 저는 SDGs의 다양한 목표들 사이에 필연적인 이율배반이 있다고 생각합니다. 하지만 이것이 이들 목표가 계속 유지되어서는 안 된다는 뜻은 아닙니다. 오히려 상충하는 목표들을 인식하고, 각각의 결정에 대해 절충안을 논

의하며, 한 목표가 다른 목표보다 우선순위가 부여된 이유를 제시해야 합니다. 다음에 결정을 내릴 때 이전에 소홀히 했던 목표를 가능하면 더 많이 고려하기 위해서 이 점을 염두에 두는 것이 중요합니다.

Markus Dröge: Ich glaube, dass es notwendigerweise Zielkonflikte zwischen den verschiedenen Zielen der SDGs gibt. Dies bedeutet aber nicht, dass die Ziele nicht weiter aufrechterhalten werden sollten. Vielmehr müssen die Zielkonflikte bewusst gemacht werden und bei jeder einzelnen Entscheidung muss ein Kompromiss ausdiskutiert werden und begründet werden, warum dem einen Ziel Priorität vor dem anderen gegeben wurde. Wichtig ist, dies im Bewusstsein zu behalten, um bei einer weiteren Entscheidung dann nach Möglichkeit das vernachlässigte Ziel stärker zu berücksichtigen.

기독교 교양 강의실에서 기후변화 가르치기:
기후변화 담론의 지형과 신학적 대응 *

김학철 (연세대학교 교수)

I. 들어가는 말

기후변화는 인류의 생존과 직결된 긴급하고 중요한 문제로 지구적 차원에서 돌이킬 수 없는 고통을 가져온다. 교양이 시민이 갖추어야 할 보편적인 지식에 관한 것이기에 기후변화와 관련한 교양교육은 어느 때보다 절실해졌다. 이미 교양 영역이 담당해야 할 중요 과제로 기후변화를 꼽고 이에 대한 논의를 전개한 연구들이 있다.[1] 기독교교양학 역시 기후변화를 주요한 주제로 삼는데, 기독교교양학은 학문 특성상 기존의 신학적 접근과는 다른 목적과 내용을 갖는다.

기독교교양학은 기독교와 기독교 신학의 결과물을 다시 학문의 대상으로 삼아 교양학의 형식과 내용, 그리고 목적을 통해 구성하는 학문이다. 교양학의

---

* 이 논문은 2023년 1월 「한국기독교신학논총」 127집에 투고한 것이다.
1) 기독교 신학에서는 곽호철, "「지구온난화 1.5」 특별보고서에 나타난 기후위기와 기독교 윤리적 대응", 「대학과 선교」 42 (2019), 171-203 외에 다수가 있다.

목적은 인간의 자유로운 삶을 위해 지식과 능력을 계발하고 성숙하게 하여, 그가 속한 공동체에 이바지하도록 하는 데에 있다. 따라서 그 내용은 인간, 사회, 역사, 문화, 자연, 예술에 관한 필수적인 지식을 체득하는 것이며, 그 형식은 교양학의 목적과 내용을 가능하게 하는 사고력과 실천력을 키우는 것에 있다. 이같이 기독교교양학은 기독교와 교양학이 서로를 통해 각자를 구현하고 구성하는 교차구성방법론을 사용한다.

이 연구는 기독교교양학의 전망에서 기독교교양 강의실에서 기후변화에 관해 무엇을 가르칠 수 있는지를 논의한다. 이를 위해 기후변화에 관한 현재 대중적 이해를 비판적으로 점검하면서 교양학적 차원에서 재구성한 후 기후변화와 관련된 논쟁점들을 살핀다. 이후 기독교의 전통 및 자원을 통해 기후변화 및 그와 관련된 대응을 검토한다. 이 논문의 절차는 학문적인 차원과 더불어 기독교교양 강의실에서 강의안으로 사용할 수 있도록 고안한 것이다.[2]

II. 기후변화의 이해와 부정론/회의론

교수자가 먼저 할 일은 학생들이 기후변화를 정확하게 정의하고 설명할 수 있는지, 그리고 기후변화 부정론과 기후변화 회의론이 기후변화에 반대하는 지점을 명확하게 분간하는 일이다. 이후 기후변화와 관련한 왜곡된 대중적 이해, 곧 문제의 본질과 시급성을 오인하게 하고 대책을 늦추는 통념을 비판적으로 점검하여 기후변화에 관한 명확한 이해를 갖도록 돕는 것이다.

---

2) 실제적 교육 현장에서 기후변화 교육을 연구한 것으로는 김남수, "기후변화 회의론에 대한 고찰과 기후변화 교육의 함의", 「환경교육」 26(2013), 62-78을 보라.

유엔의 정의에 따르면 "기후변화는 장기간의 걸친 지구 온도와 기후 패턴의 변화를 의미한다. 이러한 변화는 자연적인 것, 예를 들면 태양계 사이클의 변화를 통해서 일어날 수 있다. 그러나 1800년대 이후 특별히 석탄, 석유, 가스와 같은 화석 연료 태우는 등 인간의 활동이 기후변화의 주요 원인이 되어 왔다."[3] 인간의 화석 연료 사용은 온실가스 배출을 일으키고, 지구의 온도를 높이는 주요 원인이다. 높아진 지구 온도는 집중 호우, 가뭄, 심각한 산불, 해수면 상승, 홍수, 만년설과 빙하 침식, 태풍과 생물 다양성 감소를 가져온다. 이는 식량, 거주자, 안전과 직업 등 인간의 생존과 번영에 치명적인 위협을 준다. 지구 온도 상승을 제한하는 여러 노력은 정부와 민간단체를 포함 전 세계적 연대를 통해 이루어져야 한다. 그리고 이미 탄소 배출을 줄이고, 기후변화에 적응하며, 적응에 필요한 예산을 확보하는 등 국제적 연대와 대응 기술 등이 어느 수준에서 마련되었다. 재생가능한 에너지 전환 등의 거대하지만 신속한 대응이 필요하고, 기후정의 문제를 해결해야 하는데 기후변화가 가져오는 재난 상황은 취약 계층 및 저개발 국가에 집중될 것이기에 우선적 지원이 필요하다.[4] 이것이 유엔을 비롯한 국제사회의 공통된 인식이다.

그러나 위에서 설명한 기후변화를 부정하는 혹은 회의적으로 바라보는 시각이 있다. 부정론과 회의론에는 분명한 차이가 있지만[5] 공통점도 뚜렷하다. 그

---

3) United Nations, "What Is Climate Change?", United Nations, Aug 2021, https://www.un.org/en/climatechange/what-is-climate-change. 2022년 8월 12일 접속.

4) 앞의 사이트.

5) 이 논문에서 기후변화 부정론은 인간이 초래한 기후변화가 없다는 주장을 펼치는 것을, 기후변화 회의론은 인간 활동이 빚은 기후변화를 과학적으로 확인하기 어렵다는 주장을 개진하는 것을 뜻한다.

들은 기후변화를 주장하는 이들의 데이터가 조작되었거나 불충분하다고 주장한다. 이 주장에 따르면 기후변화는 없거나, 있다 하더라도 그것이 인간의 행동에서 비롯되었다고 볼 결정적인 증거가 없다. 지구 온도는 지구의 기후변화의 주기에 따른 것이라는 주장이다. 나아가 기후변화를 주장 혹은 과장하는 이들은 다른 의도, 가령 연구비 수혜나 새 산업을 통한 이익 창출, 정부 및 특정 단체의 권력 획득, 혹은 자신의 비과학적 이념을 실행하려고 데이터를 조작한다는 것이다. 기후변화로 인한 문제가 발생하더라도 그 변화는 전면적으로 파국적이거나 회복 불가능한 재앙으로 나아가지 않는다고 여긴다.6)

부정론/회의론이 대중적으로 급속한 확산한 계기는 2007년 BBC가 방영한 다큐멘터리 「Great Global Warming Swindle」이 이후라고 할 수 있다. 우리나라에서는 "지구온난화 대사기극"이라는 제목으로 번역되어 온라인에 급속히 퍼졌다. 이후 최근 저명한 환경운동가인 패트릭 무어나 마이클 셸런버거 등의 저작은 그들의 이력과 함께 '과학적' 근거로 기후변화를 부정/회의하거나, 혹은 그 위험성을 저평가하려는 주장에 힘을 실었다.

그러나 이에 대한 '주류' 과학의 반격은 과학적 절차 가운데 진행되고 있다. 김백민은 이를 교정하는 설명을 일목요연하게 정리한다. 그는 기후변화론이 전개되거나 그것을 홍보하는 과정에서 저질러졌던 대표적인 실수나 의도적인 왜곡, 가령 마이클 만의 '하키 스틱 커브' 과정에 있었던 조작 논란, 엘 고어의 다

---

6) 우리나라에도 번역된 서적 중 대표적인 것은 다음의 두 책이다. 패트릭 무어, 『종말론적 환경주의 보이지 않는 가짜 재앙과 위협』, 박석순 옮김 (서울: 어문학사, 2021); 마이클 셸런버거, 『지구를 위한다는 착각 종말론적 환경주의는 어떻게 지구를 망치는가』, 노정태 옮김 (서울: 부키 2021).

큐멘터리 「불편한 진실」 등이 담은 '오류' 등을 가감 없이 보여준다. 이후 그는 BBC "다큐멘터리에 나오는 대부분의 이야기는 날조되었거나, 당시에는 과학자들도 조금 헷갈리던 부분이 10여 년 사이에 과학의 발달로 정리"[7]되었다고 설명한다. 곧 기후변화 관련 운동 중에 발생한 왜곡이나 오류가 과학의 검증시스템 속에서 바로 잡히고 있고, 불명확한 부분이 명료해지고 있다. 또 "기후변화 논쟁에서 기후변화 회의론자들은 주류 기후과학자들이 연구비 획득이라는 이해관계와 환경주의와 진보적 정치 성향이라는 이념성에 영향을 받아 기후변화의 심각성을 과장하고, 산업화가 기후변화의 원인이라는 불확실한 주장을 펼친다"는 강변 역시 사회과학적 연구 결과 설득력이 떨어지는 것으로 나타났다.[8]

기후변화와 관련하여 과학계의 전체적인 합의는 갈수록 분명해 보인다. 그런데 이 주제와 관련하여 유독 기후변화 부정론/회의론의 목소리가 높은 것은 기후변화와 관련된 과학이 이른바 탈정상과학post-normal science에 속했기 때문이다. 탈정상과학이란 토머스 쿤의 이른바 '정상과학' 개념으로 이해할 수 없는, "사실은 불확실해지고, 가치는 논쟁에 휩싸이며, 결과는 중요하고, 결정은 시급한" 사안을 다루는 과학을 뜻한다.[9] 이러한 상황은 과학이 다루어야 할 문

7) 김백민, 『우리는 결국 지구를 위한 답을 찾을 것이다 - 지구와의 공존을 모색하는 가장 쉬운 기후수업』(서울: 블랙피쉬, 2021), 230. 그의 4-6장을 참조하라.

8) 박희제 외, "기후변화 과학은 정치적인가? : 기후변화 회의론자들의 기후과학자 비판에 대한 반박", ECO 18(2/2014), 169-202. 인용은 169.

9) 쟈우딘 사다르, "다시 생각하는 과학전쟁 2/2 토머스 쿤과 과학전쟁", 김환석 옮김 「시민과학」 30(2001). 출처: https://www.peoplepower21.org/Solidarity/731748. 인용은 S. O. Funtowicz et al., "Three Types of Risk Assessment and the Emergence of Post-Normal Science", in S. Krimsky and D. Golding, eds., Social Theories of Risk (Westport, Connecticut: Praeger, 1992), 251-73 중 254에서 재인용.

제에 "모든 당사자들이 – 과학자들 자신으로부터 사회과학자, 언론인, 활동가, 주부 등까지 – 그들의 형식적 자격이나 소속에 관계없이 서로 대화"하는 상황이며, 따라서 독점적인 발언권이 과학자에만 있지 않고, 과학자만이 결정에 책임을 지지 않는 현실을 뜻한다. 이를 과학의 민주화라고도 부를 수 있지만 반대로 탈진실post-truth의 조류와 맞물려 증거의 확증 편향과 이로 빚어지는 세력권의 형성이 건강하고 생산적인 사회적 담론의 형성을 방해할 수도 있다.

기독교교양 강의실에서는 기후변화를 정의하고, 기후변화로 일어날 파괴적 결과, 그리고 기후변화와 관련한 이른바 기후정의 문제를 이해하고, 기후변화 부정론/위기론의 주장과 그것이 교정되는 과정, 또 '탈정상과학'에 속했던 기후변화 과학이 단지 과학자들의 영역만이 아니라 시민사회공동체의 적극적인 참여와 이에 필요한 의사소통의 합리성이 필요함을 교육할 수 있다.

III. 기후변화에 관한 통념과 비판적 이해

기후변화 과학과 같은 탈정상과학 논의가 사회적 이슈가 될 때 그것의 정보 형성과 유통 중에는 사건의 본질을 흐리거나 왜곡하는 현상이 벌어진다. 하여 본디 의도와는 달리 문제 해결을 늦추거나 방해하는 일이 벌어진다. 이러한 문제는 앞서 말한 기후변화 부정론/회의론이 퍼지는 좋은 토양이 되기도 한다. 교양교육의 주요한 목적은 사태를 비판적 사고하도록 돕는 것인데, 대중적 통념을 비판적으로 점검하면서 기후변화에 관한 이해를 심화할 수 있다. 다음의 항목들은 기후변화에 관한 오도된 대표적인 세 가지 통념들이며, 이를 교정하는 작업이다.

통념 1. 기후 위기는 미래 세대의 문제다. 기후 위기와 관련하여 대중적 이미지의 한 축은 세번 스즈키Severn Suzuki와 그레타 툰베리Greta Thunberg에게서 온 것이다. 캐나다의 1979년생인 세번 스즈키는 1992년 리우데자네이루 지구 정상회의에서 환경에 관한 연설을 하였다. 이 연설은 "전 세계를 6분 동안 침묵시킨 소녀"라는 제목으로 여전히 SNS에서 찾아볼 수 있는데,[10] 스즈키는 자신이 모금까지 해서 5,000마일을 온 이유가 '어른들'에게 할 말이 있기 때문이라면서 말문을 연다. 그리고 어른들은 그들의 삶의 방식을 바꿔야만 한다고 주장하면서 자신은 지금 자신의 미래를 위해 싸우고 있다고 역설한다. 그는 고통받는 미래 세대, 그리고 죽어가는 동물을 대변하기 위해 왔다고 자신의 목적도 분명히 한다. 나아가, 어린 자신은 이러한 환경 문제를 고칠 해결책을 알지 못하지만, 그것은 어른 세대로 마찬가지 아니냐며 질타한다. 그렇다면 생태계를 망치는 일을 그만두어야 한다고 주장한다. 이어 대량 생산과 소비, 세계적인 재원의 양극화, 탐욕과 빈곤, 전쟁 등등을 고발하면서 어린 자신들을 가르쳤던 대로 행동하라고 호소한다. 2012년 20년 후 그는 그 연설을 회고하는 인터뷰에서[11] 지난 20년간 문제는 더 심각해졌고 사람들의 개선 의지는 더 후퇴했다고 판단한다.

스웨덴의 2003년생 그레타 툰베리는 스즈키와 약 24년 차이가 나고 출신지도 북유럽이지만, 둘은 환경 문제에 관해 한 '어린이'가 미래 세대를 대표해서 어

---

10) Severn Suzuki, "6분 동안 세계를 침묵 시킨 소녀", United Nations, Feb 2018, https://www.youtube.com/watch?v=S-m36mcRHYw. 2022년 2월 26일 접속.

11) Severn Suzuki, "'세계를 6분 동안 침묵시킨 소녀', 20년 후의 인터뷰", Democracy Now, Dec 2012, https://www.youtube.com/watch?v=4ws3ANlJP5E. 2022년 2월 26일 접속.

른들에게 강력하게 항의한다는 점에서 닮은꼴로 보였다. 2019년 UN 기후행동 정상회의 연설에서[12] 그는 스즈키의 메시지와 유사한 사항, 곧 기성세대가 환경 공약은 내세우지만, 실질적인 행동은 하지 않고, 긴박한 상황을 앞두고도 탐욕과 경제성장에 매몰되어 있다고 질타한다. 북극의 붕괴와 거기 사는 동물들에 대한 연민으로부터 시작된 듄베리의 운동은 스즈키와 그의 유사점을 두드러지게 하였다. 물론 둘은 여러 점에서 다르다. 듄베리는 세계적 회의에서 충격적으로 등장하기보다는 스웨덴 내에서 청소년들을 규합하고, 동맹휴학을 끌어내면서 주목받았고, 도덕적 감정에만 호소하기보다는 구체적인 정책이나 대안을 제시하려 노력한다. 스즈키가 캐나다에서 리오네자네이루까지 비행기를 타고 왔다면, 듄베리는 기후 위기를 걱정하여 비행기 탑승을 거부한 채 이동한 것 등은 아마 상징적인 비교점으로 제시될 수도 있을 것이다.

스즈키와 듄베리의 뚜렷한 공헌에도 불구하고, 이 둘의 대중적인 인지도는 기후 위기가 현세대가 아닌 미래 세대의 일이며, 기후 위기의 피해자가 '미래'에 있을 것이라고 오도한다.[13] 그러나 기후변화 문제는 바로 지금 일어나는 긴박한 문제다. 기후변화는 이미 지구에 엄청난 이변과 재난을 가져왔다. 2020년 6월 인간이 거주하는 추운 지방의 상징과도 같은 시베리아의 기온이 섭씨 38도

---

12) NPR, "Transcript: Greta Thunberg's Speech At The U.N. Climate Action Summit", NPR, Sep 2019, https://www.npr.org/2019/09/23/763452863/transcript-greta-thunbergs-speech-at-the-u-n-climate-action-summit. 2022년 2월 28일 접속.

13) 재미있는 예가 있다. 나오미 클라인, 『미래가 불타고 있다 - 기후 재앙 대 그린 뉴딜』, 이순희 옮김 (경기: 열린책들, 2021), 9. 원제는 "On Fire"이고, 그는 책에서 "기후변화는 목마름과 마찬가지로 눈앞에 닥친 다급한 문제"라고 말한다. 그러나 옮긴이는 '미래가' 불타고 있다고 원제목을 바꾼다. 책의 원제나 내용과는 달리 이 번역서의 제목은 기후 위기 문제를 '미래'의 것인 양 독자들에게 이해하도록 한다.

까지 올랐고, 강력한 쓰나미와 국지적인 호우, 가뭄 등이 연이어 일어났다. 유엔 재난위험경감사무국UNDRR은 2000~2019년의 20년간 전 세계의 자연재해는 7,348건으로, 그 전 20년1980~1999년보다 1.7배로 늘어났고, 그 규모와 강도도 훨씬 세졌다. 추정하기로는 약 40억 명이 피해를 봤다.[14] 과학자들은 2100년의 평균 기온이 산업혁명 전과 비교하여 1.5도 이하로 상승하도록 관리해야 한다고 말한다. 그러나 이미 산업혁명과 비교하여 1도가 상승하였고, 과학자들이 제시한 기온 상승 범위 내에 있으려면 바로 지금 행동해야 한다. 2021년만 해도 수학적으로는 1,000년에 한 번 일어나는 이상기후가 세 건이 발행했다. 북아메리카 북서부의 불볕더위로 800~1,400명이 사망하였고, 유럽 폭우로 독일 등에서 140명이 넘게 사망하였다. 중국에서도 시간당 200mm가 넘는 폭우가 내렸다.[15] 기후위기는 미래 세대의 문제가 아니라 지금 이 세대의 문제다.[16]

통념 2. 기후 위기로 지구 및 생태계의 위기다. 특정 주제에 관한 통상적인 이해를 알아보기 위해서는 인터넷 주요 검색 엔진에 해당 검색어를 검색하는 방식이 유용하다. 현재 우리나라의 주요 검색 엔진인 구글, 네이버, 다음을 통해 '기후변화' 혹은 '기후 위기'를 검색하고, 그것의 해당 이미지를 찾으면 가장 많

---

14) 장호종 외, 『기후 위기, 불평등, 재앙』, 10.

15) 박훈, 『지속가능한 미래를 위한 기후변화 데이터북』(서울: 사회평론 아카데미, 2021), 4.

16) 물론 바로 지금의 문제라는 이 글의 주장은 세대 차원에서 일어나는 부정의를 감추려는 것이 아니다. 도리어 세대 간 일어난 부정의에 대한 강조가 현실의 위험을 호도할 수 있다는 것이 논의의 핵심이다. 세대 간 부정의를 고발하는 연구로는 다음을 보라. Ann V. Sanson et al., "Climate Change and Children: An Issue of Intergenerational Justice", *Children and Peace: From Research to Action*, eds. N. Balvin and D. Christie (New York: Springer Open, 2020), 343-362.

이 나오는 이미지는 지구, 빙하, 북극곰 등이다. 이런 이미지들은 기후 위기 문제에 대응하고자 결성된 여러 시민단체의 웹페이지에서도 빈번하게 등장한다. 이는 기후 위기의 문제를 '지구'의 문제 혹은 북극곰으로 대표되는 기후변화에 취약한 환경에 놓인 동물들의 문제로 치환한다.

EBS가 제작한 "생존 위기의 북극곰" 2020 영상은 이를 대표적으로 보여준다.[17] 한 북극곰이 바다를 헤엄친다. 아주 작은 빙하 한 조각을 발견하지만 이내 그 얼음덩어리는 다시 두 쪽으로 나뉜다. 잠시 쉴만한 얼음 조각도 발견하지 못한 북극곰의 거처는 없어 보인다. 날이 추워지지 않고 얼음이 얼지 못하면 북극곰은 먹이 활동을 하지 못하여 아주 바짝 마른다. 북극 온도는 계속 올라 지난 30년간 빙하의 12%가 녹은 것으로 보도된다. 이 때문에 1997년에서 2007년 10년간 북극곰은 17% 감소했다고 영상은 말한다. 수영을 잘하는 북극곰의 익사 사례도 연이어 보도된다고 영상은 전한다. 이 영상은 내셔널 지오그래픽의 2017년 영상과 유사하다.[18] 그러나 북극곰에 관한 감상적인 영상이 전하는 내용은 기후변화 부정론자와 기후변화 회의론자가 자신의 주장을 논쟁적으로 제기할 좋은 주제다. 인간이 유발한 기후변화를 부정하는 이들은 북극의 얼음 감소는 인간 활동과 무관한 자연의 온난화 순환 때문이라고 주장하고, 실제로 북극곰의 개체 수가 줄 것이라는 예측은 빗나갔다고 말한다.[19]

---

17) EBS, "생존 위기의 북극곰", EBS, 2020, https://www.youtube.com/watch?v=9Lu_VjRHRv4. 2022년 3월 11일 접속.

18) National Gregraphic, "Heart-Wrenching Video: Starving Polar Bear on Iceless Land", National Geographic, Dec 2017, https://www.youtube.com/watch?v=_JhaVNJb3ag. 2022년 3월 11일 접속.

19) 관련 기사는 다음과 같다. Erica Goode, "Climate Change Denialists Say Polar Bears Are Fine. Scientists Are Pushing Back", New York Times, Apr 2018, https://

대표적인 에코모더니스트 마이클 셸런버거 역시 "북극곰의 개체 수가 심각하게 줄어드는 일은 현실에서 발생하지 않았다."[20]고 주장하면서 북극곰 World Wild Life의 자료를 인용한다.[21] 북극곰은 19개의 하위집단으로 분류되는데, 두 하위집단의 개체 수는 늘었고, 네 하위집단의 수는 줄었고, 다섯 하위집단은 안정적으로 유지된다. 나머지 여덟 하위집단은 판단을 내릴만한 자료가 없다. 나아가 그는 북극곰 개체 수 급감의 원인은 기후변화보다는 다른 요인에서 기인했을 가능성이 크다고 말한다. 가령 "1963년부터 2016년까지 사냥당한 북극곰은 약 5만 3,500마리다. 오늘날 남아 있는 북극곰은 2만 6,000여 마리로 추산되는데 그 2배에 달하는 수치다."[22]

셸런버거의 주장은 교묘한 측면이 있다. 그는 북극곰에 관한 WWL 2019년 보고서를 그대로 인용하는 듯하지만, 그 보고서가 담은 과학자들의 예측, 곧 빙하의 면적이 급속히 줄고그는 부분적으로 이를 언급하기는 한다., 2050년에는 북극곰의 수가 지금의 30% 줄 것이라는 전망은 말하지 않는다. 그러나 그가 인용한 내셔널지오그래픽 영상 촬영자의 인터뷰 내용처럼 기후변화 부정론자나 회의론자에게 "개별 동물의 죽음과 기후변화 사이의 연관성은 거의 불분명"[23]하게 보일 수 있다. 북극곰의 개체 수가 기후변화로 어려움을 겪는 생태계나 기후 위

www.nytimes.com /2018/04/10/climate/polar-bears-climate-deniers.html. 2022년 3월 11일 접속.

20) 셸런버거, 『지구를 위한다는 착각』, 500.

21) WWF, "Polar Bear Population: How Many Polar Bears Are There?", WWF, https://arcticwwf.org/species/polar-bear/population/.

22) 셸런버거, 『지구를 위한다는 착각』, 501.

23) 앞의 책, 500.

기를 상징하는 사례로 사용하면 이는 엄밀하게 '과학적이지 않다.'라는 논란에 빠질 수 있다.[24]

온도 상승으로 초록이었던 지구가 빨갛게 타오르는 이미지로 기후 위기를 상징화하려는 것도 비슷한 논란을 겪을 수 있다. 또 전 세계 22개 언어로 번역, 출판되었고, 책의 내용이 내셔널지오그래픽 채널과 우리나라의 「KBS 환경스페셜 - 지구의 경고」2021로도 제작된 마크 라이너스의 책 『6도의 멸종』[25]이나 기후변화가 자신의 예상보다 더 빨라지고 있는 현실을 보고 15년이 흐른 뒤에 새롭게 출판한 『최종경고: 6도의 멸종 - 기후변화의 종료, 기후붕괴의 시작』[26] 역시 '6도'라는 온도를 상징적으로 내세우면 대중적 오해와 기후변화 부정론자들의 비판에 직면할 수 있다. 이미 지구의 역사에서는 최소한 다섯 번의 생물 대멸종이 있었고,[27] 2019년 현재 이산화탄소 농도가 410ppm인 것과는 비교할 수 없이 높은 이산화탄소 농도로 가득 찬, 그래서 지금보다 섭씨 10도 더 뜨거운 온도를 유지했던 지구의 역사도 있었다.[28] '6도'와 이산화탄소 수치로 불타오르는 이미지는 "변화의 속도가 예외적이지 않으며 온난화가 '자연의 주기'의

---

24) Susan J. Crockford, *The State of the Polar Bear 2019*. Report 39 (London: The Global Warming Policy Foundation, 2020), 1-2를 보라. 크록포드는 기후 위기를 부정하는 학자가 아니지만, 북극곰에 관해서는 '통념적 이해'가 잘못되었을 가능성을 제기한다. "이것은 여름철 해양 얼음 수준이 USGS 생물학자들이 추측한 것보다 북극곰의 생존에 치명적이지 않다는 것을 가리킨다."

25) 마크 라이너스, 『6도의 멸종 - 기온이 1도씩 오를 때마다 세상은 어떻게 변할까?』, 이한중 옮김 (서울: 세종서적, 2014).

26) 마크 라이너스, 『최종경고: 6도의 멸종 기후변화의 종료, 기후붕괴의 시작』, 김아림 옮김 (서울: 세종, 2022).

27) 곽재식, 『지구는 괜찮아, 우리가 문제지』 (서울: 어크로스, 2022), 77-96.

28) 김백민, 『우리는 결국 지구를 위한 답을 찾을 것이다』, 16-19, 42-49.

일부라고 여기는 것"29)을 가능하게 한다. 현재 지구온난화는 인류가 빚어낸 인위적이라는 과학적 사실을 재차 강조하는 것도 중요하지만, '불타는 지구'라는 상징적인 이미지는 기후변화에 대한 대응이 나오는 상관이 없지는 않겠지만 '지구'에 관한 것으로 문제의 본질을 흐릴 수 있다. 곽재식의 책 제목인 『지구는 괜찮아, 우리가 문제지』는 기후 위기에 대처해야 하는 이유를 정확하게 짚는다.30) "기후변화는 지구를 멸망시키는 것이 아니라 우선 가뭄과 홍수, 불볕더위와 한파로 가난한 사람들을 괴롭힌다. 우리는 기후변화와 관련된 재난과 사고로 희생되는 사람의 숫자를 줄이기 위해 기후변화 문제에 대한 대책을 세워야 하는 것이지, 분노한 지구가 인류를 징벌하는 순간을 피하기 위해, 경건한 마음으로 구름과 바람에 사죄하기 위해 기후변화 문제에 대처하는 것은 아니다."31)

통념 3. 기후 위기는 개개인의 탐욕과 노력 부족에서 비롯되고 지속된다. 기후 위기를 포함한 환경 '보호' 운동의 강한 대중적인 이미지는 빨대, 텀블러, 플라스틱, 일회용품, 분리수거, 처리되지 않은 쓰레기가 인간 혹은 동물에게 주는 고통 등이다. 이런 이미지가 유도하는 방향은 만Michael E. Mann의 문구를 빌면 "이것은 바로 너의 잘못이야."It's YOUR Fault 32)다. 많이 드는 예는 아무렇게나 버린 병과 깡통 때문에 눈물을 흘리는 아메리카 원주민의 영상이다. 병과 깡통

---

29) 라이너스, 『최종경고: 6도의 멸종』, 18.

30) 곽재식, 『지구는 괜찮아, 우리가 문제지』.

31) 앞의 책, 65.

32) Michael E. Mann, *The New Climate War: The Fight to Take Back Our Planet* (Public Affairs, 2021)의 4장 제목이다.

을 버리는 것은 잘못되었고, 그 영상은 그렇게 행동한 많은 사람에게 책임감을 불러일으킬 수 있다. 그러나 정작 비교할 수 없을 정도로 기후에 영향을 주는 산업과 정책과 규제로 비판의 초점이 가는 것을 흐린다. 이것은 '빨대'도 마찬가지다. 환경에 관한 관심을 환기하고, 인간이 무분별하게 사용하고 버리는 빨대 때문에 고통을 받는 물고기나 거북이 등의 습을 적나라하게 보여주는 영상이 한동안 유행했다. 빨대를 사용하고, 아무렇게나 버려왔던 개인들은 바다 환경 오염의 책임을 자신에게도 돌린다.

그러나 바다 생물의 멸종을 포함한 해양오염, 이를 통한 기후변화에 가장 긴밀하게 관련된 것은 개인의 무분별한 빨대 사용과 같은 '개인'의 잘못된 행동이라기보다는 현재 어업 등을 비롯한 산업 및 정책의 구조, 대기업의 사고 등에서 비롯된 해양 플라스틱, 해양산성화, 해수의 용존산소감소, 해양유류, 해양방사능 등이다. 그리고 대부분의 책임 소재 역시 그곳에 있다.[33] 예를 들어 영국의 최대 석유기업인 British Petroleum은 2010년 멕시코만에서 3백만 배럴 이상의 원유 유출 사고를 일으켰고, 187억 달러의 배상금을 지불해야 했다. 로열더치셸과 같은 다국적 기업들이 50년간 채굴한 곳인 나이지리아의 니제르 삼각주 오고니랜드의 원유 유출 사고 역시 군부 독재 정권과 다국적 기업의 공모 속에 묻혔던 대규모 환경 오염이었다.[34]

플라스틱과 비닐을 덜 사용하고 텀블러와 에코백, 그리고 하이브리드 자동

---

[33] 최화식 외, "해양오염에 대한 국가책임 문제의 한계와 개선방안", 「法學論文集」 44(3, 2020), 201-223을 보라; 정노택, "해양쓰레기의 전 지구적 관심과 실행", 「한국해양환경에너지학회지」 12(3, 2009), 173-180.

[34] 이정애, "나이지리아의 '검은 눈물'…기름유출 정화 30년 걸릴 듯", 한겨레, 2011년 8월, https://www.hani.co.kr/arti/international/arabafrica/490636.html.

차를 사는 것은 개인이 환경에 기여하고 있다고 여기게 하는 것은 '소비자'의 마음을 편하게 하지만 이것은 그린 워시green wash, 곧 "자본이 실제로는 환경에 유해한 활동을 하면서도 환경을 위하는 척 소비자를 기만하는 행위"[35]에 이용당하는 것일 수 있다. 유엔환경계획이 제시한 2050년 1인당 온실가스 배출량 0.9tCO2-eq이산화탄소상당량톤을 달성하기 위해선 개인이 노력이 아니라 정부와 기업의 구조적이고 정책적인 변화 없이는 불가능하다. 2018년 우리나라 국민 1인당 14.2tCO2-eq 배출은 '개인'으로 나눈 배출량이며, 그것을 개인의 노력으로 1/15의 수준에 도달하는 것을 요청하기는 어렵다.[36] 클라인은 "원자화한 개인의 입장에서 지구 기후를 안정시키는 데 막중한 기여를 할 수 있다는 생각은 객관적으로 볼 때 생판 터무니없는 생각이다."[37]라고 단정한다. 개인의 노력을 폄하하는 것도 아니면 폄히할 수도 없다. 그러나 기후변화를 막는 개인이 있다면 그 개인은 "조직화된 세계적 운동에 참가하는 일원"일 것이다.[38]

Ⅳ. 기후변화와 대응 담론의 지형

기후변화와 관련하여 통념을 비판적으로 점검한 후 이에 대응하는 담론의 지형을 탐색하는 것은 중요한 절차다. 이는 기후변화에 관한 이해를 심화하고 나아가 이 주제에 관해 암암리에 혹은 의식적으로 자신이 취한 견해의 위치를 알게 해 준다. 이것은 자기 생각을 객관화하고 건강한 토론과 대안 모색의 과정

---

35) 사이토 고헤이, 『지속 불가능 자본주의』, 김영현 옮김 (고양: 다다서재, 2020), 5.

36) 박훈, 『데이터북』, 5.

37) 클라인, 『미래가 불타고 있다』, 181.

38) 앞의 책.

에 도움을 준다.

1. 기후변화 종말론적 파국주의

기후변화가 가져올 전면적이고 심대한 결과는 극단의 두 견해를 동시에 낳았다. 하나는 이미 살펴본 바와 같이, 인간이 일으키는 기후변화 자체를 부정하거나, 과학적으로 확실한 기후변화 증거가 없다는 회의론이다. 다른 하나는 이른바 기후변화 종말론적 파국주의이후로는 '파국주의'라 약칭한다.다. 이 견해를 요약하면 기후변화는 결국 인류 전체를 종말로 몰아가며, 인간이 이를 돌이킬 방법이 없다는 것이다. 부정론/회의론자 역시 "기후변화란 지구가 탄생한 이래로 줄곧 나타난 현상이다. 기후는 앞으로도 조금씩 변할 것이다. 우리가 막을 방법은 없다."[39]는 태도를 보일 수 있는데 파국주의자는 인간이 자초한 기후변화를 되돌이킬 길이 없다는 것이고, 부정론/회의론자는 자연현상을 막을 수 없다는 것이 차이다.

파국주의는 신멜서스주의neo-Malthusianism 혹은 생존주의survialsim으로도 불린다.[40] 멜서스가 일찍이 지구 및 그 자원이 인구성장과 그로부터 비롯되는 자원의 활용을 감당할 수 없고, 따라서 인류 문명이 종말을 맞이하게 될 것이라고 주장했다. 파국주의는 그러한 논리의 연장선에 있다. 이것은 이른바 선진국과 개발도상국 사이의 협력보다는 갈등을 확장한다. 선진국은 개발도상국의

---

39) 마이클 만 외, 『누가 왜 기후변화를 부정하는가 거짓 선동과 모략을 일삼는 기후변화 부정론자들에게 보내는 레드카드』, 정태영 옮김 (서울: 미래인, 2017), 158.

40) 서영표, "기후변화 인식을 둘러싼 담론 투쟁: 새로운 축적의 기회인가 체계 전환의 계기인가?", 「경제와 사회」 112(2016), 137-173. 특별히 148-151을 보라.

급속한 인구증가와 탄소 에너지 사용 증가를 비판적으로 제어하려 하며, 개발도상국은 선진국을 기후변화의 책임자이면서 동시에 발전의 방해자로 인식할 수밖에 없다. 또 이는 한 사회 혹은 국가 내의 계층적 갈등도 유발할 수 있다. 파국주의에서는 기후정의 문제가 얼버무려질 가능성이 크고, 책임 있고 윤리적인 대응을 촉구할 힘도 줄어든다.[41)]

파국주의는 생태중심주의 혹은 심층생태주의Deep Ecology와도 연결된다. 이 두 사상은 강조점의 차이가 있지만 인간중심주의에 도전한다. 가령 심층생태주의는 인간을 전체 생태계의 일부로 보고 인간이나 비인간 생명체 모두 생태 시스템과 자연 과정에서 상호의존적인 가치를 가지고 있다고 여긴다. "심층생태학의 핵심 원리는 이렇게 주장한다. 살아있는 생태 전체는 생존하고 번영하는 데 인류와 동일한 권리를 가지고 있다."[42)] "이러한 생태중심주의는 인간혐오misanthropy로 경도되기 쉽다. 생태계를 망치고 있는 암적 존재로서의 인간이라는 비유가 등장하게 되는 것이다."[43)] 지구를 착취적으로 대하고, 인간만의 특권을 주장하는 강한 인간중심주의에 대한 성찰은 유의미하다. 그러나 과연 인간의 권리를 다른 생명체와 동등하게 처리하려는 주장이 생태주의적 운동의 동력을 가지고 올 수 있는지는 의문이다. 생태학적 지적-감수성 지닌 약한 인간중심주의가 더 많은 지지를 얻고 있는 것은 생태주의적 극단화에 대한 비판이

---

41) 변순용, "기후변화에 대응하는 과학기술의 책임과 기후변화윤리 책임을 중심으로", 「한국철학논집」 28 (2010), 7-34는 기후변화를 맞이하는 인류의 '책임' 문제와 관련된 윤리적 논의를 전개한다. 누구의 책임이고, 누가 책임지고 행동해야 하는지를 윤리학적으로 정당화하는 것은 쉽지 않은 일이다.

42) Environment and Ecology, "Deep Ecology", Environment and Ecology, http://environment-ecology.com/deep-ecology/63-deep-ecology.html. 2022년 8월 14일 접속.

43) 서영표, "기후변화 인식을 둘러싼 담론 투쟁", 148-149.

설득력이 있기 때문일 것이다.[44]

　파국주의는 기후위기 소식을 듣는 이들에게 문제를 도리어 회피하게 만드는 위험이 있다. "우리는 어떤 유용한 대응책을 마련할 수 없거나 다른 면에서 자신에게 불안을 느낄 때 자신에 관한 부정적인 정보를 알기 싫다고 적극적으로 피한다."[45] 또 파국주의는 우리의 대응이 무의미하고 노력이 미래를 바꿀 수 없다는 좌절감과 무력감을 준다. 그러나 대책은 가능하고, 그것이 생태 시스템을 훼손하는 것을 막고, 가능한 그것을 유지하려는 성과를 거둘 수도 있다. 가령 미국 북동부에 있는 메인 만Gulf of Maine의 대구大口 수와 관련된 일은 생태 시스템 복원이 실현 가능한 범위 내에 있는 것들을 실행할 용기를 준다. 그 지역은 유명한 대구 어장이었지만 지금은 대구잡이가 거의 불가능한 지경에 이르렀다. 이것을 회복시키려 2010년 어업 제한 등의 정책을 시행했지만, 그 정책 시행의 결과는 뚜렷하지 않았다. 메인 만의 바다 온도 상승은 먹이사슬의 변화를 가져왔고 대구의 먹이가 사라지면서 대구 어업이 회복되기 어려운 상황은 지속되었다. 이에 대해 언론은 '기후변화가 대구 어장의 몰락에 불을 붙였다.'[46]라는 기조로 보도하였다. 대구가 사라지고, 바다 온도가 올랐고, 기후변화 역시 사실이지만 이 지역에서 대구가 사라진 것은 기후변화로 인한 온도 상승 이전부터 시

---

44) 김일방, "비인간중심주의 환경윤리의 내재적 가치 권리론에 관한 비판적 입장 고찰", 「철학연구」 140 (2016), 191-215. 이 논문은 노턴(Bryan G. Norton)의 약한 인간중심주의 이론을 가장 이상적인 대안으로 꼽는다.

45) 로버트 트리버스, 『우리는 왜 자신을 속이도록 진화했을까 - 진화생물학의 눈으로 본 속임수와 자기기만의 메커니즘』, 이한음 옮김 (서울: 살림, 2013), 228.

46) Derrick Z. Jackson, "Climate Change Fuels Cod Collapse", *The Boston Globe*, Nov 2015,https://www.bostonglobe.com/opinion/2015/11/03/climate-change-fuels-cod-collapse/lyCrsy0atWxs2sNSFccOFL/story.html. 2022년 3월 10일 접속.

작했고, 기후변화가 없었더라도 회생이 어려울 정도의 상태로 진행되었으리라 추정할 수 있는 자료들이 있다. 20세기가 시작할 때부터 대구는 저인망 어업 방식으로 무분별할 정도로 남획되었다. 해저 산란 장소가 파괴되었고, 대구의 먹이가 되는 다른 물고기들도 심각하게 감소하였다. 저인망 어업과 더불어 연안에 건축한 댐은 연어나 청어와 같은 회귀성 어류의 번식을 불가능하게 하였다. 인간의 어업 방식과 에너지 및 편리를 위한 댐 건축이 기후변화 이전에 들이닥친 재앙인 셈이다.47) 기후변화를 피할 수 없는 종말론적 파국으로 간주하거나 에코시스템의 모든 문제를 기후변화의 문제로 치환해 버리면 결국 기후변화를 일으킨 자본주의의 성장주의, 인간의 무한한 탐욕의 긍정, 파괴적인 산업 행태 등의 구체적이고 치명적인 문제가 뭉뚱그려지고 만다.

2. 기후변화에 대응하는 주류 담론: 과학기술, 성장, 기후정의

기후변화에 대응하는 핵심적인 해결 수단이 과학기술이라는 데에 이견을 표할 사람은 극히 소수다. 급격한 기후변화가 산업혁명과 더불어 발전한 과학기술 때문이기도 하지만 그 위기를 감소 및 조정하고, 위기 상황에 생태계에 인간을 적응하게 하고, 그러면서 대체 에너지원을 제공하는 일은 과학기술의 활용 외에 다른 길이 없어 보이기도 한다. 또 기후변화를 겪고 이에 대응하는 과정에서 인간은 생존과 번영에 필요한 경제활동을 해야 한다. 다시 말해 '성장'이 필

---

47) 이 에피소드는 브랜든 카임(Brandon Keim)의 기사 보도를 근거로 한다. Brandon Keim, "Why We Need to Stop Thinking So Much about Climate Change", Aeon, Dec 2015, https://aeon.co/ideas/why-we-need-to-stop-thinking-so-much-about-climate-change. 2022년 3월 10일 접속.

요하다. 이 과정에 현 경제학적 원리는 효율과 충분의 원리를 강조한다. 과학기술로 에너지 효율을 높이고, 사람들의 필요에 충분히 부응해야 한다. 사람들에게 '금욕'을 요구할 수는 없다는 것이다. 또 기후변화가 초래한 전 지구적이고 파괴적인 재앙과 불평등의 문제를 해결하기 위한 기후정의를 외면하면 갈등은 더욱 증폭될 것이다. 따라서 기후정의 주제 역시 기후 변화에 대응하는 주류 담론에 핵심을 이룬다.

과학기술과 경제학적 원리를 결합하는,[48] 또 기후정의 문제를 다루면서 현재 체제에 변화를 주려는 '주류 기후변화 대응'은 여러 형태로 나타났다. UN의 지속가능발전목표나[49] 그린뉴딜 등은 대표적인 것들이다. 전자는 정부 간의 연대를 통해 전 지구에 걸쳐 인간, 지구, 번영, 평화, 파트너십의 다섯 가지의 범주에서 자신의 의제를 설명한다. 이 선언은 인간의 존엄성과 글로벌 연대의 정신을 기초로 "현세대와 미래 세대의 필요를 지원할 수 있도록 지속가능한 소비와 생산을 하고, 지구 천연자원을 지속가능한 방식으로 관리하며, 기후변화에 대한 시급한 조치를 하는 등으로 지구를 황폐화되지 않도록 보호"하고, "모든 인간이 풍요롭고 보람 있는 삶을 향유할 수 있고 자연과의 조화 속에 경제, 사회, 기술의 진보가 이루어지도록 보장"하도록 노력하며, "공포와 폭력이 없는 평화롭고 공정하며 포용적인 사회를 만들 것을 결의한다." 또 기후정의가 없이

---

48) 경제학 영역에서는 환경을 보호하면서 동시에 경제성장을 이루려는 환경경제학 등이 있다. 제프리 힐, 『자연자본 지속 - 가능한 성장을 위한 해법』, 이동구 옮김 (서울: 여문책, 2018); 매슈 E. 칸, 『우리는 기후변화에도 적응할 것이다 - 환경경제학의 관점에서』, 김홍옥 옮김 (서울: 에코리브르, 2021).

49) 유엔의 지속가능발전목표 원문을 보려면 UN, 「유엔 지속가능발전목표」, http://ncsd.go.kr/api/unsdgs%EA%B5%AD%EB%AC%B8%EB%B3%B8.pdf. 또한 제프리 D. 삭스, 『지속가능한 발전의 시대』, 홍성완 옮김 (서울: 21세기북스, 2015)는 종합적인 설명서 역할을 한다.

평화는 없으며 "평화 없는 지속가능한 개발은 있을 수 없으며, 지속가능한 발전 없는 평화는 있을 수 없다."[50] 한편, 그린 뉴딜은 "생활 인프라 에너지의 녹색 전환과 녹색산업 혁신 추진으로 탄소중립Net-zero 사회 지향"하는 정부 정책으로 "녹색산업 성장을 추진하는 과정에서 새로운 서비스와 수많은 일자리"를 창출하여 기후변화에 대처하고 성장을 동시에 추구하는 정책이다.[51] 우리나라 그린 뉴딜 5대 대표과제는 그린 스마트 스쿨, 스마트 그린 산단, 그린 리모델링, 그린 에너지, 그린 모빌리티의 달성에 있다.

주류 기후변화 대응책들은 현실성과 과학성과 경제성을 모두 실현하겠다는 강력한 제안들이다. 나오미 클라인은 그린 뉴딜의 성공 가능성을 주장하면서, 그것이 대량의 일자리를 만들고, 그곳에 투자하는 것이 더 공정한 경제를 형성하며, 비상사태의 힘을 이용하고 책임 회피를 허용하지 않는다고 말한다. 또 경기 후퇴의 영향에 위축되지 않고, 대중적 반발에 부딪힐 일이 없으며 많은 지지자를 확보하였다고도 역설한다.[52]

그러나 주류 기후변화 대응책들의 예를 들어 지구공학과 같은 과학기술에 대한 신뢰를 넘어선 낙관, 탄소배출권 논의와 같은 성장과 '녹색'을 동시에 지킬 수 있다는 성장주의, 이 둘을 근거로 하는 디커플링에 대한 의문은 여전히 제기된다. 정치 영역은 이른바 "정파에 관계없이 '그린'을 계속해서 추진할 수 있는

---

50) 인용은 '각주 48'의 「유엔 지속가능발전목표」, 4.

51) 정부의 그린 뉴딜 소개를 보려면, 문화체육관광부 국민소통실, "그린 뉴딜 5대 대표과제는?", 대한민국 정책브리핑, 2020년 7월, https://www.korea.kr/news/policyNewsView.do?newsId=148875338. 제러미 리프킨, 『글로벌 그린 뉴딜 - 2028년 화석 연료 문명의 종말, 그리고 지구 생명체를 구하기 위한 대담한 경제 계획』, 안진환 옮김 (서울: 민음사, 2020).

52) 클라인, 『미래가 불타고 있다』, 383-398.

가?" 또 과학기술주의의 주장처럼 "기후변화를 조정, 감소, 적응하는 기술은 위험 없이 가능한가?"에 관한 타당한 문제 제기가 있다. 또 주류 기후변화 대응의 주체들에 대한 의구심이 있다. "정부, 의회 등 국가는 관료제의 경직성, 기업의 로비 등으로 진정한 친환경 정책을 실행하기 어렵다. 기업은 단기 이익에 급급하여 장기적이고 윤리적인 정책을 지지할 리 만무하다."[53]는 의견에 설득력이 없지 않다. 이 목소리들은 주류 기후변화 대응책이 유지하고자 하는 것을 마땅히 폭로해야 한다고 주장한다. 그것은 자본주의와 성장주의, 인간중심주의, 과학기술낙관주의 등이다. 또 그로부터 빚어지는 삶의 형태들 육식과 소비주의 등이다. 곧 이 목소리들은 여러 방식의 '탈'(脫, post)이 절대적으로 필요하다고 외친다.

3. '탈'(脫, post)의 목소리들

1) 탈성장주의

주류 기후변화 대응책은 세 가지 축, 곧 기후변화에 맞서는 과학기술, 기후정의, 디커플링 성장이다. 이에 대해 성장주의와 자본 축적과 성장을 전제로 하는 자본주의에서 벗어나지 않고는 앞의 두 축이 제대로 실현될 수 없다는 주장이 거세다. 이 주장은 이른바 탈성장주의로 불린다. 성장주의는 정치적 좌파와 우파 가릴 것 없이 자본주의 경제 체제 내에서 전제와도 같다. 정치 경제적 좌파 세력 역시 사회주의 경제체제로 전환하는 것이 노동자와 시민들의 삶의 질을

---

53) 이나미, "기후변화로 인한 사회적 위기와 공동체의 대응", 「인문과학」 60 (2016), 5-40. 인용은 14.

'성장'시킨다고 주장하였다.54) 그러나 탈성장주의자들은 인간의 성장은 한계에 도달했다고 여긴다. 한정된 지구 자원이 인류의 경제성장을 더는 지원할 수 없다는 것이다. 또 지구 자원 고갈을 대가로 얻어낸 이득은 기득권층이 갈취하고, 반대로 기후변화의 재앙은 취약층에게 닥치는데 이에 극심해지는 기후부정의 문제 역시 성장주의 정책과 체제로는 해결할 가능성이 없다는 것이다.55) 곧 현 성장주의 체제는 좌우 가릴 것 없이 소수 "1퍼센트 VS 지구 공동체, 인류 공동체"에서 전자의 편에 서 있다. 현재 경제, 특히 금융 체제와 기술은 '1퍼센트의 앞잡이'이며, 그 '1퍼센트'는 민주주의를 전복시키는 다양한 방법을 안다.56)

탈성장주의는 "반공리주의, 생물경제학, 개발 비판, 환경 정의, 사회적 메타볼리즘, 정치생태학, 정상상태 경제" 등을 사고의 뿌리로 갖고 있다. 이것의 핵심 논점은 "자율성과 자본주의, 돌봄, 상품화, 상품 개척 경계, 공유물, 공생공락, 비물질화, 데팡스, 탈정치화, 재앙 교육, 엔트로피, 에머지, 국내총생산, 성장, 행복, 상상계의 탈식민화, 제본스의 역설리바운드 효과, 신맬서스주의자, 석유 정점, 단순성, 성장의 사회적 한계, 직접 민주주의" 등을 둘러싸고 전개된다. 탈성장주의는 "기본소득과 최대 소득, 공동체 통화, 협동조합, 부채 감사, 디지털 공유물, 불복종, 생태 공동체, 인디그나도스점령, 일자리 보장, 공공 자금, 신

---

54) 존 몰리뉴, "성장과 탈성장: 생태사회주의자는 무엇을 주장해야 할까?",; 장호종 외, 『기후위기, 불평등, 재앙』, 394-399를 보라. 몰리뉴는 탈성장주의자들의 사회주의 비판을 재반박한다.

55) 세르주 라투슈, 『탈성장 사회: 소비사회로부터의 탈출』, 양상모 옮김 (서울: 오래된 생각, 2015); 더글러스 러미스, 『경제성장이 안되면 우리는 풍요롭지 못할 것인가』, 김종철 이반 옮김 (서울: 녹색평론사, 2002).

56) 반다나 시바 외, 『누가 지구를 망치는가 - 1%가 기획한 환상에 대하여』, 추선영 옮김 (서울: 책과 함께, 2022).

경제, 나우토피아, 탈정상과학, 노동조합, 도시 텃밭, 일자리 나누기" 등을 구체적인 행동의 지점들로 삼는다.[57]

탈성장은 사회적으로 좋은 삶wellbeing을 목표로 전면적인 사회체제 전환을 기획하는 것이고, 참된 민주주의 실현과 더불어 검박하고 균형을 이룬 공생공락의 자율사회를 추구다.[58] 조영준은 이렇게 말한다. "이제 우리는 가능한 한 시장에서의 거래를 줄이고 독립적인 자급자족 생활양식을 가계와 지역 공동체 속에서 실현하여 서로 경쟁 대신 협력할 수 있는, 또 자연을 덜 훼손하는 검소한 삶이나 자발적 가난을 통해 온전한 자연환경을 후손에게 물려줄 수 있는 '좋은 삶 buenvivir'을 지향해야 할 것이다. 요컨대 탈성장사회는 민주적인 전환 과정에서 사회적인 정의와 자치능력을 강화하며, 생태철학 관점에서 미래 세대가 희생됨이 없이 모든 인간이 '좋은 삶'을 살도록 하는 사회이다."[59]

탈성장주의에 대한 비판은 크게 양쪽에서 나온다. 이른바 기존 체제를 긍정하는 편에서는 탈성장주의의 실현 가능성을 주로 문제 삼는다. 기존 체제 전복, 특히 마르크스주의 쪽에서도 유사한 논조로 비판한다. 가령 김민정은 탈성장주의를 "물질적 토대에 근거한 정치 행동이 아닌 감성주의에 바탕을 둔 사회적으로 배제되거나 억압받는 다양한 무지개 연합을 주장한다는 면에서 운동주의로 흐를 가능성도 농후하다."[60]라고 평한다.

---

57) 김민정, "'탈(脫)성장' 논의에 관한 마르크스주의적 비판", 「뉴 래디컬 리뷰」 80 (2019), 252-273. 인용은 255의 '각주 1'

58) 조영준, "성장지상주의와 탈성장사회", 「철학연구」 160 (2021), 187-213.

59) 앞의 논문, 209.

60) 김민정, "'탈(脫)성장' 논의에 관한 마르크스주의적 비판", 272.

2) 탈인간중심주의

산업혁명 이후 기후변화를 초래한 주요 원인이 인간의 활동이고, 그 활동은 인간의 이익을 위한 것이었다. 인간의 번영을 위해 지구를 도구화하고 생태계를 활용 자원으로 바라보는 것, 나아가 인간 편에서 그것의 가치를 매기면서 인간만이 유일하고 우선적인 도덕적 가치를 내재하고 있다는 이념을 인간중심주의라고 부른다. 이 이념에서는 "인간은 만물의 척도"이고, 당면한 기후위기 해결도 결국에는 인간의 생존과 번영을 위한 것이다. 언어나 지적 능력, 도덕적 판단 등 인간이 가진 특성들은 인간의 우월성을 증명하는 것이다.

인간중심주의의 연원은 멀게는 고대 그리스에까지 도달하겠지만 본격적인 발흥은 르네상스 이후 전개되고 칸트에게서 절정에 도달했다. 그에 따르면 자연에 속한 인간은 다른 생명체에 비해 다를 것이 없지만 인격 곧 도덕적, 실천적 이성의 주체로서 인간은 도구로 사용될 수 없고, 오로지 목적 자체로 평가받아야 한다.[61] 이런 사유에서 생태계 보호는 인간의 '의무'의 영역으로 인간이 발휘해야 하는 도덕적 기질과 관련된다.[62] 인간이 가치와 의미, 도덕적 지적 주체, 고유성을 가진 존재라면 생태계 '파괴'는 반드시 부당하지만은 않은 것이다.

인간중심주의는 크게 두 가지 진영에서 비판에 직면한다. 하나는 기술 중심의 트랜스휴머니즘 혹은 포스트휴머니즘이다. 이것은 현재 자연으로서 인간이 가진 한계를 여실히 지적하며 과학기술의 힘으로 지능과 건강/수명을 늘리려한다. 이 사상은 호모 사피엔스의 종말을 말하고, 과학기술의 힘을 빌려 현재의

---

61) 임마누엘 칸트, 『도덕형이상학』, 이충진 외 옮김 (파주: 한길사, 2018), 324-325.
62) 앞의 책, 335-336.

생물학적 인류 너머를 기획한다.63) 기후변화를 일정한 수준에서 되돌이킬 수 없는 현실로 받아들이고 인간의 신체와 정신을 기술적으로 향상하여 대응하자는 것이다. 이는 일면 인간중심주의의 극단화일 수 있다. 다른 하나는 비판적 휴머니즘과 휴머니즘의 테두리를 벗어난 감각감정중심주의Pathocentrism64), 생명중심주의Biocentrism65), 생태주의ecocentrism66) 등으로 확장된다.67) 이 사상들은 인간을 다른 동물, 다른 생명체와 질적 차이가 없는 것으로, 나아가 생태 시스템의 일원으로 위계와 우월한 지위를 삭제하고 탈중심화한다. 전자 곧 트랜스휴머니즘은 기후변화라는 거대한 위기 앞에 소수만이 누릴 수 있는 혜택에 집중하고, 재앙을 앞에 두고 인간의 '개조'에 관심을 집중하는 경향이 있다. 후자의 사상들은 인간중심성이 낳은 폐해를 예리하게 비판하고 인간 자신과 생태계에 대한 새로운 전망을 선사하는 강점이 있다. 그러나 탈인간중심, 특별히 생태주의적 사고의 전제 사항이 되는 것들에 대한 비판이 있다. 생태계 '전체'를 중심으로 하는 그 사고는 인류 혹은 인간 '개인'의 권리 주장과 조화되기 어렵다. "생태계 생태공동체 전체의 선과 개체의 선이 갈등할 때는 논리적 일관성을 유지하기 위해 그 개체가 인간이라 할지라도 언제나 전체가 앞"서는 것은 물론

---

63) Robert Ranisch, *Post-and Transhumanism: An Introduction* (Frankfurt am Main: Peter Lang, 2014).

64) 피터 싱어, 『동물해방』, 김성한 옮김 (고양: 연암서가, 2012).

65) 폴 W. 테일러, 『자연에 대한 존중 - 생명 중심주의 환경 윤리론』, 김영 옮김 (서울: 리수, 2020).

66) 알도 레오폴드, 『모래 군의 열두 달 - 그리고 이곳저곳의 스케치』, 송명규 옮김 (서울: 따님, 2000).

67) 환경교육포털, "환경윤리: 인간중심주의, 감각중심주의, 생명중심주 의, 생태중심주의", 환경교육포털, https://www.keep.go.kr/portal/145?action=read&action-value=a0590db1a6fd971a7955b4bfb3188cde&page=3.

이고 "생태계 내의 환경 문제를 해결하기 위한 인간의 역할"을 강조할 근거가 없어지기 때문이다. "생태중심주의자의 견해처럼 인간이 생태계 내에서 특별한 능력과 우월한 가치를 지니지 못한 '자연의 일부 구성원'으로 존재한다면, 논리적으로 인간은 공동체 그 자체나 공동체 내의 다른 자연 존재에 대한 아무런 도덕적 의무도 지니지 않을 것이다."[68]

3) 탈탐욕일상

탈성장주의와 탈인간중심주의는 현재 일상의 전제를 비판적으로 숙고하고 그것의 변화를 요청한다. 이것은 탈소비주의와 탈육식/채식주의에 논의를 모은다. 소비주의는 생존과 편의를 위해 상품과 서비스를 구매하고 것 이상으로 "끊임없는 욕망과 욕심에 기초해 상품과 서비스 구매를 강조하는 상대적으로 새로운 삶의 방식이자 가치 집합"[69]을 뜻한다. 소비주의는 개별 인간을 '소비자'로 규정하게 하고, 살아가는 것을 소비하는 것으로 이해하게 한다. 하여 이 이념에서 훌륭하고 멋진 인간은 훌륭하고 멋진 소비자이고, 좋은 삶 역시 좋은 소비를 하는 삶이 된다. 해밀턴은 탈성장과 소비주의 비판을 연결한다. "탈성장 사회로 가기 위한 정치는 국가 전복이나 자본의 파괴를 요구하지 않는다. 그러한 거창한 구호 없이 그냥 우리가 처한 현실에서 출발한다. … 탈성장 사회는 성장의 망상체계에 따라 유지되는 이데올로기와 사회 구조를 그 근저에서부터

---

68) 이은애, "개방적 인간중심주의와 환경윤리의 제 문제" (경북대학교 박사학위논문, 2021), 95.

69) T. Norris, "Are Students Becoming Consumerist Learners?", in D. Gereluk et al., *Questioning the Classroom: Perspectives on Canadian Education* (Don Mills: Oxford University Press, 2016), 62-83. 정훈, "공립학교에서의 소비주의 이데올로기 비판", 「학습자중심교과교육연구」 18(7, 2018), 285-305. 289에서 재인용.

거부한다. … 탈성장 사회는 세계화된 소비자본주의를 넘어서는 역사의 단계"
다.[70] 탐욕에 기반한 자본주의적 이념인 소비주의에서 전환해야 한다는 의견은
단지 인문·사회과학자들에 머물지 않는다. 일차세계기후회의 40년을 기념하면
서 11,000명 이상의 과학자들은 과학자의 도덕적 의무에 근거해 과학적 수치를
제시하면서 이렇게 말한다.[71] "기후 위기는 부유한 생활 방식의 과도한 소비와
아주 밀접하게 연결되어 있다. 가장 번영한 나라들이 역사적으로 GHG 방출에
주요 책임이 있다."[72]

탈육식은 생태주의 및 탈인간중심주의의 연장선상에서 기후변화 시기에 새
삼 주목받는다. 김백민은 "국가와 기업이 할 수 있는 거창한 일이 아닌, 개인이
새로운 시대를 주도할 방법"이 있을까를 묻고 그에 대해 이렇게 답한다. "직접
적으로 개인이 탄소 배출을 줄일 수 있는 방법은 육식, 특히 소고기 섭취를 줄이
는 일입니다."[73] 육식의 증가와 온실가스 배출의 직접적인 관계는 이미 명확한
것이다. 전면적으로 채식하기가 어렵기에 간헐적 채식을 환기하는 운동과 관점
도 등장하였다.[74] 그러나 이에 대한 반론도 적지 않다. 장호종은 "우리가 채식
을 한다고 해서 자본주의가 화석연료를 포기하는 일은 없을 것"이고 "채식을
선택하는 것은 개인적으로 불편함과 비용을 감내하는 일이지만 자본주의 체제

---

70) 클라이브 해밀턴, 『성장숭배: 우리는 왜 경제성장의 노예가 되었는가』, 김홍식 옮김 (서울:
   바오, 2011), 29.

71) William J Ripple et al., "World Scientists' Warning of a Climate Emergency", *BioScience*
   70 (1/2020), 812,

72) 앞의 논문, 8.

73) 김백민, 『우리는 결국 지구를 위한 답을 찾을 것이다』, 324.

74) 이효은 외, "계획된 행동이론 관점에서 본 기후위기 대응방안으로서의 플렉시 테리어니즘
   (간헐적 채식주의) 지속 및 확산방안", 「환경철학」 31(2021), 57-99.

는커녕 한 지역의 축산업에도 거의 영향을 끼치기 어렵다"라고 강조한다. 그는 "채식을 선택하는 사람이 전 세계적으로 늘고 있지만 육류 소비량과 화석연료 소비량은 계속 늘고 있다."라고 지적한다. 그에 따르면 "자본주의 체제와 그 체제의 논리에 맞선 대중 저항을 건설하는 것만이 기후 위기를 막는 가장 효과적인 대안"이며, "채식을 대안으로 삼는 것은 앞서 살펴봤듯이 효과적 수단도 불가피한 선택도 아니다. 무엇보다 이는 운동의 초점을, 진정한 원인인 자본주의 체제와 그 지배자들에 맞선 투쟁이 아니라 평범한 사람들의 식생활로 향하게 하는 효과를" 낼 뿐이고, 그렇게 되면 "바꿔야 할 것은 자본주의 체제와 권력자들이 아니라 평범한 사람들의 '선택'이"[75] 된다. 탈소비주의나 탈육식이 체제와 구조의 문제를 개인의 문제로 치환하여 문제의 본질을 호도하고, 결국 기후변화 대응의 힘을 분산하도록 하는 한계가 있다. 그러나 현재 인류, 특별히 경제적으로 부유한 국가, 사회, 개인 그리고 그 부유함을 선망하고 모방하도록 독려하는 이념, 그에 근거한 삶의 방식이 변화하여야 하는 것은 분명하다.

V. 기후변화 대응과 기독교 전통 활용하기

한국사회에서 기독교는 환경 문제와 관련하여 가장 이른 시기에 시민 단체를 조직했고, 신학자들 역시 환경과 관련한 연구를[76] 일찌감치 수행했다. 이 논

---

75) 장호종, 『기후 위기, 불평등, 재앙』, 418-419.

76) 가령 1972년 한국기독교계의 대표적인 전문 잡지인 「기독교사상」은 유동식, 오화섭, 정병욱, 존 마퀘리, 문익환 등이 참여하여 환경 문제를 다루고, 이후로도 그에 관한 관심을 보여준다. 또 한국교회는 1982년 한국공해문제연구소를 설립한 이후 현재에 이르기까지 꾸준히 환경 운동에 이바지한다. 이는 한국사회에서 매우 이른 시기에 해당한다. 2019년 현재 "한국인들은 개신교인이든 아니든 환경문제와 기후변화가 심각하다고 여기고 있다. 하지만

문은 신학적 작업과 활동 중 전자에 초점을 맞추어 기독교의 기후변화 대응 담론의 지형과 요점을 살필 것이다. 기독교 신학은 기후변화와 관련하여 크게 창조론과 구원론을 확장하거나 심화하여 대응하였다. 이에 더하여 이 논문은 크게 주목받지 않았던 기후변화 종말론적 파국주의 또는 체념에 맞설 수 있는 기독교 종말론의 차원을 새롭게 강조하려 한다. 이 단락에서는 외국의 학자들보다는 최근 우리나라 신학자들의 논의에 집중하고자 한다.

1. 생태학적 창조론

생태학적 창조론의 핵심은 인간중심주의에서 벗어나는 것이다. 곽호철은 인간이 "자연에 절대 의존해 있는 만큼 상호의존적이라는 표현도 인간의 자아를 너무 크게 잡은 과대 자아의 한 모습"이며 "인간은 상호의존적인 존재라기보다는 자연으로부터 철저하게 공급을 받는 존재"일 뿐이라고 주장하며[77] 생태계 내에서 인간의 위치를 재설정할 것을 요청한다. 이러한 각성은 창조 세계에 대한 인식의 전환을 가져온다.

윤철호는 창조 세계를 '하나님의 집'으로 부른다. 하나님의 집으로서 창조 세계는 "단지 인간의 소비와 유익을 위한 도구적 가치가 아니라 하나님의 영광을 위한 본유적 가치를 지닌다."[78] 자연 자체가 하나님이 임재하는 성례전적 공간

이러한 심각성을 인류의 긴급한 생존의 문제로 받아들이는 적극적인 시각은 상대적으로 적고, 생활환경의 악화나 세계관의 문제로 보는 시각이 압도적이다. 그러면서도 많은 개신교인이 교회가 생태환경 문제에 더 적극적으로 참여해야 한다고 생각한다." 신익상, "개신교인의 신앙관과 생태위기에 관한 인식", 「기독교사상」 731 (2019), 8-25. 인용은 9.

77) 곽호철, "「지구온난화 1.5℃」 특별보고서에 나타난 기후위기와 기독교윤리적 대응", 185.

78) 윤철호, "기후변화, 생태계 위기와 기독교", 「영성포럼 자료집」 36(1, 2021), 18-30. 인용은 26.

이다. 인간의 편의를 위해 자연을 도구로 한정하는 자연관을 흔히 '기계적 자연관'이라고 부르는데, 이를 거부하는 생태주의적 신학자들은 범재신론적 신이해를 강조하기도 한다. 대표적으로 셸리 맥페이그는 기계적 자연관을 낳은 신神 모델, 곧 이신론적 모델이나 군주적 모델에서 벗어나 이른바 유기체-행위자 모델을 제시한다. 그에게 하나님은 세상을 초월하지만 동시에 하나님 안에 세상이 존재한다. 곧 자연은 도구화할 수 있는 대상이 아니라 하나님 안에 있는 존재이며, 하나님은 그 안에도 존재한다. 그러니 자연은 객체가 아니라 하나님의 몸이기도 하다.[79]

기후변화를 고발하는 생태신학자들의 비판 칼날은 자본주의와 현대과학기술의 파괴성을 고발하는 데로 이어진다. 신익상은 자본주의의 시장중심주의적 성장주의가 상업화된 과학기술을 통해 기후위기와 인간 소외를 동시에 일으킨다고 분석한다. 이 이중의 위기로부터 탈출하는 이념적 대안은 자본주의 밖으로 나가는 것이다. 생태신학 역시 자본주의 밖에 위치해야 한다. 그리고 그것은 과학과 기술의 이념을 제공하는 탈성장주의이다. 그는 '창조 세계의 보존'이라는 신학 개념과 '지속가능성'이라는 개념을 재해설하여 그것들이 각각 자본주의와 모순되는 것이라 강력하게 논증한다.[80]

조미영은 생태신학을 통한 기독교 생태교육의 방향을 모색하였다. 인간과 자연의 관계를 상생과 공존으로, 안식이라는 핵심적 기독교 신앙은 인간과 자연 모두의 회복으로, 이 세계를 하나님의 '몸'으로 인식하는 성육신의 관점이 구

---

79) Sallie McFague, *The Body of God* (Minneapolis: Fortress Press, 1997).
80) Ick Sang Shin, "Ecological Theology in the Era of Climate Crisis: A Preliminary Proposal for Evolutionary Conservation and Un-sustainability", *Madang* 32(2019), 115-138.

체적인 교육 현장에서 필요함을 역설하였다. 이 방향은 배려와 존중의 관계성을 강화하고, 창조영성, 곧 만유내재신론과 우주적 그리스도에 관한 가르침을 되새기며, '청지기'로서 책임과 연대를 교육하는 교육 내용을 제안한다.[81]

생태주의 그리고 탈성장주의, 그리고 이러한 이념 뒤에 있는 현대의 과학적, 인문학적, 사회과학적 연구를 통해 성서와 기독교 전통을 재해석하는 것은 불가피하며 필요한 일이다. 다만 기독교의 성서와 전통이 열거한 이념들을 위한 도구로써 '활용'되거나, 그 이념들과 모순되거나 길항하는 부분을 완화하여 기독교적 정체성을 희석할 수 있는 우려가 있다.

2. 비/인간 구원론

통상적으로 곡해된 그리스도교의 구원은 인간의 영혼이 '천당'에 가는 것을 중심으로 구성된다. 곧 구원은 인간 전체도 아닌 인간의 '영혼'이다. 영혼은 비물질 혹은 반半물질이며, 그러한 영혼이 구원을 누리는 곳은 이 땅이 아니라 영혼들이 거주하는 내세 곧 천당이다. 구원은 인간이 '몸'을 벗어버리고 이 땅이 아닌 저곳에서 이루어지는 것이니, 자연스럽게 지금 이곳의 생태계와 몸은 부차적으로 혹은 무가치하게 평가받는다. 인간이 머무는 생태계는 하나님이 인간의 생존과 번영을 위해 제공한 자원이거나, 인간을 가두어 놓은 감옥과 같다. 그러니 그것을 편의대로 사용해도 되거나 아니면 재빨리 벗어나야 한다. 그러나 이러한 곡해는 성서와 기독교 신학에서 지지받지 못한다.[82] 나아가 이것은 기

---

81) 조미영, "기후변화의 위기와 기독교 생태교육의 방향 모색", 「기독교교육논총」 67 (2021), 415-447.

82) 윤철호, "기후변화, 생태계 위기와 기독교", 27-28.

후변화가 열어놓은 성서적 전통의 새 면을 전혀 간파하지 못한다.

기후변화는 인간이 비인간생명체 뿐만 아니라 비생명체와 더불어 지구 네트워크를 형성하고 있음을 여실히 깨우쳤다. 달리 말해 인간의 생존과 번영은 이 네트워크 속에 가능한 것이고, 따라서 인간의 '구원' 곧 죄와 악의 세력으로부터 자유와 해방을 얻어 참 인간성을 구현하며 사는 일 또한 네트워크의 '구원'과 떨어져 있지 않다. 이러한 구원론은 인간중심적인 통념을 비판적으로 점검하며 성서와 기독교 전통에서 모든 피조물을 향한 신의 구원 의지를 재발견하는 데에 힘쓴다. 최근 박일준은 물物의 신학을 주장하였다. 그는 "억압받는 민중들을 넘어, 인간들과 더불어 행위자-네트워크를 형성하면서 이 행성 위에서 공생공산의 삶을 함께 만들어 나가는 존재들, 즉 동물-식물-미생물-초객체 등을 존재로 회복해야 하는 과제"[83] 신학에게 요청한다. 이러한 요청은 새로운 것이 아니라 본래 성서의 자원을 되돌아본 결과다. 박일준이 인용한 로마서 8:19-22는 하나님의 뜻이 피조물의 해방을 향하고 있음을 알린다.

하나님의 구원이 전체 피조물을 향한다면 인간은 거기서 누구로 선언되는가를 두고 여러 은유가 사용되었다. 전통적으로 '청지기'가 제안되었다. 청지기는 소유주를 대신해 관리한다. 이 은유는 생태계를 자신의 것으로 착각하는 인간의 자만과 오류를 교정하지만, 여전히 인간이 자신의 한계를 넘어서 능력과 지위를 주장하는 것으로 비판받는다. 윤형철은 삼중적 생태 전환을 요청하면서 "하나님의 섭리를 확신하며 깨어 있는 선지자", "자연과 약자를 돌아보는

---

83) 박일준, "기후변화와 생태위기 시대의 물(物)의 신학 - 여물(與物)의 철학, 여인(與 人)의 신학, 여지구(與地球)의 인문학", 「한국기독교신학논총」 124(2022), 365-401. 인용은 394.

제사장", "하나님 나라의 정의를 갈구하는 순례자 왕" 등의 삼중 정체를 제안한다.[84] 이것은 기후변화에 맞서 각각 "두려움으로부터 섭리적 확신으로의 전환", "인간중심적 오만으로부터 선지자적 경각심으로의 전환", "자연과 타인특히 사회적 약자에 대해서 존중과 섬김의 자세로 서로 지탱하고 반영하고 치유하며 동반자적 관계성을 맺는 삶의 기술을 연마함으로써 기독교적 생태 윤리"[85]로 전환, "자연과 세계에 대한 무한한 책임의식을 지닌 중보적 왕으로서 그리스도인은 세상의 심부를 좀먹는 불의와 불평등을 외면"[86]하는 데에서 전환하는 것을 의미한다. 곽호철은 "왕, 청지기, 손님으로 제시되는 인간에 대한 신학적 이해는 기후 위기의 시대를 대처하는데 각각의 장단점을 지니고 있다. 어떤 한 이미지로 인간을 규정해서 기후 위기 시대에 신학적 혹은 신앙적 대응을 하기보다는 다양한 이미지들을 각각의 신앙적이고 신학적인 위치에서 선택을 하며 급박한 기후위기를 대처해 나가는 것이 바람직하다."[87] 이러한 평가를 윤형철이 제안하는 선지자와 제사장 은유에도 적용할 수 있다.

3. 희망을 향한 종말론

기후변화가 불러온 전면적이고 심각한 결과를 앞에 두고 인간은 적극적이고 시급한 대응을 모색하지만은 않는다. 도리어 이미 살펴본 대로 파국주의나 부정론/회의론을 낳기도 한다. 기후변화와 그 결과를 받아들이지 않는 사람들은

---

84) 윤형철, "기후위기 시대와 그리스도인의 삼중적 생태 전환", 「성경과 신학」 99 (2021), 91-119.
85) 앞의 논문, 110.
86) 앞의 논문, 112.
87) 곽호철, "「지구온난화 1.5」 특별보고서에 나타난 기후위기와 기독교윤리적 대응", 196.

자신의 이익을 위해서이기도 하지만 특별히 이익과 관련이 없는 사람이라 할지라도 그것이 "유발하는 불안과 그것이 요구하는 근본적인 변화를 피하고 싶기 때문이다. ... 기후변화에는 우리의 뇌가 단기적 이익을 포기하도록 이끌만한 요소가 하나도 없기 때문에, 우리는 편향을 작동시켜 서로 적극적으로 공모하고 기후변화를 영구히 뒷전으로 미뤄둔다."[88] 따라서 기후변화와 관련하여 이른바 공포의 프레임에 갇혀 있어서는 곤란하다. 곧 기후변화의 결과가 초래하는 심리적 압박감과 중압감, 그로부터 빚어지는 불안과 두려움에 압도당해서도 안 된다. 이런 부정적 감정 상태가 지속되면 인간은 능숙하게 자기 방어 기제를 발휘한다. 클라인은 이 자기 방어 기제를 합리화, 구획화, 관심을 다른 곳으로 돌리는 능력을 꼽아 말한다. 또 주변 인물들과의 동조화 역시 지적한다.[89] 닥친 긴급하고 중요한 문제를 해결하기보다는 '자기 기만'의 형태로 회피하거나 나아가 문제를 왜곡하는 것은 단지 기후 위기뿐만 아니라 인간의 진화 과정에서 체화된 것일 수 있다.[90]

다른 한편, 공포 유발을 우려하여 사태를 희석해서도 안 된다. 2010년 입소스-모리Ipsos-Mori의 기후변화 설문 조사는 영국의 시민들이 기후변화에 관심을 두지만, 그것이 자신의 의제 순위에서 높지 않고, 탄소 배출을 줄이려는 노력으로 이어지지 않는다고 보고한다. 2001년 독일의 한 연구는 기후 위기를 인식하고도 행동하지 않는 사람들이 그들이 행동을 합리화하고, 다른 사람에게 책

88) 조지 마셜, 『기후변화의 심리학 우리는 왜 기후변화를 외면하는가』, 이은경 옮김 (서울: 갈마바람, 2018), 326. http://www.yes24.com/Product/Goods/58774965.

89) 클라인, 『미래가 불타고 있다』, 23.

90) 트리버스, 『우리는 왜 자신을 속이도록 진화했을까』.

임을 전가하는 논증을 만들고, 개인행동의 중요성을 폄하고 안락한 삶의 방식을 포기하는 희생을 과대평가한다고 밝힌다.[91] 위에서 말한 우리의 심리적 방어 기제와 동조화, 그리고 이미 지적했듯 자본주의적 성장 구조와 그를 지지하는 정책적 시스템은 개인과 더불어 공동체의 '희망을 향한 돌이킴'으로 이어져야 한다고 말할 수 있다.

성서의 종말론은 역사의 변곡점에서 옛 질서에 종말을, 새 질서의 개시를 선언하는 담론이다. 예수와 신약성서는 바로 종말론의 매트릭스 안에 자신의 메시지를 두었다. 하나님의 역사는 인간의 의지와 행동을 초월해서 진행한다. 그러나 언제나 하나님은 그의 역사 전개 속에서 인간과 사회를 향해 '돌이키라'라고 그의 대리자들을 통해 요청한다. 예수와 예언자들은 그 대리자들이었다. 로마 가톨릭 교종은 이를 이렇게 표현한다. "개인이 더 좋은 사람이 되는 것만으로는 현대 세계가 직면한 매우 복잡한 상황의 해결에 충분하지 않습니다. -중략- 사회 문제들은 단순히 개인적 선행의 총합이 아니라 공동체의 협력망을 통하여 해결해야 합니다. -중략- 지속적인 변화를 이루는 데에 필요한 생태적 회개는 공동체의 회개이기도 합니다."[92] 말을 보태면, 하나님의 돌이킬 수 없는 역사 진행, 그리고 악한 세력의 강력한 힘과 그 재앙적 결과를 예견하면서도 성서의 종말론은 늘 생존과 번영을 위한 돌이킴의 기회가 남아 있다고 격려한다. 대표적으로 마가의 예수가 공생애를 시작하면서 외친 첫 선포에서 단적인 예를

91) Rosemary Randall, "The id and the eco - Thinking about climate change makes people feel helpless and anxious -but that's why we must talk about it openly", *Aeon*, Dec 2012, https://aeon.co/essays/we-need-to-talk-about-climate-change-even-if-it-s-depressing. 2022년 3월 8일 접속.

92) 교종 프란치스코, 『찬미 받으소서』 (서울: 한국천주교주교회의, 2015), 219항.

찾아볼 수 있다. 예수는 사람들을 향해 "때가 찼다. 하나님의 나라가 가까이 왔다. 회개하여라. 복음을 믿어라."라고 선포한다. 이 선포는 크게 두 가지 내용으로 구성되었다. 하나는 예수가 말한 시대 인식이다. 그는 신이 결정적으로 세상에 개입할 '때가 찼다.'라고 시대를 진단하고, '이미' 하나님의 나라가 '왔다.'[93]고 말한다. 다른 하나는 이러한 시대 인식에 따라 적절한 행동을 취할 것을 주문한다. '회개'하라는 것은 도덕적 혹은 윤리적 잘못을 자책하라는 뜻이 아니라 삶의 방식을 돌이키라는 뜻이다. 예수는 청중에게 그들이 이전 시대와는 달리 이미 임한 하나님의 나라에 살기 위해서 삶의 운영 방식을 하나님의 뜻에 맞게 조절하라고 촉구한다. 나아가 예수는 '복음을 믿으라.'라고 요청한다. 복음은 승리의 기쁜 소식을 의미하고, 따라서 복음을 믿으라는 것은 하나님이 이 시대의 악한 세력을 물리치고 궁극적 승리를 거둔다는 것을 신뢰하라는 의미다.

기독교의 전통, 특히 예수의 언행과 고난 및 부활 이야기는 기후변화를 고민하는 이들에게 자신들의 위치와 해야 할 일, 그리고 앞으로 일어날 수 있는 어려움과 극복의 과정을 구체적으로 상상해 볼 수 있는 이야기의 사례를 제공할 수 있다. 이것이 이른바 생태적 '회심'과 넘어지나 쓰러지지 않고 기후변화와 관련한 대응을 모색하는 자원이 될 수 있다.

VI. 요약과 결론

이 논문은 기독교교양학 강의실에서 기후변화를 강의하고 토의하기 위해 기

---

93) 우리말로 '가까이 왔다'라고 번역된 헬라어 'ἤγγικεν'은 완료형으로 이미 도달한 상태를 가리킨다. 예수와 함께 신의 통치는 이미 시작된 것이다.

후변화에 관한 지금까지의 학문적 논의의 지형도를 그렸다. 기후변화를 정의하고, 그 원인에 관한 과학적 논의를 정리했다. 이후 기후변화 부정론과 회의론의 전개와 주요 주장을 살피면서 그러한 논란이 기후변화 과학이 한동안 이른바 '탈정상과학'에 속했기 때문임을 밝혔다. 교양교육은 통념에 대한 비판적 사고를 요청하고, 이에 기후변화와 관련하여 이해와 대응을 더디게 하거나 왜곡하는 세 가지 오해를 비판적으로 점검하며 교정하였다. 기후변화에 대응하는 담론의 지형 역시 크게 세 가지로 정리하였다. 곧 '기후변화 종말론적 파국주의', '기후변화에 대응하는 주류 담론: 과학기술, 성장, 기후정의', '탈脫, post의 목소리들로 탈성장주의, 탈인간중심주의, 탈탐욕의 일상'의 발생과 전개, 그리고 그것들의 주요 내용을 소개하고 이에 대해 평가하였다. 마지막으로 기후변화에 대응하는 기독교 자원으로 생태학적 창조론, 비/인간 구원론, 희망을 향한 종말론을 제시하였다.

한국교양기초교육원의 표준 모델에 따르면 교양교육은 "인간, 사회, 자연에 대한 종합적 이해를 바탕으로 세계관과 가치관을 스스로 확립하는 데 기여하는 교육으로, 학업 분야의 다양한 전문성을 넘어서서 모든 학생들에게 요구되는 보편적, 통합적 자유교육이다." 이것은 "객관적 사실 판단에 기반한 비판적 사고, 창의적 사고와 합리적 의사소통을 통해 민주주의 공동체의 문화적 삶을 주도할 수 있는 자질 함양을 목표로 한다."[94] 기후변화는 이 표준 모델에 매우 적합한 교양교육의 주제이며, 기독교 전통을 통해 교양교육의 목표가 뚜렷하고

---

94) 가톨릭관동대학교, "대학 교양기초교육의 표준 모델", 가톨릭관동대학교, https://www.cku.ac.kr/skin/doc.html?fn=temp_1632786649293100&rs=/result/bbs/313. 2022년 9월 4일 접속.

풍성하게 달성될 수 있다. 성서와 기독교 신학은 위급한 시대적 과제 앞에서 세계관과 가치관을 형성하는 데에 풍요로운 자원이며, 기후변화를 불러온 현 질서를 전면적으로 전환하는 데에 비판적 사고와 돌이킴의 모범을 제시할 수 있다. 따라서 기독교교양학 강의실에서 기후변화를 논의하는 것은 이 시대의 가장 중요하고 시급한 문제에 대응하는 교육을 달성하도록 도울 것이다.

참고문헌

Crockford, Susan J. *The State of the Polar Bear 2019*. Report 39. London: The Global Warming Policy Foundation, 2020.

EBS. "생존 위기의 북극곰". EBS. 2020. https://www.youtube.com/watch?v=-9Lu_VjRHRv4. 2022년 3월 11일 접속.

Environment and Ecology. "Deep Ecology". Environment and Ecology. http://environment-ecology.com/deep-ecology/63-deep-ecology.html. 2022년 8월 14일 접속.

Funtowicz S. O. and Ravetz J. R. "Three Types of Risk Assessment and the Emergence of Post-Normal Science". Social Theories of Risk. Eds. S. Krimsky and D. Golding. Westport, Connecticut: Praeger, 1992.

Goode, Erica. "Climate Change Denialists Say Polar Bears Are Fine. Scientists Are Pushing Back". *New York Times*. Apr 2018. https://www.nytimes.com/2018/04/10/climate/polar-bears-climate-deniers.html. 2022년 3월 11일 접속.

Jackson, Derrick Z. "Climate Change Fuels Cod Collapse". *The Boston Globe*. Nov 2015. https://www.bostonglobe.com/opinion/2015/11/03/climate-change-fuels-cod-collapse/lyCrsy0atWxs2sNSFccOFL/story.html. 2022년 3월 10일 접속.

Keim, Brandon. "Why We Need to Stop Thinking So Much about Climate Change". *Aeon*. Dec 2015. https://aeon.co/ideas/why-we-need-to-stop-thinking-so-much-about-climate-change. 2022년 3월 10일 접속.

Mann, Michael E. *The New Climate War: The Fight to Take Back Our Planet*. Public Affairs, 2021.

McFague, Sallie. *The Body of God*. Minneapolis: Fortress Press, 1997.

National Gregraphic. "Heart-Wrenching Video: Starving Polar Bear on Ice-less Land". National Geographic. Dec 2017. https://www.youtube.com/

watch?v=_JhaVNJb3ag. 2022년 3월 11일 접속.

Norris, T. "Are Students Becoming Consumerist Learners?". In D. Gereluk et al., *Questioning the Classroom: Perspectives on Canadian Education.* Don Mills: Oxford University Press, 2016.

NPR. "Transcript: Greta Thunberg's Speech At The U.N. Climate Action Summit". NPR. Sep 2019. https://www.npr.org/2019/09/23/763452863/transcript-greta-thunbergs-speech-at-the-u-n-climate-action-summit. 2022년 2월 28일 접속.

Randall, Rosemary. "The id and the eco - Thinking about climate change makes people feel helpless and anxious -but that's why we must talk about it openly". Aeon. Dec 2012.https://aeon.co/essays/we-need-to-talk-about-climate-change-even-if-it-s-depressing. 2022년 3월8일 접속.

Ranisch, Robert. *Post-and Transhumanism: An Introduction.* Frankfurt am Main: Peter Lang, 2014.

Ripple, William J., Christopher Wolf, Thomas M Newsome, Phoebe Barnard, and William R Moomaw. "World Scientists' Warning of a Climate Emergency". *BioScience* 70 (1/2020), 812,

Sanson, Ann V. and Burke E. L. Susie. "Climate Change and Children: An Issue of Intergenerational Justice". *Children and Peace: From Research to Action.* Eds. N. Balvin and D. Christie. New York: Springer Open, 2020.

Shin, Ick Sang. "Ecological Theology in the Era of Climate Crisis: A Preliminary Proposal for Evolutionary Conservation and Un-sustainability". *Madang* 32(2019), 115-138.

Suzuki, Severn. "'세계를 6분 동안 침묵시킨 소녀', 20년 후의 인터뷰". Democracy Now. Dec 2012. https://www.youtube.com/watch?v=4ws3ANlJP5E. 2022년 2월 26일 접속.

_____. "6분 동안 세계를 침묵 시킨 소녀". United Nations. Feb 2018. https://www.youtube.com/watch?v=S-m36mcRHYw. 2022년 2월 26일 접속.

United Nations. "What Is Climate Change?". United Nations. Aug 2021. https://www.un.org/en/climatechange/what-is-climate-change. 2022년 8월 12일 접속.

_____. 「유엔 지속가능발전목표」. United Nations. http://ncsd.go.kr/api/un-sdgs%EA%B5%AD%EB%AC%B8%EB%B3%B8.pdf.

WWF. "Polar Bear Population: How Many Polar Bears Are There?." WWF. https://arcticwwf.org/species/polar-bear/population/.

가톨릭관동대학교. "대학 교양기초교육의 표준 모델". 가톨릭관동대학교. https://www.cku.ac.kr/skin/doc.html?fn=temp_1632786649293100&rs=/result/bbs/313. 2022년 9월 4일 접속.

고헤이, 사이토. 『지속 불가능 자본주의』. 김영현 옮김. 고양: 다다서재, 2020.

곽재식. 『지구는 괜찮아, 우리가 문제지』. 서울: 어크로스, 2022.

곽호철. "「지구온난화 1.5」 특별보고서에 나타난 기후위기와 기독교 윤리적 대응". 「대학과 선교」 42 (2019), 171-203.

교종 프란치스코. 『찬미 받으소서』. 서울: 한국천주교주교회의, 2015.

김남수. "기후변화 회의론에 대한 고찰과 기후변화 교육의 함의". 「환경교육」 26(2013), 62-78.

김민정. "'탈(脫)성장' 논의에 관한 마르크스주의적 비판". 「뉴 래디컬 리뷰」 80 (2019), 252-273.

김백민. 『우리는 결국 지구를 위한 답을 찾을 것이다 - 지구와의 공존을 모색하는 가장 쉬운 기후 수업』. 서울: 블랙피쉬, 2021.

김일방. "비인간중심주의 환경윤리의 내재적 가치 권리론에 관한 비판적 입장 고찰". 「철학연구」 140 (2016), 191-215.

라이너스, 마크. 『6도의 멸종 - 기온이 1도씩 오를 때마다 세상은 어떻게 변할까?』. 이한중 옮김. 서울: 세종서적, 2014.

_____. 『최종경고: 6도의 멸종 기후변화의 종료, 기후붕괴의 시작』. 김아림 옮김. 서울: 세종, 2022.

라투슈, 세르주.『탈성장 사회: 소비사회로부터의 탈출』. 양상모 옮김. 서울: 오래된
　　생각, 2015.

러미스, 더글러스.『경제성장이 안되면 우리는 풍요롭지 못할 것인가』. 김종철 이반
　　옮김. 서울: 녹색평론사, 2002.

레오폴드, 알도.『모래 군의 열두 달 - 그리고 이곳저곳의 스케치』. 송명규 옮김. 서
　　울: 따님, 2000.

리프킨, 제러미.『글로벌 그린 뉴딜 - 2028년 화석 연료 문명의 종말, 그리고 지구 생
　　명체를 구하기 위한 대담한 경제 계획』. 안진환 옮김. 서울: 민음사, 2020.

마셜, 조지.『기후변화의 심리학 우리는 왜 기후변화를 외면하는가』. 이은경 옮김.
　　서울: 갈마바람, 2018.

마이클 만, 톰 톨슨.『누가 왜 기후변화를 부정하는가 거짓 선동과 모략을 일삼는 기
　　후변화 부정론자들에게 보내는 레드카드』. 정태영 옮김. 서울: 미래인, 2017.

무어, 패트릭.『종말론적 환경주의 보이지 않는 가짜 재앙과 위협』. 박석순 옮김. 서
　　울: 어문학사, 2021.

문화체육관광부 국민소동실. "그린 뉴딜 5대 대표과제는?". 대한민국 정책브리
　　핑. 2020년 7월. https://www.korea.kr/news/policyNewsView.do?news-
　　Id=148875338.

박일준. "기후변화와 생태위기 시대의 물(物)의 신학 — 여물(與物)의 철학, 여인(與
　　人)의 신학, 여지구(與地球)의 인문학". 「한국기독교신학논총」 124(2022),
　　365-401.

박훈.『지속가능한 미래를 위한 기후변화 데이터북』. 서울: 사회평론 아카데미,
　　2021.

박희제, 김명심. "기후변화 과학은 정치적인가? : 기후변화 회의론자들의 기후과학
　　자 비판에 대한 반박". ECO 18(2/2014), 169-202.

변순용. "기후변화에 대응하는 과학기술의 책임과 기후변화윤리 책임을 중심으
　　로."「한국철학논집」 28 (2010), 7-34.

사다르, 쟈우딘. "다시 생각하는 과학전쟁 2/2 토머스 쿤과 과학전쟁". 김환석 옮김.
　　「시민과학」 30(2001). https://www.peoplepower21.org/Solidarity/731748.

삭스, 제프리 D. 『지속 가능한 발전의 시대』. 홍성완 옮김. 서울: 21세기북스, 2015.

서영표. "기후변화 인식을 둘러싼 담론 투쟁: 새로운 축적의 기회인가 체계 전환의 계기인가?". 「경제와 사회」 112(2016), 137-173.

셸런버거, 마이클. 『지구를 위한다는 착각 종말론적 환경주의는 어떻게 지구를 망치는가』. 노정태 옮김. 서울: 부키 2021.

시바, 반다나. 시바, 카르티케이. 『누가 지구를 망치는가 - 1%가 기획한 환상에 대하여』. 추선영 옮김. 서울: 책과 함께, 2022.

신익상. "개신교인의 신앙관과 생태위기에 관한 인식". 「기독교사상」 731 (2019), 8-25.

싱어, 피터. 『동물해방』. 김성한 옮김. 고양: 연암서가, 2012.

윤철호. "기후변화, 생태계 위기와 기독교". 「영성포럼 자료집」 36(1, 2021), 18-30.

윤형철. "기후위기 시대와 그리스도인의 삼중적 생태 전환". 「성경과 신학」 99 (2021), 91-119.

이나미. "기후변화로 인한 사회적 위기와 공동체의 대응". 「인문과학」 60 (2016), 5-40.

이은애. "개방적 인간중심주의와 환경윤리의 제 문제". 경북대학교 박사학위논문, 2021.

이정애. "나이지리아의 '검은 눈물'…기름유출 정화 30년 걸릴 듯". 한겨레. 2011년 8월. https://www.hani.co.kr/arti/international/arabafrica/490636.html.

이효은, 오수빈. "계획된 행동이론 관점에서 본 기후위기 대응방안으로서의 플렉시 테리어니즘 (간헐적 채식주의) 지속 및 확산방안". 「환경철학」 31(2021), 57-99.

장호종, 마틴 엠슨, 커밀라 로일, 존 몰리뉴, 에이미 레더, 이언 라펠, 킴 헌터, 박설. 『기후 위기, 불평등, 재앙 마르크스주의적 대안』. 서울: 책갈피, 2021.

정노택. "해양쓰레기의 전 지구적 관심과 실행". 「한국해양환경 에너지학회지」 12 (3, 2009), 173-180.

정훈. "공립학교에서의 소비주의 이데올로기 비판". 「학습자중심교과교육연구」 18(7, 2018), 285-305.

조미영. "기후변화의 위기와 기독교 생태교육의 방향 모색". 「기독교교육논총」 67 (2021), 415-447.

조영준. "성장지상주의와 탈성장사회". 「철학연구」 160 (2021), 187-213.

최화식, 최영진. "해양오염에 대한 국가책임 문제의 한계와 개선방안". 「法學論文集」 44(3, 2020), 201-223.

칸, 매슈 E. 『우리는 기후변화에도 적응할 것이다 - 환경경제학의 관점에서』. 김홍옥 옮김. 서울: 에코리브르, 2021.

칸트, 임마누엘. 『도덕형이상학』. 이충진 외 옮김. 파주: 한길사, 2018.

클라인, 나오미. 『미래가 불타고 있다 - 기후 재앙 대 그린 뉴딜』. 이순희 옮김. 경기: 열린책들, 2021.

테일러, 폴 W. 『자연에 대한 존중 - 생명 중심주의 환경 윤리론』. 김영 옮김. 서울: 리수, 2020.

트리버스, 로버트. 『우리는 왜 자신을 속이도록 진화했을까 - 진화생물학의 눈으로 본 속임수와 자기기만의 메커니즘』. 이한음 옮김. 서울: 살림, 2013.

해밀턴, 클라이브. 『성장숭배: 우리는 왜 경세성장의 노예가 되었는가』. 김홍식 옮김.&서울: 바오, 2011.

환경교육포털. "환경윤리: 인간중심주의, 감각중심주의, 생명중심주의, 생태중심주의". 환경교육포털. https://www.keep.go.kr/portal/145?action=read&action-value=a0590db1a6fd971a7955b4bfb3188cde&page=3.

힐, 제프리. 『자연자본 지속 - 가능한 성장을 위한 해법』. 이동구 옮김. 서울: 여문책, 2018.

WCC 생명선교와 한국교회의 생명선교 과제

황홍렬 (부산장신대학교 교수)

I. 들어가는 말

21세기 인류가 직면한 많은 문제들은 20세기의 시각으로 보면 해결하기 어려운 것이 대부분이다. 서유럽인들은 베를린 장벽이 무너지고 냉전이 종식된 사건을 21세기의 시작이라고 볼 수 있다. 미국인들에게 9·11 테러는 새로운 세기의 시작으로 느껴졌다. 미국이 이에 대한 대응으로 아프간을 침공하고 '테러와의 전쟁'을 선포함으로써 전 세계는 테러와 전쟁이 더 만연하게 되었다. 아시아인들은 2004년 약 30만 명의 목숨을 잃게 했던 쓰나미를 21세기의 시작으로 볼 수 있다. 대지진도 빈도수가 늘고 피해가 커졌다. 2008년 미국 월가에서 시작된 세계적 경제위기는 전 세계에 경제위기를 초래했다. 2011년 후쿠시마 핵발전소 폭발로 인류는 다시 핵발전소가 지구의 생명을 위협하는 것에 주목하게 되었다. 냉전 종식, 테러, 전쟁, 쓰나미와 지진, 핵발전소 폭발 참사 등은 서로 직접적으로 연계되지 않는 것처럼 보인다. 그렇지만 21세기에 지구생명공동체가 살아남으려면 냉전 종식, 경제위기, 테러와 전쟁, 생태계 위기, 기후붕괴, 핵발전소 폭발참사 등을 통합적으로 이해하고 접근하지 않으면 안 된다. 즉 경제위기와 생태계 위기는 사회적/국가적/전 지구적 위기와 연계된 것으로 문제의 뿌리를 찾지 않으면 해결하기 어렵다.

이 글은 이러한 뿌리를 다루는 접근방식의 하나로 생명선교를 이해하고, 2013년 세계교회협의회World Council of Churches, 이하 WCC 부산총회의 생명선교를 다루고자 한다.II장 그런데 WCC는 "생명선교"라는 단어를 사용하지 않는다. 그래서 이 글에서는 먼저 창조세계, 창조보전과 기후변화 등에 대한 WCC의 입장 변화와 활동을 소개한 후 WCC 부산 총회가 생명선교와 관련하여 다룬 주요 문서들2012년 중앙위원회가 승인한 문서들, 총회 전체대회, 에큐메니칼 대화에서 다룬 내용 중 기후변화, 경제정의, 정의로운 평화 등을 중심으로 다루고자 한다. 이러한 주제들은 부산총회의 주제인 "생명의 하나님, 우리를 정의와 평화로 이끄소서"에 집약되어 있다. 그리고 WCC의 생명선교의 의의와 문제점, 과제와 대안을 제시하고자 한다. 다만 본 특집호의 다른 글에서 경제정의와 평화의 주제를 다루기 때문에 이 글은 창조세계, 창조보전, 기후변화 등을 소개하는 데 지면을 많이 할애하고자 한다. WCC의 생명선교와 관련하여 한국교회의 생명선교의 과제를 제시하는 III장은 본인이 속한 예장통합에 제한했다. 이유는 예장통합이 WCC 폭력극복10년운동Decade to Overcome Violence에 대응하여 "생명살리기운동10년2002-2012"을 전개했고, 현재는 "치유와 화해의 생명공동체운동10년2012-2022"을 전개하고 있기 때문이다. 또 본인이 "생명살리기운동10년"을 신학적으로 뒷받침하는 총회산하연구단체협의회의연단협 총무를 10년간 맡았고, 현재는 "치유와 화해의 생명공동체운동10년2012-2022"을 지원하는 연단협 부회장을 맡고 있기 때문이다. 따라서 III장은 이 두 가지 운동에 대한 평가와 과제 제시로 구성된다.

WCC의 생명선교를 종합적인 방식으로 접근했다는 점과 창조세계, 창조보전, 기후변화 등을 중점적으로 소개한 점이 이 논문의 의의라 할 수 있다. 그렇지만 지면의 한계로 신학적 논의를 충분히 전개하기 어려웠기 때문에 앞으로 이 주제를 별도로 다루는 것이 필요하다. 그리고 WCC의 생명선교에 대해 이 글에서 대안과 과제로 제시한 것을 토대로 그러한 연구를 진행하는 것이 필요하다. 이 글에서 제시된 WCC의 생명선교의 시각에서 한국교회의 그동안의 창조보전, 기후변화와 관련한 활동을 정리하고 신학적 논의를 진전시키는 것이 요구된다. 지면의 한계로 WCC의 경제정의와 정의로운 평화에 대한 논의의 일부는 기존 글을 참조하는 것으로 대체했다.

II. WCC의 생명선교

A. 창조세계와 창조보전

1. 창조세계는 구원 역사의 배경

제3차 WCC 뉴델리 총회1961는 "기독교인은 과학적 발견을 자연에 대한 인간의 지배에서 새로운 단계로 환영해야 한다."고 했다.[1] 당시 WCC 입장은 "인

---

1) W. A. Visser't Hooft (ed.), *The New Delhi Report*, (London: SCM Press, 1962), 96, Wesley Granberg-Michaelson, "Creation in Ecumenical Theology" in David G. Hallman (ed.), *Ecotheology: Voices from South and North*, (Maryknoll: Orbis Books, 1995), 97에서 중용.

간중심적이고 기술주의적 낙관주의"로서 "피조물 인간을 지나치게 강조하는 것에 대한 비판적 평가를 지금까지 해오지 않았으며" "인간 이외의 피조물이 가지는 적극적이고도 독립적인 가치를 지금까지 탐구해 본 적이 없고, 있다고 해도 미미한 정도이다."[2] 이러한 입장이 보다 분명하게 표현된 것이 1966년에 열린 제네바 교회와 사회 대회였다. 하비 콕스는 이 대회를 위해 작성했던 예비문서에서 성서의 이야기가 자기 백성과 함께 하시는 하나님에 관한 이야기로 그 중심이 역사의 움직임인데 피조물, 창조세계는 그 배경에 불과하다고 했다.[3] 이처럼 WCC는 성서이해와 현실이해에서 구원하시는 하나님의 역사를 중시했지만 창조세계는 그 구원 역사가 펼쳐지는 배경으로만 보는 인간중심적 사고를 지녔다.

2. 새로운 시작

WCC의 이런 입장에 변화가 생긴 것은 1974년 부카레스트에서 열린 교회와 사회 대회였다. WCC 교회와 사회 대회 성명서는 "지속가능성"이라는 용어를 도입했다. 이 용어는 이제까지 천연 재생자원에만 적용했는데 이 성명서는 이 용어를 인간 행동과 사회에 적용했다.[4] "지속가능성"은 "세계의 미래가 환경적으로, 경제적으로 장기적으로 유지될 수 있는 발전의 비전을 요구한다는 생각"이지만 지구자원의 한계에 대한 염려와 발전과 경제정의를 위한 가난한 국가들

2) Nicholas Lossky (et. al.), 에큐메니칼훈련원 번역, 『에큐메니칼 운동과 신학사전』 I-2, (서울: 한국기독교교회협의회, 2002), 1341.

3) 위의 책, 1339.

4) Larry L. Rasmussen, *Earth Community Earth Ethics*, (Maryknoll: Orbis Books, 1998), 138.

의 요구 사이에 긴장관계가 있다.5) 제5차 나이로비 총회1975는 "정의롭고, 참여적이며, 지속가능한 사회Just, Participatory and Sustainable Society, JPSS"라는 프로그램을 채택했다. 이 프로그램에서 지속가능성은 정의와 참여와 대등한 중요성을 지닌다. 지속가능성은 사회를 규정하는 규범으로 현재의 사회적 구조와 체제와 실천을 변형시키고자 하며, 기존 사회경제적, 정치적 현실을 비판하기 때문에 윤리적 측면을 지닌다. 총회에서 찰스 버치Charles Birch는 "세계의 생명이 유지되고 갱신되고자 한다면… 새로운 종류의 경제와 정치에 지배되는 새로운 종류의 과학과 기술을 갖춰야 한다."고 했다. 그는 "가난한 자들이 단순하게 살기 위해서는 부자들이 보다 더 단순히 살아야 한다."고 했다.6) 후에 WCC 기후변화 프로그램 간사를 맡았던 데이비드 홀먼은 찰스 버치의 선진국의 생활방식에 대한 강조가 나이로비 총회 이후에 진행되었던 기후변화 프로그램의 접근방식의 기초를 놓았다고 평가했다. 그가 일관되게 이것을 강조하지 않았더라면 "지속가능성"이라는 용어는 WCC의 미래의 비전이 될 수 없었을 것이라고 평가했다.7)

WCC가 1970년대 주요 주제가 "지속가능성"이라는 이면에는 1960년대와 1970년에 풍미했던 "발전" 개념에 대한 문제제기가 있다.8) WCC가 주장하는

---

5) Wesley Granberg-Michaelson, "Creation in Ecumenical Theology", 97.

6) David M. Paton(ed.), *Breaking Barriers Nairobi 1975* (London: SPCK, 1976), in Larry L. Rasmussen, *Earth Community*, 139에서 중용.

7) David G. Hallman, "The WCC Climate Change Programme: History, lessons and challenges" in *WCC -Justice, Peace and Creation Team, Climate Change*, (Geneva: WCC Publications, 2005), 7. 이 책자는 WCC 홈피에서 *Climate Change Brochure 2005*로 볼 수 있다.

8) Larry L. Rasmussen, *Earth Community*, 140-41.

"지속가능성"은 환경을 고려한 지구적 경제성장이 아니라 경제적으로 독자 생존 가능하고, 사회적으로 평등하며, 환경적으로 재생 가능한 그런 지역, 대륙적 공동체를 의미했다. 그런데 WCC의 "정의롭고, 참여적이며, 지속가능한 사회" 연구는 "정의와 참여"와 "지속가능성" 사이의 긴장을 해소하지 못했다. 반면에 "지속가능성" 개념은 에큐메니칼 운동에 창조세계를 그 자체로 존중하는 시각을 갖게 했고, 전 지구적 공동의 미래를 위한 정의의 비전의 한 부분이라는 창조세계가 지닌 한계도 인정하게 되었다. 그렇지만 이 연구과정은 1979년에 갑작스레 끝났다. 비록 WCC 논의 과정에서 "지속가능성" 개념은 사라졌지만 일반 사회에서 1980년대에 "지속가능한 발전"으로 사용되었다.[9]

3. 창조보전

창조세계는 역사라는 큰 드라마가 펼쳐지는 배경이 아니라 드라마 자체에서 주요 역할을 맡고 있다는 것이 분명해졌다. WCC 뱅쿠버 6차 총회1983는 회원 교회들로 하여금 "정의, 평화, 창조보전Justice, Peace and the Integrity of Creation, 이하 JPIC에 서로 헌신하는 협의회적 과정"에 참여할 것을 촉구했다. "창조보전"은 에큐메니칼 운동에 새롭게 대두된 용어이지만 명확하게 정의되지 않았다.[10] WCC 중앙위원회는 1985년에 JPIC 프로그램을 시작했다. 초기에 JPIC에서 "창조보전"은 "정의와 평화"라는 기존의 관심사에 덧붙여진 부록 같았다. WCC 일부 회원들은 "창조보전"을 뉴에이지 같은 창조영성으로 보았다. 남반

---

9) Wesley Granberg-Michaelson, "Creation in Ecumenical Theology", 97.
10) 위의 글, 98.

부 기독교인들에게 "창조보전"은 사회경제적 정의의 관심사의 초점을 약화시키기 위한 서구 환경주의자들의 로비로 비쳐졌다. 후속 회의들을 통해 이러한 의구심이 해소되었다.[11]

1987년 일부 과학자와 신학자가 암스테르담에서 모여 JPIC에 대해 연구하고 "창조세계를 재통합함"이라는 보고서를 제출했다. 보고서는 창조세계의 파괴가 인간에 의한 것임을 밝히고, 창조세계를 회복시키기 위한 기독교 전통의 타당성을 언급했다.[12] 프랑스의 안시에서 모인 회의는 해방의 주제를 인간만이 아니라 모든 생명에게로 적용했다.[13]

JPIC에 대한 가장 중요한 발전은 1989년 노르웨이 그랜볼렌 회의에서 이뤄졌다. JPIC에 대한 강조는 참여자들로 하여금 전 지구적 환경에 대한 위협들과 창조신학을 재구성하게 하는 도전들에 주목하게 했다. JPIC의 핵심은 "창조보전"과 "정의와 평화" 이슈 사이의 상호연관성에 대한 강조에 있다고 했지만 실제로는 양자 사이의 긴장관계가 해소되지 않았다.[14] 그럼에도 불구하고 그랜볼렌 회의의 의의는 "창조보전"이 전통신학과 상황신학이 간과했던 창조 교리에 중요성을 부여한 점이다. 해방신학자들도 최근에 창조 주제와 환경 이슈를 간과했던 어리석음을 깨달았다.[15]

---

11) Metropolitan Geevarghese Mor Coorilos, "Toward a Missiology That Begins with Creation" in *International Review of Mission*, Vol. 100, No. 2(November, 2011), 311.

12) Nicholas Lossky (et. al.), 『에큐메니칼 신학사전』 I-2, 1341-42.

13) "Liberating Life: A Report to the World Council of Churches" in Chalres Birch, William Eakin, Jay B. McDaniel (eds.), *Liberating Life: Contemporary Approaches to Ecological Theology*, (Maryknoll: Orbis Books, 1991),273-90.

14) Wesley Granberg-Michaelson, "Creation in Ecumenical Theology", 98-99.

15) Metropolitan Geevarghese Mor Coorilos, "Toward a Missiology" 311-12.

1990년 서울 JPIC 세계대회는 사회적 관심사와 환경적 관심사 사이의 상호관계에 대해 심층적 신학적 숙고를 유발했다는 점에서 분수령이 되었다. 이 대회에서 맺은 10가지 계약은 정의, 평화, 창조세계, 인종차별 등을 담고 있다. 창조보전의 초점은 지구온난화와 기후변화의 위협이었다. JPIC 세계대회는 전지구적 생태계 위기의 도전을 에큐메니칼 의제에 포함시키도록 했다. 그러나 정의, 평화, 창조보전 사이의 상호연계는 아직 WCC 프로그램과 우선권에 반영되기보다는 구호에 그쳤다.16) 제7차 WCC 캔버라 총회1991의 "생명의 수여자: 당신의 창조세계를 지탱하소서"라는 제목으로 모인 분과는 새로운 창조신학을 발전시키는 것이 주된 초점이었다. 인간중심주의가 크게 비난 받았고, 지속가능성을 다시 강조하게 되었다. 제8차 WCC 하라레 총회1998는 "생명의 신학" 연구프로젝트를 시작함으로써 이러한 계기를 이어갔다. "생명의 신학" 연구 프로젝트는 서울 JPIC 대회의 열 가지 확언을 신학적 기초로 삼아 다양한 국가에서의 사례연구에 초점을 두었다. 제9차 WCC 포르토 알레그레 총회2006에서 창조세계 이슈는 신학적 토론에서 상당히 구체화되었다.17)

B. 기후변화

1. 서구 교회들의 대응

WCC 회원 교회 일부가 지구온난화에 관심을 갖기 시작한 것은 1980년대 말이었다. 1988년 워싱턴에서 열린 기후변화 회의는 제레미 리프킨이 설립한

---

16) Wesley Granberg-Michaelson, "Creation in Ecumenical Theology", 100.
17) Metropolitan Geevarghese Mor Coorilos, "Toward a Missiology", 312.

온실위기재단이 후원했다. 리프킨은 WCC를 이 회의의 공동 후원자로 초청했고, 교회와 사회분과 총무인 웨슬리 그랜버그-마이클슨은 이를 수락했다. 이 회의에는 캐나다연합교회를 대표해서 데이비드 홀만이 참여했다. 이 회의는 에큐메니칼 진영이 대거 참여한 첫 회의였다. 1989년 캐나다교회와 유럽교회들이 만나서 기후변화 활동에 협력하기로 했다. 서구교회들은 자신들이 북반부의 일원으로서 인간이 일으키는 기후변화에 대해 국제적 책임을 느끼면서 교회에서 교육을 하고, 자국 정부와 기업에 대해서는 옹호활동을 펼치는 책임을 다하고자 했다. 기후변화 관련 활동은 서구교회들이 주도했으며, 이들의 요청으로 WCC는 1990년 서울 JPIC 세계대회에서 기후변화 문제를 우선적으로 다루도록 했다. 1992년 리우에서 열린 유엔환경개발회의에 WCC는 100개 이상 국가로부터 150개 교회 대표들이 참여하도록 하여 회의에 참여했고, 2주간 기도, 예배, 연구 등 다양한 활동을 펼쳤다. 1990년대에 WCC는 환경 관련 이슈의 초점을 기후변화에 맞췄다.[18]

2. WCC 기후변화 프로그램

1992년 리우회의에서 WCC는 각 지역별 대표들로 구성된 기후변화 실무그룹을 조직했다. WCC는 1992년부터 기후변화 프로그램을 발전시키면서 신학적, 윤리적 분석과 옹호 성명서 발표와 교육자료 제작 등 세 가지에 초점을 뒀다. WCC의 〈지구온난화와 기후변화: 교회들에게 촉구함〉이라는 성명서는 1994년 중앙위원회에 의해 채택되었다. 기후변화에 영향을 주는 요소 중 하나

는 교통이다. WCC는 지속가능한 이동성을 위해서 1998년에 〈이동성- 지속 가능한 이동성의 전망〉이라는 제안서를 회원교회에 회람 한 후 그 결과를 모아 2000년에 〈운전하지 않고 이동하기〉라는 보고서를 발표했다. 2001년 제네바 에서 교회 대표들과 기독교 구호단체, 기관들이 모여 기후변화와 관련하여 피 해를 입는 남반부 국가들이 그런 기후변화에 잘 적응하도록 지원하는 것을 새 로운 활동의 초점이 되게 했다. 이러한 활동을 바탕으로 WCC는 〈기후변화로 가장 큰 피해를 입는 자들과 연대하는 행동촉구〉라는 성명서를 2002년에 발표 했다. 이 성명서는 2002년 요하네스버그에서 열린 유엔지속발전정상회의와 뉴 델리에서 열린 유엔기후변화협약 당사국 제8차 총회에 사용되었다. 태평양 제 도에 속한 교회 대표들과 다른 지역 교회대표들이 2004년 키리바시 공화국에 모여 성명서와 교회를 향한 권고문을 발표했다. WCC 기후변화회의가 2004년 네덜란드 우드쇼텐에 열려 교토의정서에 따라 의무감축기간이 끝나는 2012년 이후 기후정책의 윤리적 틀을 논의하기 위한 제안서 〈교토를 넘어서서 평등, 정 의, 연대로〉를 발표했다.[19]

3. WCC 기후변화 옹호활동과 주요 성명서

WCC 실행위원회는 2007년 교토의정서 체결 10주년을 맞아 〈그리스도는 볼 수 없는 하나님의 형상이요, 모든 피조물 중 첫째이시다〉[20]라는 성명서를 채

---

19) 위의 글, 10-11.

20) WCC, "Christ is the Image of the Invisible God, the Firstborn of all Creation" in M lisande Lorke & Dietrich Werner (eds.), Ecumenical Visions for the 21st Century: A Reader for the Theological Education, (Geneva: WCC Publications, 2013), CD-ROM, 79-81.

택했다. WCC는 1992년부터 기후변화를 의제로 채택해 활동해왔다. 기후변화에 영향을 주는 인간행동은 창조세계를 돌보시는 하나님께 죄를 짓는 것이다. 성서는 창조세계의 온전성을 가르친다. 생명은 성령에 의해 창조되고 유지되고 온전해진다. 죄는 인간 사이에, 창조질서와 관계가 깨진 것이다. 창조세계가 기후변화에 의해 위협을 받을 때 우리는 생명, 정의, 사랑에 대한 헌신의 표시로 외치고 행동해야 한다. 에큐메니칼 총대주교는 9월 1일을 창조절로 지킬 것을 제안했다. 교토의정서는 2005년에야 174개 국가가 서명함으로써 법적으로 발효되었지만 지난 10년간 지속가능한 정도를 넘어서는 온실가스를 인류가 방출했기 때문에 보다 철저한 온실가스 감축이 절실하다. 많은 국가들은 온실가스 방출을 줄이려는 교토의정서를 제대로 실천하기보다는 자국 경제에 주는 부담을 줄이려는 시장접근 방식으로 대처하려는 것이 문제다. 이는 정부와 기업의 변화를 유도해야 할 종교단체들, WCC 회원교회들의 역할이 크다는 것을 보여준다. 실행위원회는 회원 교회들에게 기후변화와 그것이 가난한 나라에 미치는 영향을 강조하고, 기후변화와 관련된 행동을 하도록 격려하고, 에큐메니칼 총대주교의 창조절 제안을 지지하며, 온실가스 사용을 줄이는 것을 확언하고, 자국 정부에게 교토의정서 실천을 촉구할 것을 요구하며, 에큐메니칼 물 네트워크를 환영하고, 유엔기후변화협약 제13차 당사국 총회에 참석할 대표들에게 기후변화를 막을 적절한 협의를 촉진할 것을 요구했다.

　　2007년 발리에서 열린 유엔기후변화협약 제13차 당사국 총회 각료회담에 참석해서 발표한 WCC의 성명서 〈지금까지 멀리 왔고 더 이상은 안 된다: 빨리 지금 행동하라!)21)는 무한경제성장과 탐욕적 소비로부터 윤리, 정의, 평등, 연대, 인간발전, 환경보존 등으로 패러다임 전환을 촉구했다. 이 성명서는 교토의정서 10주년 성명서 후반부를 인용하고 있다. 교토의정서의 결정사항을 이행하지 않고 지체하는 것은 자살행위와 같은 것이라고 경고하면서 교토의정서 이후의 활동을 법적으로 규정하는 대안을 만들 것을 촉구했다. 내일이면 늦는다. 오늘, 지금 바로 행동해야 한다.

〈하나님의 창조세계의 청지기가 되라〉22)는 WCC 중앙위원회가 2008년에 승인한 기후관련 유일한 성명서로 교토의정서 10주년을 기념한 성명서인 〈그리스도는 볼 수 없는 하나님의 형상이요, 모든 피조물 중 첫째이시다〉를 토대로 하고 있다. 성서적 근거와 관련해서 '정복하라'창1:28'를 청지기직으로 보되 창조보전을 위한 책임적 돌봄이라고 해석했다. 원주민들은 전체 창조세계가 신성한 본질을 지닌 것으로 보는데 이러한 세계관은 기후변화와 관련한 영감을 준다. 미국은 온실가스를 방출하는 주요 국가이지만 교토의정서를 비준하지 않은 나라다. 인간의 삶의 방식, 발전 유형, 경제성장 추구 등에 근원적 변화가 없으면 인류는 기후변화라는 도전에 바르게 대응할 수 없다. 기후변화는 환경이슈이면서 동시에 정의의 문제이다. 서방국가들은 온실가스 방출에 대한 역사적 책임이 있다. 반면에 남반부 국가들은 경제성장을 해야 하지만 동시에 그 결과가 온실가스 증대라는 딜레마에 봉착해 있다. 생태학적 빚은 재정적 빚과 연계해서

---

21) WCC, "This Far and No Further: Act Fast and Act Now!" in Lorke & Werner (eds.), Ecumenical Visions, CD-ROM, 81-82.

22) WCC, "Be Stewards of God's Creation" in Lorke & Werner (eds.), Ecumenical Visions, CD-ROM, 77-79.

다뤄야 한다. WCC는 회원 교회들에게 지구온난화와 기후변화와 관련하여 도덕적 자세를 강화할 것과 자연, 경제정책, 소비, 생산과 기술유형과의 관계가 근본적으로 변화할 것을 요청하고, 인간공동체와 지구와 생태학적으로 존중하는 관계를 형성하며 친생태학적 삶의 방식을 증진시키는 기술을 나누고 개인, 기업, 교회, 국가의 생태학적 발자국을 모니터링 할 것과 창조절을 지킬 것, 신학교에서 기후변화의 원인의 신학적, 윤리적 측면을 가르칠 것과 이웃종교와 기후변화 문제를 공동 대처 방안을 탐구하도록 요청했다.

2010년 유엔기후변화협약 제16차 당사국 총회에 참석한 WCC와 세계루터교연맹이 공동으로 발표한 선언문 〈왜 교회는 칸쿤에서 열리는 유엔기후변화협약에 참여하는가?〉[23]는 코펜하겐에서 2009년에 열렸던 유엔기후변화협약 제15차 당사국 총회가 실패했는데 왜 교회들이 이 회의에 계속 참여해야 하느냐는 질문에 답변하고 있다. 답변의 핵심은 교회가 실패한 것 같은 이 회의에 계속 참여해야 이유는 교회만이 기여할 수 있는 활동인, 기후변화에 대한 윤리적 차원인 정의의 문제와 영적 차원을 지속적으로 제기해야 하기 때문이다. 생태정의에 대한 요구와 생태학적 빚에 대한 인식은 창조세계를 돌보기 위한 교회의 증거의 한 부분이다. 북반부 국가들이 남반부 국가들에게, 미래 세대에게, 지구에게 진 생태학적 빚을 갚을 것을 교회가 촉구하는 것은 교회의 예언자적 활동이다. 그러므로 교회와 종교단체들이 이 총회에 계속 참여하는 것은 그들의 의무사항이다. 그들의 기여는 세계로 하여금 보다 정의롭고 평등한 세계를 이

---

23) WCC & Lutheran World Federation, "Why are the Churches at the UN Conference on Climate Change in Cancun?" in Lorke & Werner (eds.), Ecumenical Visions, CD-ROM, 76-77.

루기 위해 행동할 것을 촉구할 것과 종교가 지닌 영적 교훈에 근거해서 온 세계에 희망의 메시지를 전하는 것이다.

2011년 남아공 더반에서 열린 유엔기후변화협약 제17차 당사국 총회에 참여한 WCC는 〈모두를 위한 기후정의〉[24]라는 성명서를 발표했다. WCC는 더반 총회가 기후변화를 책임적으로 다루는 마지막 기회가 될지 모른다는 절박함을 갖고 세 가지 요소를 포함하는 합의를 이룰 것을 강력하게 촉구했다. 즉 교토의정서 2기 내용을 정하고, 2015년까지 법적 구속력이 있는 수단에 대한 협상에 대해 결론을 내려야 하고, 칸쿤의 모든 결정을 이행할 일련의 수단을 강구해야 한다. WCC는 발리 성명서에서 주장했던 사고방식과 삶의 방식의 패러다임의 변화를 촉구했다. 인류 공동의 집인 지구를 회복하기 위한 미래의 단계들을 단지 토론하기보다는 지구를 회복하기 위해서 정량화할 수 있는 목표를 성취하는 과정에 가속도를 낼 시간이 되었다.

C. WCC 부산총회와 생명선교

1. 9차 총회에 제출된 기후변화 프로그램 평가 및 도전[25]

제8차 WCC 하라레 총회1998는 정의, 평화, 창조 JPC 팀에게 기후변화에 관한 활동을 실무그룹을 통해 하도록 특별권한을 부여했다. 인류가 직면한 상황

---

24) WCC, "Climate Justice for All" in Lorke & Werner (eds.), Ecumenical Visions, CD-ROM, 75.

25) WCC, "WCC Climate Change Programme- Assesment and Challenges: A Report to the 9th WCC Assembly in Porto-Alegre, Brazil(2006)" in WCC -Justice, Peace and Creation Team, Climate Change, 71-78.

은 기후변화에 대응하는 과정이 실효를 내든지 아니면 붕괴를 직면하든지 선택해야 할 위기이다. 대기권은 지구상에 생명이 존재하고 유지하기 위한 전제조건이다. 따라서 대기권의 보호는 인간의 도덕적 책임이며, 창조세계를 보다 살만한 세계로 만드는 데 인간이 기여하게 하신 하나님의 초대에 영적으로 응답한 것이다. 도덕적 책임은 생명을 향한 하나님의 사랑과 정의, 책임, 연대, 지속가능성의 원칙에 의해 인도되어야 한다. 기후변화의 위협이 긴박하기 때문에 우리는 성명서 발표를 넘어서서 즉각적인 행동을 우리 세대에 요청해야 한다. 우리는 모든 사람들에게 개인의 자율과 물질적 부의 환상 대신에 상호돌봄, 의존, 신뢰와 연대로, 일차원적 자기중심성으로부터 영성, 공동체, 연결됨과 친밀함을 갖는 삶의 방식을 택하도록 도전해야 한다.

기후변화에 대한 WCC의 프로그램은 윤리적, 신학적 성찰을 포함한다. 향후 기후변화 프로그램의 과제로는 교토의정서 체제의 붕괴를 막고, 2012년 이후 기간의 틀을 발전시키고, 기후변화의 충격에 적응하는 데 보다 더 초점을 두어야 하고, 지배적인 경제모델의 전환을 위해 일해야 하고, 기후변화와 관련해서 교회의 증거와 역할에 새로운 지평을 확인해야 할 것이다.

2. 10차 WCC 부산총회

a) 기후변화

WCC는 지난 20년 동안 유엔기후변화협약 당사국 총회에 참석하여 옹호활동을 해오면서 기후변화에 관한 국제적 논의에 생태정의가 포함되도록 하기 위해 노력해왔다. 그리고 기후변화로 인한 위기에 대처하면서 이웃종교와 의견일치에 이르렀다. 기후변화가 가장 중요한 문제이지만 공적, 정치적 의제에서 우선권을 상실했다. 일부 좋은 징조도 있지만 국제적 수준의 기후변화협상은 초기 목적을 달성하지 못했다. 2013년 9월 기후변화정부간패널IPCC은 5차 보고서를 통해 기후변화의 심각성을 확증하면서 해수면 상승, 빙하와 극지방 얼음의 녹음, 홍수와 열대 폭풍우와 가뭄의 강도와 빈도의 증가를 그 결과로 제시했다. 투발로, 키리바시, 방글라데시와 필리핀교회, 유엔과 국제기구들은 기후난민들의 비극을 다루고 있다. 기후변화의 희생자들은 하나님께서 특별히 사랑하시고 돌보시는 가난한 자, 과부, 고아신10:17-18의 새로운 얼굴이다. 창조세계가 이렇게 위협을 받을 때 교회는 생명, 정의, 평화에 대한 헌신의 표시로 외치고 행동하도록 부름받았다. 따라서 WCC 10차 총회는 교회들이 기후변화와 창조세계, 특히 취약한 공동체에 미치는 부정적 효과에 관심을 가질 것을 재강조하고, 창조세계와 생태정의를 위해 일하는 공동체와 교회의 연계를 강화시키기 위한 정의와 평화를 위한 에큐메니칼 순례를 위해 WCC가 역할을 하도록 회원교회들이 격려하며, 교회들과 에큐메니칼 기구들이 각자의 정부로 하여금 자국의 경제이익을 넘어서 하나님의 창조세계와 공동의 미래를 위해 책임있는 행동을 하되 기후변화 희생자의 인권을 존중하도록 촉구한다.[26]

기후변화와 관련해서 총회 기간 중 열린 에큐메니칼 대화에서 결정한 확언으로는 하나님의 창조세계가 직면한 위기는 근본적으로는 윤리적이며 영적 위기로 모든 생명에게 위협이 되고, 기후변화는 생태적으로 가장 큰 위기 중 하나지만 국제사회에 의해 실천된 것이 거의 없으며, 과학적 자료에 의하면 생태학

---

26) WCC, "Minute on Climate Justice" (WCC 10th Assembly, Document No. PIC 02. 12)

적 위기는 인류와 지구에 되돌릴 수 없는 위협이 되었기 때문에 긴박한 행동이 요구되며, 일부교회들은 이런 위기를 지역적으로, 국가적으로, 전 지구적 차원에서 에큐메니칼 운동으로, 이웃종교와 협력하여 대응하고 있지만 더 많은 과제가 남겨 있다고 했다. 에큐메니칼 대화가 도전으로 인식한 것은 하나님의 창조세계를 돌보는 데 교회들이, 에큐메니칼 기구들이, 서로와 그리고 이웃종교와 긴밀하게 협력하는 방법과 비전을 제시하는 데 WCC가 보다 지도적 역할을 할 것과 생태계 위기 앞에서 우리의 삶의 방식, 사고방식 등에서 철저한 회개가 요구되기 때문에 기후와 생태계를 정의와 평화의 순례의 중심에 둘 것과 철저한 변화를 경험하기 위해서 교회들과 기독교 기관들이 생태계 위기를 인식하고 좋은 실천을 하며 옹호활동에 참여하도록 하는 것이라 했다. 1분과 모임에서는 기후변화가 생태계 위기의 한 측면일 뿐이며, 후쿠시마 핵발전소 폭발사고처럼 핵발전소의 위험에 대한 문제제기가 있었다. 2분과 모임에서는 기후와 생태정의를 창조세계를 위한 정의와 평화의 순례에서 핵심적 우선권을 부여해야 한다는 주장이 있었다. 그리고 순례가 내적 변형과 외적 변형 모두를 지향한다고 했다. 즉 순례에서는 경제, 정치, 문화, 사회의 변화 뿐 아니라 우리의 정신이 변해야 함을 주장했다.[27] WCC 총회 기간 중 평화 전체회의에서 장윤재 교수가 핵발전소 문제를 다룬 것[28]과 투발루교회협의회 총무가 기후변화에 대한 문제제기가 있다.

---

27) WCC, "The Earth Community Groans: A Call to Ecological Justice and Peace in the Face of Climate Change" in *Ecumenical Conversations*: *Reports, Affirmations and Challenges from the 10th Assembly*, (Geneva: WCC Publications, 2014), 83-90.

28) Yoon-Jae Chang, "Exodus to a New Earth" in *The Ecumenical Review*, Vol. 65, No. 4(December 2013), 485-88.

b) 경제정의

세계교회들은 경제 문제를 신앙의 문제로, 신학적 도전으로 받아들이게 되었다. 1997년 WARC 제23차 총회는 "경제 불의와 생태계 파괴에 대한 인식, 교육, 고백신앙적 과정"에 헌신할 것을 선언했다. 1998년 WCC 하라레 8차 총회는 세계화의 도전을 중요한 과제로 설정하고 그 대응책을 마련하고자 했다. 2004년 가나에서 열린 WARC 제24차 총회는 세계경제와 생태계 정의를 위해 계약을 맺기로 고백하여 "아크라 신앙고백"을 했다. 2006년 포르토 알레그레에서 열린 WCC 9차 총회는 "인간과 생태계를 경제의 중심에 두는 대안적 지구화를 모색하는 아가페로의 부름Alternative Globalization Addressing People and the Earth: AGAPE"[29] 문서를 채택했다.[30]

2012년 WCC 중앙위원회에서 승인된 "모두의 생명, 정의, 평화를 위한 경제: 행동촉구의 부름"[31]이 경제정의와 관련하여 WCC 부산총회의 핵심문서였다. 이 문서는 포르토 알레그레 총회 이후 AGAPE 과정의 후속 프로그램으로, 빈곤을 극복하고 부의 축재에 도전하여 생태적 온전성을 지키고자 하는 빈곤, 부, 생태 Poverty, Wealth, and Ecology 프로그램을 진척시켜 6년 동안 매년 지역협의회를 연 결과를 정리한 문서이다. 이 문서는 세계적 금융위기, 사회경제적

---

29) 세계교회협의회 지음, 김승환 옮김, 『경제세계화와 아가페(AGAPE)운동』 (서울: 한국기독교교회협의회, 한국생명농업포럼, 2007)

30) WCC 창립 이전과 이후의 경제정의에 대한 논의는 황홍렬, "신자유주의적 지구화시대의 생명선교" 참된평화를만드는사람들 편저, 『신자유주의 시대, 평화와 생명선교』 (서울: 동연, 2009), 105-110을 참조하시오. 비정규직노동자선교에 대해서는 영등포산업선교회 편, 『나중에 온 이 사람에게도: 비정규노동선교 핸드북』(서울: 한국장로교출판사, 2013)을 참조하시오.

31) WCC, "Economy of Life, Justice, and Peace for All: A Call to Action", (2012)

위기, 생태위기, 기후위기 등이 중첩되면서 인간과 지구의 생존이 위협받는 시기에 이 복합적 위기의 뿌리에 탐욕의 죄악이 있음을 고백하고, 교회들에게 하나님의 정의에 뿌리를 둔 생명의 경제를 위한 행동을 촉구한다. 경제위기 뿐 아니라 지구온난화와 생태계 파괴는 인류의 생사의 문제가 되었다. 이러한 위기들은 윤리적, 영적 위기이다. 이러한 위기에 대처하기 위해 그리스도인들은 탐욕과 이기주의, 인간중심주의의 죄로부터 회개해야 한다. 그리스도인들은 탐욕의 경제와 불의한 구조에 관련된 공범자라고 고백한다. 많은 교회들이 정의의 신학보다는 자선신학을 지지하고, 무한성장이나 무한축적에 대한 제도나 이념에 대해 문제를 제기하지 못하고 있다. "좋은 삶"은 소유가 아니라 삼위일체 하나님의 공동체성에서 보듯이 상호성, 호혜성, 정의, 사랑의 친절이다. 우리가 이웃과 연결되어 공동선을 위해 봉사하도록 하는 정신을 우분투Ubuntu와 상생相生 같은 사상에서 발견할 수 있다. 우리 자신을 먼저 변화시키는 변혁적 영성 없이는, 교회가 그리스도의 치유와 화해의 사역을 지속하지 않고서는 경제적 정의를 실천할 수 없다.[32]

c) 정의로운 평화[33]

WCC는 "폭력극복10년 2001-2010: 화해와 평화를 추구하는 교회" 활동과

---

32) WCC 부산총회 전체회의와 에큐메니칼 대화, 정의와 펴오하의 순례와 관련한 제안, 그리고 이에 대한 의의와 비판은 황홍렬, "경제정의: 생명의 경제" 〈정의 평화 순례의 영성과 신학〉 (오이코스신학운동 학술세미나자료집, 2014), 30-33을 참조하시오.

33) "정의로운 평화" 문서를 포함하여 WCC의 화해, 평화에 관한 논의와 한반도 맥락에서 평화선교의 과제에 대해서는 황홍렬, "한반도에서 남북의 화해와 평화통일을 위한 한국교회의 평화선교 과제" 한국선교신학회 편, 『선교신학』 제32집, Vol. I(2013), 321-57을 참조하시오.

정에서 얻은 여러 통찰에 근거해서 2010년 킹스턴에서 "하나님께 영광을, 땅에는 평화를"이라는 주제로 열린 국제에큐메니칼평화대회에서 "정의로운 평화를 향한 에큐메니칼 부르심"이라는 문서를 채택했다.[34] 이 문서는 10차 총회의 평화 관련 핵심문서였다. 이 문서에 나타난 정의로운 평화는 윤리적 실천에서 근본적 패러다임의 전환을 보여준다. 정의로운 전쟁이나 평화주의의 대안으로서 정의로운 평화가 제시되었다.[35] 정의와 평화는 서로 뗄 수 없는 짝이다. 하나님의 평화 위에 세워진 신앙공동체만이 가정, 교회, 사회에서, 그리고 전 지구적 수준의 정치적, 사회적, 경제적 구조 안에서 화해와 정의로운 평화의 대행자가 될 수 있다. 정의로운 평화를 실천하는 길의 중심에는 비폭력적 저항이 있다. 비폭력 전략은 시민불복종과 불응의 행위를 포함할 수 있다. 갈등을 변형시키는 것이 평화 만들기의 핵심이다. 갈등을 변형시키는 과정은 폭력을 폭로하고 감춰진 갈등을 드러내는 데서 시작한다. 갈등의 변형은 적대자에게 갈등하는 이익을 공동의 선으로 방향을 돌리도록 하는 것을 목표로 한다. 세계화로 인해 전 지구적 폭력과 인권 침해가 난무하는 속에서 평화가 이뤄져야 할 곳은 지역사회, 지구, 시장, 사람들 사이이다. 사회경제적 격차가 한 국가 안에서, 국가들 사이에서 점차 확대되는 것은 시장지향적 경제자유화 정책의 효율성에 대해 심각한 의문을 제기하며 경제성장을 사회의 최우선적 목표로 삼는 데 대해 도전하게 한다. 인류 역사는 평화 추구와 갈등의 전환, 법치 등 도덕적 가치를 추구한 것도 보여주지만 그 정반대의 가치인 외국인혐오, 공동체 내 폭력, 증오범죄, 전

---

34) WCC, "An Ecumenical Call to Just Peace" in WCC, Just Peace Companion: Guide our feet into the way of peace(Luke 1:79)(Geneva: WCC Publications, 2011), 1-13.

35) 위의 책, 84-95.

쟁 범죄, 노예제, 인종학살 등으로 오염된 것도 보여준다.[36]

　10차 총회 기간 중 열렸던 에큐메니칼 대화의 15번째 주제는 "정의로운 평화의 길"이었다. 여기서는 정의로운 평화가 성서의 샬롬에 근거하고 있으며 회개, 용서, 만물을 향한 회복 등 영성적 태도를 지니고 있기 때문에 평화만들기는 예수 그리스도의 가르침을 토대로 깊은 영성적 차원을 지니고 있다는 점, 평화만들기와 관련하여 개인적 헌신은 비폭력 행동, 생명에 대한 위협 줄이기, 평등, 그리고 갈등을 다른 사람들과 더불어 해결하는 데 기여하기, 갈등해결로부터 갈등전환으로의 패러다임 전환, 경제정의와 관련해서 정의로운 평화는 모두를 위한 정의롭고 지속가능한 경제발전을 추구하는 매개체라는 점, 변화하는 국제체제 속에서 교회는 고난이 있는 곳이면 어디든지 정의와 평화를 증진시키도록 예언자적 목소리를 냄으로써 보다 결정적 역할을 맡을 것을 요청받고 있으며, 유엔과 같은 국제기구들과 협력 속에서 이뤄질 수 있고, 무기와 무기거래를 축소하려는 노력을 증가시켜야 함을 확언했다. 그렇지만 정의로운 평화 개념은 분단과 전쟁 위협 상황에 있는 한국 기독교인들에게는 별로 다가가지 않는다는 점, 정의로운 평화 개념이 "정의로운 전쟁"과 "평화주의" 사이의 중간에 있는 것으로 정의되어서 그 개념이 지녀야 할 적극적 내용이 없다는 점, 『정의로운 평화』라는 책과 "정의로운 평화로의 에큐메니칼 부르심"이라는 문서에 나타난 정의를 이루기 위한 방법으로 "법치rule of law"를 제시하는 데 국제영역에서 법은 강자의 법이 지배하고 있기 때문에 문제가 있다는 점, 오늘날 평화 이슈는 제

---

36) 정의로운 평화의 내용에 대해서는 황홍렬, "한반도에서 남북의 화해와 평화통일을 위한 한국교회의 평화선교 과제", 336-39를 참조하시오.

국에 의한 불의와 폭력이라는 맥락에서 보아야 하기 때문에 정의로운 평화는 강자보다는 약자에게 비폭력을 강조한다는 점 등이 도전으로 확인되었다.[37]

D. WCC 생명선교에 대한 평가와 과제

1. 의의

첫째, WCC는 창조세계, 창조보전, 기후변화 등의 문제에 대해 지속적으로 논의를 발전시켜왔다. 둘째, 1992년 리우 유엔환경개발회의 참여를 시작으로 1995년부터 유엔기후개발협약 당사국총회에 참석해 WCC는 자신의 입장을 표명해왔다. 셋째, WCC가 창조세계에 관한 신학적 입장을 정리했다.[38] 기독교는 그동안 창조세계와 관련해서 근대세계의 자연지배를 묵인하거나 수용해왔다. 창조세계와 관련하여 기독교는 인간중심주의를 극복하되 세계에서 인간에게 주어진 독특한 사명을 감당하는 것은 유지해야 한다. 넷째, WCC는 기후변화와 관련한 신학적 입장을 정리했다.[39] 기후변화에 관한 에큐메니칼 논의의 지침은 "피조물의 온전함"과 "정의를 위한 헌신"이다. 기후변화의 위기 속에서 인간은 생명, 정의, 사랑을 위한 헌신으로 부름받았다. 기후변화는 윤리적이며 영적 문제이다. 길레모 커버는 그의 글의 결론에서 창조세계, 정의, 평화로

---

37) WCC, "The Way of Just Peace: Building Peace Together" in Ecumenical Conversations, 113-14.

38) WCC, "Listening to Creation Groaning: Reflection and Notes on Creation Theology" in Lorke & Werner (eds.), Ecumenical Visions, 251-59.

39) 개교회 차원에서 기후변화에 대한 대응은 다음의 남아공교회의 사례를 참조하시오.South African Council of Churches, Climate change Committee, Climate Change: A Challenge to the Churches in South Africa, (Marshalltown: South Africa, 2009).

순서를 바꾼 것이 눈에 띈다.[40] 이는 WCC에서 기후변화 간사를 맡고 있는 그의 개인 의견으로 WCC의 체계나 정책에 반영되어 있는 것은 아니다.

2. 비판

첫째, WCC는 생명선교라는 용어를 사용하지 않는다. 새로운 선교 문서 Together towards Life: Mission and Evangelism in changing Landscapes, 2012에서도 생명선교라는 단어를 사용하지 않는다. "생명의 충만함"요10,10을 구하면서도 WCC는 창조세계와 창조보전, 기후변화, 경제정의, 정의로운 평화, 양성평등, 인종차별, 계급차별 등의 문제를 따로 다뤄왔다. WCC가 생명의 문제를 다룰 때는 통합적 접근 방식을 제시해야 하고, 부서간 연대, 공동연구, 협력을 통해 생명선교의 신학적 개념과 선교 방향을 제시해야 한다. 이 문제는 새 선교문서에서 지형의 변화를 언급하면서 기독교가 비서구교회들이 다수가 되었다고 했지만 WCC의 연구방식이 서구중심적인 분석적 방식을 벗어나지 못했다는 반증이다.[41] 둘째, WCC 부산총회는 후쿠시마 핵발전소 폭발 참사2011년 이후에 인접 지역에서 열리는 총회임에도 불구하고 핵발전소에 대한 입장을 확정하지 못했다.[42] 다만 "한반도 평화와 통일에 관한 성명서"에서 WCC 10차 총회는 동북아에서 핵발전소와 핵무기의 제거를 요청했다. 폐회 직전에 모인 중앙

---

40) Guillermo Kerber, "Caring for Creation and Striving for Climate Justice: Implications for mission and spirituality" in *International Review of Mission*, Vol. 99 No. 2 (November 2010), 219-229.

41) 황홍렬, "WCC CWME 마닐라 대회를 다녀와서"〈한국선교신학회 2012년 정기학술대회 미간행자료집〉(2013. 4. 21), 12.

42) 1970년대와 1980년대 WCC의 핵에너지에 대한 논의는 황홍렬, "탈핵 세상을 향한 생명선교의 과제" 부산장신대, 「부산장신논총」 제13집(2013), 291-98을 참조하시오.

위원회에서 핵발전소 문제를 다뤘는데 영국 주교의 문제제기로 다음 중앙위원회에서 결정하기로 했다. 금년 7월 7일 중앙위원회가 채택한 "탈핵 세상을 향한 성명서"Statement towards a Nuclear-free World"에서 정부로 하여금 단계적으로 핵발전소를 폐쇄할 것을 촉구하기로 했다. 셋째, WCC가 회원교회에게 권장하는 내용, 창조세계, 창조보전, 기후변화 등에 대해 지역교회들이 숙지하고, 실천하고, 다음세대에게 전달하는 교육을 실시했어야 했다.

3. 대안과 과제

WCC의 생명선교는 통합적 접근 방식 뿐 아니라 보다 근원적 문제를 다뤄야 한다. 세계무역센터를 목표로 삼았던 9·11 테러에 대한 왜곡된 해석으로 아프간을 침공하고 '테러와의 전쟁'으로 대응하면서 테러리즘이 세계를 휩쓸고 있다. 세계화와 테러 사이의 긴밀한 관련성을 노르베리-호지는 문화적 단일화에 대한 강요에서 찾았다.[43] 오늘날 인류가 직면한 문제는 신자유주의적 지구자본주의로 인한 가족/사회/국가의 해체, 테러, 전쟁, 단일문화 강요, 생태계 파괴 등 여러 가지 문제들이 혼합되어 있다. 이는 한 마디로 문명의 위기이다.[44] 아룬다티 로이는 기업이 주도하는 세계화 프로젝트가 자유선거, 자유언론, 독립적 사법부 등을 자유시장의 상품으로 전락시킴으로써 사회의 규범을 무너뜨렸다고 비판했다.[45] 현대세계에서 위기에 처한 것은 민주주의다. "미디어가 조

---

43) 헬레나 노르베리-호지, "세계화와 테러" 「녹색평론」제62호(2002년 1-2월), 119-129.

44) 문명의 위기에서 생명선교로 나아가기 위해 필요한 것이 세계관의 전환이다. 이에 대해서는 황홍렬, "신자유주의적 지구화시대의 생명선교" 92-97을 참조하시오.

45) 아룬다티 로이 지음, 정병선 옮김, 『보통 사람을 위한 제국 가이드』(서울: 도서출판 시울, 2005), 9.

주해 낸 가상의 세계가 실재 세계보다 더 실재 같은 현실로 펼쳐지고 있"으며, 우리가 알고 이해하는 바의 "언어가 도륙되는 것을 지켜보"고 있다.**46)** 제국은 미국과 종속적인 서유럽, 세계은행과 국제통화기금, 세계무역기구, 다국적기업들로 구성되며, 이들은 가난한 나라의 충성스럽고 부패한 정부들과 '자유' 언론과 '정의'를 실현하는 것처럼 보이는 법정을 동맹군으로 삼고 있다. 제국은 이러한 종속적 기관 뿐 아니라 민족주의, 종교적 편견, 파시즘, 테러리즘 따위의 위험한 부산물을 파생시킨다.**47)** 이제 서구 문명의 '반문명성'의 내용이 밝혀졌다. '자유시장', '세계화'의 이름으로 민주주의와 다양한 문화들이 위협받고, 정부가 부패해지며, 언론, 법정 등이 상품화 되고 있으며, 여러 가지 위험한 부산물들을 파생시킨다.**48)** WCC가 생명선교를 말하려면 제국에 대항하는 선교 이해, 방향, 과제를 제시해야 한다.**49)**

둘째, WCC가 생명선교를 다루기 위해서는 기독교인 자신의 위기를 다뤄야 한다. 이는 "하나님과 맘몬을 겸하여 섬기지 못하느니라"마6,24는 말씀을 부정하는 기독교인, 교회, 목회자, 신학자 때문이다. 그러므로 신학자들은 기독교와 자본주의의 혼합주의화된 오늘의 기독교를 신학적으로 해명할 책임이 있다.

---

46) 위의 책, 16, 41.

47) 위의 책, 126-128.

48) 세계화/지구화, 테러, 근본주의, 제국의 연관성에 대해서는 황홍렬, "아프간 사태 이후 선교는 달라져야 한다" 한국기독교장로회신학연구소, 『말씀과 교회』(2008 1), 54-63을 참조하시오.

49) WCC는 제국에 대한 논의들("Interrogating and Redefining Power Consultation of Younger Theologians from the South" 2004, Jointly sponsored by F &O Team of the WCC and the Faith, Mission and Unity Programme Area of the CCA, CWM Theology Statement 2010, "Mission in the Context of Empire")을 생명선교에 담아야 할 것이다. 제국에 대한 논의에 대해서는 정원범, "제국과 평화" 〈정의 평화 순례의 영성과 신학〉 (오이코스신학운동 학술세미나자료집, 2014), 34-45를 참조하시오.

셋째, WCC가 생명선교를 전개하기 위해서는 생명, 정의, 평화 사이의 관계를 정립해야 한다.[50] 이제 생태계 위기, 기후붕괴 등에 직면하면서 인류는 생명, 생태계의 문제를 먼저 다루지 않을 수 없다. 따라서 JPIC에서 창조보전이 정의, 평화보다 앞서야 한다. 이는 일종의 신학적 회심이다. 생명선교는 생명의 삼위일체 하나님[51]께로 회개할 때 시작이 되고 기독교혼합주의에 대한 분석으로 시작하지만, 생명선교의 선교학적 과제는 창조세계로 돌아가는 것으로 시작되어야 한다. 이러한 신학적 회심을 바탕으로 생태정의, 경제정의, 사회정의를 확립하되 민주주의가 유지되도록 하는 것이 중요하다. 민주주의가 살려면 언론이 자본과 권력을 편드는 데로부터 인간과 창조세계의 생명을 지키는 데로 전환해야 한다. 그리고 민주주의의 근간인 삼권분립이 확립되어야 한다. 살바도르 CWME 대회1996에서 다룬 대로 정체성과 공동체를 세우는 핵심인 문화를 죽임의 문화로부터 생명의 문화로 전환시키는 것이 필수적이다.[52] 이렇게 정의가 이뤄질 때 얻을 수 있는 것이 평화, 정의로운 평화이다. WCC는 "상 파울로 성명서: 생명의 경제를 위한 국제금융기구의 전환2012"에서 유엔경제사회생태안

---

50) 개인적 시도로는 Sathianathan Clarke, "God of Life, God in Life, and God for life: Lead All of Us through the Wisdom of the Crushed Ones to Justice and Peace" in *The Ecumenical Review*, Vol. 64 No. 4 (December 2012), 439-53, 주변부로부터 생명의 하나님에 대한 이해는 George Zachariah, "Re-imaging God of Life from the Margins" in *The Ecumenical Review*, Vol. 65 No. 1 (March 2013), 35-50, 창조와 구속을 성령의 선교로부터 접근한 시도는 Amos Yong, "Primed for the Spirit: Creation, Redemption and the Missio Spiritus" in *International Review of Mission*, Vol. 100 No. 2 (November 2011), 355-66을 참조하시오.

51) 삼위일체 신론을 기반으로 한 선교학에 대해서는 In Sik Hong, "Towards Trinitarian Missiology in Latin America" 장신대출판부, 『선교와 신학』제31집(2013), 171-202를 참조하시오.

52) 죽임의 문화로부터 생명의 문화로의 전환에 대해서는 황홍렬, "하나님 나라를 향한 교회의 문화선교적 과제" 대한예수교장로회총회교육자원부 편, 『하나님의 나라와 문화』 (서울: 한국장로교출판사, 2004), 316-34를 참조하시오.

전보장이사회[53]를 제안했는데 순서를 유엔생태사회경제안전보장이사회로 바꾼다면 생명선교를 향한 좋은 사례가 될 것이다. "생명의 경제" 문서의 지적처럼 경제가 사회 안의 한 체제로 들어가야 하고, 사회/세계가 생태계, 우주의 한 부분으로 들어가야 인류의 미래, 지구의 미래가 있다.

III. 한국교회의 생명선교의 과제

A. 생명살리기운동10년2002-2012과 생명선교

1. 성과

총회는 지구생명공동체의 위기 속에서 WCC의 폭력극복10년운동에 상응하는 생명살리기운동10년을 전개했다. 총회생명살리기운동10년위원회와 총회산하연구단체협의회는 생명살리기운동10년의 10가지 주제영역에 대한 해설과 생명살리기운동의 신학적 기초와 방향을 제시하는 『하나님 나라와 생명살림』2005을 출판했고, 생명 위기의 상황에서 생명을 살리는 교회와 생명목회를 제시하는 『하나님 나라와 생명목회: 생명목회 실천을 위한 신학적 길라잡이』2007를 출판했다. 세계선교협의회Council for World Mission의 기금을 지원받아 총회는 각 부문별로 노회를 선발하여 2005년부터 2007년까지 32개의 사업을 시행했다. 교회생명살리기프로젝트에 8개 노회, 외국인근로자선교활성화 프로젝트에 9개 노회, 피스메이커 지도자 양성 프로젝트에 6개 노회, 녹색교회 확산 프로젝트에는 4개 노회, 장애인복지선교관련 프로젝트에는 7개 노회 등

---

53) WCC, WCRC, "The S o Paolo Statement: International Financial Transformation for the Economy of Life" in Lorke & Werner (eds.), *Ecumenical Visions*, 238.

이 참여했다. 이 결과를 종합하여 『하나님 나라와 생명살림실천』2009을 발간했다. 세 권의 책을 바탕으로 성서연구 교재인 『생명을 살리는 교회』2010를 출판했다.54) 2003년 신학 세미나를 필두로 전국 7개 신학대학교를 비롯해 노회, 지교회와 협조해 지난 10년 동안 생명목회와 생명선교 세미나를 18회 실시했다.

2. 평가

생명살리기운동10년과 관련해 네 권의 책을 출판함으로써 생명살리기운동의 신학적 방향과 목회적, 선교적 실천의 길을 제시했고, 성서연구 교재까지 출간함으로써 교인들의 인식전환의 토대까지 마련했다. 선교적 실천은 CWM 프로젝트로 2005년-2007년 사이에 42개 노회가 교회자립화, 이주노동자선교, 환경선교, 평화교육, 장애인복지선교 등에 여러 노회들이 함께 참여했다. 그렇지만 이러한 선교적 실천이 일회성으로 그쳤다. "생명살리기운동10년"의 10가지 주제 가운데 일부를 다루지 못했다. 특히 전 지구적인 생태계기후 위기와 2008년 경제위기, 4대강 사업 등으로 일치와 갱신회개, 하나님의 경제, 언론, 교육목회, 문화선교, 세계선교와 생명목회의 새 패러다임 제시 등이 요청되었지만 제때에 응답하지 못했다.

교회자립화 프로그램이 일부 노회에서 꾸준히 지속되고 있고, 다양한 분야에서 생명살리기운동이 노회별로 진행되고 있는 것도 사실이다. 특히 생명살리

---

54) 대한예수교장로회총회생명살리기운동10년위원회, 대한예수교장로회총회산하연구단체협의회 편, 『하나님 나라와 생명살림』(서울: 한국장로교출판사, 2005), 『하나님 나라와 생명목회』(서울: 한국장로교출판사, 2007), 「하나님 나라와 생명살림실천」(대한예수교장로회총회, 2009), 『생명을 살리는 교회』(서울: 한국장로교출판사, 2010).

기운동10년을 신학교육에 접목시키기 위해 총회 훈련원과 사회봉사부가 신대원생을 대상으로 하는 사회선교 훈련도 지난 3년간 지속하고 있다. 부산장신대의 경우 신대원 2학년 목회실습과정을 생명목회와 생명선교로 5년째 진행하고 있다.[55]

전체적으로 보면 총회의 생명살리기운동10년은 기초단계에서 마감했다고 할 수밖에 없다. 앞으로 이러한 운동이 활성화되려면 운동의 주체는 노회와 지교회가 되어야 하고, 나아가서 여전도회, 남선교회, 청년부, 교회학교, 구역, 가정, 개인 등으로 확대되어야 할 것이다. 총회는 생명살리기운동10년 위원회를 중심으로 기획국과 각 상비부서들이 참여하는 운동본부를 구성하여 정책과 각 노회의 사업을 조정하고 지원하는 것도 고려해야 한다. 그리고 생명신학에 대한 보다 심층적 연구가 신학 안에서, 간학제적으로 이뤄져야 할 것이다.

B. 치유와 화해의 생명공동체운동10년2013-2022과 생명선교의 과제

1. 치유와 화해의 생명공동체운동10년

제97회 총회2012는 "생명살리기운동10년" 이후의 새로운 선교운동으로 "치유와 화해의 생명공동체운동10년"을 전개하기로 결정했다. 이 운동의 장점은 앞선 "생명살리기운동10년"과의 연속성을 가지면서도 치유와 화해라는 주제에 초점을 맞췄다. 이 주제는 2005년 WCC CWME 선교대회의 주제였다. 한반도와 동북아라는 상황에서도 적절한 주제이다. 둘째 지역교회를 생명공동체로, 생명공동체운동의 중요한 주체로 제시하고, 예배와 선교의 일치, 일치와

---

55) 부산장신대학교 생명목회위원회 편, 『생명목회와 생명선교』 I, II, (서울: 올리브나무, 2011).

갱신, 생명교육과 생명섬김을 통해 지구생명공동체의 생명망 강화에 기여하도록 한 점이다. 셋째, 지역교회, 노회, 신학교의 역할 뿐 아니라 한반도 평화통일 이슈와 치유와 화해의 이슈를 총회가 남반부 교회들과 협력하는 방향을 함께 제시한 점이다. 넷째, 이 운동을 10년 동안 전개하면서 준비단계와 삼년 단위로 단계를 나눈 점이다. 각 단계별로 중간목표를 정하고 단계를 마칠 때마다 평가를 통해 다음 단계를 중간에 조정할 수 있도록 한 점이다.

2. 생명선교의 과제

치유와 화해의 생명공동체운동10년과도 결부되지만 한국교회에 적용될 생명선교의 과제를 제시하면 먼저 치유와 화해, 생명선교의 신학적 정의와 방향을 신학 안에서, 간학제적으로 연구해서 제시해야 한다. 여기에는 생명선교의 신학적 과제로 언급했던 창조세계[56], 창조보전, 기후변화[57], 탈핵[58], 등의 내

---

56) 이정배 외 지음, 『생태신학자의 신학과 윤리』(서울: 대한기독교서회, 2006), 한국교회 환경연구소, 한국교회사학회 공편, 『기독교 역사를 통해 본 창조신앙 생태영성』(서울: 대한기독교서회, 2010)을 참조하시오.

57) 기후변화와 관련한 책으로는 김준우, 『기후재앙에 대한 "마지막 경고"』(서울: 한국기독교연구소, 2010), 한국교회환경연구소 엮음, 『기후붕괴시대, 아주 불편한 진실 조금 불편한 삶』(서울: 동연, 2010), 샐리 맥페이그 지음, 김준우 옮김, 『기후변화와 신학의 재구성』(서울: 한국기독교연구소, 2008)을 참조하시오.

58) 탈핵에 대해서는 다음 글을 참조하시오. 배현주, "핵에 대한 성찰과 핵시대의 신학적 영성적 과제" 부산장신대, 『부산장신논총』제12호(2012), 75-103, 황홍렬, "탈핵 세상을 향한 생명선교의 과제" 부산장신대, 「부산장신논총」 제13집(2013), 257-305, Hong Jung Lee, "A NuclearSuffering God in Making of Humans' DeathDealing Nuclear Footprint: From Hiroshima to Fukushima Journey of Cognitive Dissonance" in *CTC Bulletin*, Vol. XXVIII, No.2(December2012), 18-26. Rev. Dr. Chang Yoon Jae, "Exodus to a Nuclear-free World: A Proposal for Solidarity for Life and Peace without Nuclear Weapons and Nuclear Power Plants" in *CTC Bulletin*, Vol. XXIX, No.1(August2013), 57-71.

용이 포함되어야 한다. 그리고 창조세계 보전이 생태정의[59], 사회정의, 경제정의와 정의로운 평화와 어떻게 연결되어야 하는지를 밝혀야 한다.[60] 둘째, 창조세계, 창조보전, 기후변화, 탈핵 등의 시각으로 성서를 보는 성서연구 교재[61]를 개발해서 지역교회에 보급해야 한다. 셋째, 치유와 화해가 필요한 갈등의 현장가정, 교회, 학교, 기업, 사회, 국가, 휴전선, 용산참사, 쌍용자동차 해고자, 제주 강정마을, 밀양, 원폭 피해자, 4대강 등 창조세계에 대해 성서의 눈으로 볼 수 있게 하고, 갈등을 치유하고 용서와 화해로 갈 수 있도록 돕는 갈등조절, 갈등 전환 훈련 프로그램을 개발하여 지역교회에서 실시하도록 한다. 넷째, 치유와 화해가 일어난 현장, 녹색교회[62] 등 대안공동체와 현장을 방문하여 치유와 화해의 여정, 생명선교의 현장으로부터 직접 배우도록 한다. 셋째와 넷째 제안은 WCC의 정의와 평화의 순례로 연결시켜 진행할 수 있으며, 교회력과 연계시킬 때 더 효과적일 것이다. 예를 들어 사순절 기간인 3·11 후쿠시마 참사 기간에 고리핵발전소 폐쇄를 위해 인간띠잇기를 할 수 있다. 종교개혁지 탐방처럼 기후변화로 심각한 위협을 받고 있는 투발루, 키리바시 등을 방문할 수 있다. 다섯째, 신학교

---

59) WCC의 생태정의에 대해서는 Kinurung Maleh Maden, "Eco-Justice and the Unity of the Church" 장신대출판부, 『선교와 신학』제32집(2013), 139-75를 참조하시오. 생태선교의 사례에 대해서는 임희모, "몽골 '은총의 숲' 생태선교: 북한 산림녹화 생태선교에 주는 함의" 장신대출판부, 『선교와 신학』제27집(2011), 47-78을 참조하시오.

60) 임희모, 『생명봉사적 통전선교: 동 동남아시아 중심』(서울: 도서출판 케노시스, 2011), 이 책에서 임희모는 기존의 통전선교가 교회와 사회의 이원론적 틀과 가난 문제에 집중했다고 비판하면서 정의와 평화를 세울 뿐 아니라 환경과 자연을 보전하여 총체적으로 생명을 살리는 패러다임 변환을 시도하고 있다. 이러한 패러다임을 위한 신론, 기독론, 영성을 제시했다. 그렇지만 생태정의, 사회정의, 경제정의를 통합시키려는 논의는 없었다.

61) 기독교환경운동연대, 『녹색의 눈으로 읽는 성서』(서울: 대한기독교서회, 2002)

62) 녹색교회에 대해서는 예장녹색교회협의회, (사)한국교회환경연구소 함께 엮음, 『녹색교회와 생명목회: 생명을 담은 녹색교회 이야기』(서울: 동연, 2013)를 참조하시오.

는 치유와 화해의 생명공동체운동10년, 생명신학과 생명선교에 적합한 신학을 가르치고, 인재를 양성하며, 목회자 재교육을 통해 확산시킨다. 여섯째, 목회자 재교육은 노회가 주체가 되어서 신학교와 협력하여 진행하는 것이 바람직하다. 일곱째, 노회는 지역교회들이 치유와 화해, 생명선교를 전개할 수 있도록 신학교와 긴밀하게 협력하여 지원하도록 해야 한다. 여덟째, 교회학교 교육에 치유와 화해, 생명선교의 관점이 반영되어야 하고, 교회학교의 교재개발이 필요하다. 아홉째 치유와 화해의 생명공동체운동10년에서 제시하는 것처럼 한반도의 평화, 치유와 화해를 위해 남반부 교회의 협력을 이끌어 내는데 한국교회가 중요한 역할을 해야 할 것이다.

IV. 나오는 말

지금까지 논의된 것 중 중요한 것을 정리하면 다음과 같다.

첫째, WCC도 1960년대에는 인간중심주의, 기술낙관주의를 벗어나지 못했지만 1970년대에 지속가능성, 1980년대에 창조보전에 대해 주목하기 시작했고, 1992년부터 기후변화에 관한 활동을 해왔다. WCC는 1970년대와 1980년대에 핵 에너지에 대해 찬반 입장이 팽팽히 맞섰고 부산 총회에서도 영국 교회의 반대로 의견일치를 이루지 못했다. 그러나 2014년 7월 중앙위원회는 핵발전소의 단계적 철폐를 촉구하는 성명서를 발표했다. 이처럼 WCC도 에큐메니칼 활동을 통해 신학적으로 부단히 발전 중에 있음을 알 수 있다. 둘째, WCC의 생명선교는 기후변화, 경제정의, 사회정의, 정의로운 평화 등 다양한 영역으로 나뉘어서 접근하고 있지만 이러한 논의들을 통합할 수 있는 부서나 활동이 없다.

셋째, WCC가 생명선교를 정립하기 위해서는 생명에 대한 통합적 접근방식과 이를 위한 부서간 협력도 필요하지만 문명과 제국에 대한 비판과 신학적 회심이 필요하다. 즉 자본주의와 혼합주의화된 현대 기독교를 신학적으로 비판하지 않으면 생명선교가 출발할 수 없다. 넷째, WCC의 생명선교를 전개하기 위해서는 생명, 정의, 평화 사이의 신학적 관계를 정립해야 한다. 다섯째, WCC의 창조세계와 창조보전, 기후변화에 관한 활동은 지역교회와 유리된 측면이 있다. WCC의 신학적 논의와 활동과 지역교회 사이에 괴리를 메우는 작업이 필요하다. 총회와 신학자, 신학교이 역할이 중요하다. 여섯째, WCC의 DOV를 한국적 맥락에서 실천한 것이 총회의 생명살리기운동10년이었다. 2012년부터 시작된 치유와 화해의 생명공동체운동10년은 이 운동의 장점을 살리되 치유와 화해에 초점을 맞추고 발전시키는 것이 필요하다. 일곱째, 한국교회의 생명선교의 과제로는 신학 분과간, 간학제적으로 협력하여 생명신학과 생명선교를 신학적으로 정립하고, 창조세계, 창조보전, 기후변화, 탈핵 등을 다루는 성서연구교재를 발간하고, 치유와 화해, 생명선교가 이뤄져야 할 현장을 방문하며, 생명선교의 모범적 사례들을 배워 자신의 교회와 현장에 적용하게 하고, 신학교육과 교회교육에 생명선교를 반영하고, 남반부 교회 사이에 생명선교를 위해 협력할 수 있는 틀을 만들고 신학 연구와 연대 활동을 주도하도록 한다.

참고문헌

기독교환경운동연대, 『녹색의 눈으로 읽는 성서』 서울: 대한기독교서회, 2002.

김준우, 『기후재앙에 대한"마지막 경고"』 서울: 한국기독교연구소, 2010.

대한예수교장로회총회생명살리기운동10년위원회, 대한예수교장로회총회산하연
　　　구단체협의회 편, 『하나님 나라와 생명살림』 서울: 한국장로교출판사, 2005.

_____, 『하나님 나라와 생명목회』 서울: 한국장로교출판사, 2007.

_____, 「하나님 나라와 생명살림실천」 대한예수교장로회총회, 2009.

_____, 『생명을 살리는 교회』 서울: 한국장로교출판사, 2010.

부산장신대학교 생명목회위원회 편, 『생명목회와 생명선교』 I, II, 서울: 올리브나
　　　무, 2011.

예장녹색교회협의회, (사)한국교회환경연구소 함께 엮음, 『녹색교회와 생명목회:
　　　생명을 담은 녹색교회 이야기』 (서울: 동연, 2013)

오이코스, 「정의평화 순례의 영성과 신학」 오이코스 신학운동 학술세미나 자료집,
　　　2014년 3월 28일.

이정배 외 지음, 『생태신학자의 신학과 윤리』 서울: 대한기독교서회, 2006.

임희모, 『생명봉사적 통전선교: 동 동남아시아 중심』 서울: 도서출판 케노시스,
　　　2011.

한국교회환경연구소 엮음, 『기후붕괴시대, 아주 불편한 진실 조금 불편한 삶』 서울:
　　　동연, 2010.

한국교회환경연구소, 한국교회사학회 공편, 『기독교 역사를 통해 본 창조신앙 생태
　　　영성』 서울: 대한기독교서회, 2010.

황홍렬, "하나님 나라를 향한 교회의 문화선교적 과제" 대한예수교장로회총회교육
　　　자원부 편, 『하나님의 나라와 문화』 서울: 한국장로교출판사, 2004, 316-34.

_____, "신자유주의적 지구화시대의 생명선교" 참된평화를만드는사람들 편저,
　　　『신자유주의 시대, 평화와 생명선교』 서울: 동연, 2009, 74-117.

_____, "한반도에서 남북의 화해와 평화통일을 위한 한국교회의 평화선교 과제"
　　　한국선교신학회 편, 『선교신학』 제32집, Vol. I(2013), 321-57.

_____, "탈핵 세상을 향한 생명선교의 과제" 부산장신대, 「부산장신논총」 제13집

(2013), 257-305.

Chang, Yoon-Jae. "Exodus to a New Earth" in T*he Ecumenical Review*, Vol. 65, No. 4(December 2013), 485-88.

Granberg-Michaelson, Wesley. "Creation in Ecumenical Theology" in David G. Hallman (ed.), *Ecotheology: Voices from South and North*, Maryknoll: Orbis Books, 1995, 96-106.

Kerber, Guillermo. "Caring for Creation and Striving for Climate Justice: Implications for mission and spirituality" in International Review of Mission, Vol. 99 No. 2 (November 2010), 219-229.

Lossky, Nicholas (et. al.), 에큐메니칼훈련원 번역, 『에큐메니칼 운동과 신학사전』 I-2, 서울: 한국기독교교회협의회, 2002, 1337-1343.

McFague, Sallie. 김준우 옮김, 『기후변화와 신학의 재구성』서울: 한국기독교연구소, 2008.

Metropolitan Geevarghese Mor Coorilos, "Toward a Missiology That Begins with Creation" in *International Review of Mission*, Vol. 100, No. 2(November, 2011), 310-21.

Rasmussen, Larry L. *Earth Community Earth Ethics*, Maryknoll: Orbis Books, 1998.

Roy, Arundhati. 정병선 옮김, 『보통 사람을 위한 제국 가이드』 서울: 도서출판 시울, 2005.

South African Council of Churches, *Climate change Committee, Climate Change: A Challenge to the Churches in South Africa*, Marshalltown: South Africa, 2009.

WCC, *Justice, Peace and Creation Team, Climate Change*, Geneva: WCC Publications. 2005.

_____, 김승환 옮김, 『경제세계화와 아가페(AGAPE)운동』 서울: 한국기독교교회협의회, 한국생명농업포럼, 2007.

_____, "Christ is the Image of the Invisible God, the Firstborn of all Creation" in M lisande Lorke & Dietrich Werner (eds.), *Ecumenical Visions for the 21st Century: A Reader for the Theological Education*, Geneva: WCC Publications, 2013, CD-ROM, 79-81.

_____, "This Far and No Further: Act Fast and Act Now!" in Lorke & Werner (eds.),

_____, *Ecumenical Visions for the 21st Century*, CD-ROM, 2013, 81-82.

_____, "Be Stewards of God's Creation" in Lorke & Werner (eds.), *Ecumenical Visions for the 21st Century*, CD-ROM, 2013, 77-79.

_____, "Climate Justice for All" in Lorke & Werner (eds.), Ecumenical Visions, CD-ROM, 2013, 75.

_____, *Just Peace Companion: Guide our feet into the way of peace* (Luke 1:79) Geneva: WCC Publications, 2011.

_____, "Economy of Life, Justice, and Peace for All: A Call to Action", 2012.

_____, "Together towards Life: Mission and Evangelism in Changing Landscapes", 2012.

_____, "Minute on Climate Justice" (WCC 10th Assembly, Document No. PIC 02. 12), 2013.

_____, "Report of the Programme Guidelines Committee", (WCC 10th Assembly, Document No. PGC 01), 2013.

Rev. Dr. Walter Altmann, "Report of the Moderator of the Central Committee" (WCC 10th Assembly, Document No. A 01), 2013.

_____, *Ecumenical Conversations: Reports, Affirmations and Challenges from the 10th Assembly*, Geneva: WCC Publications, 2014.

_____ & WCRC, "The S o Paolo Statement: International Financial Transformation for the Economy of Life" in Lorke & Werner (eds.), *Ecumenical Visions for the 21st Century*, 2013, 233-239.

----- & Lutheran World Federation, "Why are the Churches at the UN Conference on Climate Change in Cancun?" in Lorke & Werner (eds.), Ecumenical Visions, CD-ROM, 2013, 76-77.

"Liberating Life: A Report to the World Council of Churches" in Chalres Birch, William Eakin, Jay B. McDaniel (eds.), *Liberating Life: Contemporary Approaches to Ecological Theology*, Maryknoll: Orbis Books, 1991, 273-90.

기후위기 시대에 인간 생태학과 생태신학의 연대*

이성호(배재대학교)

Ⅰ. 서론

지구 온난화로 인한 기후변화는 이제 부정할 수 없는 현실이 되었다. 전 세계 기후환경학자들과 IPCC기후변화에 관한 정부간 패널는 지난 수 십 년 동안 지구 온난화로 인해 생태계와 인류 문명에 위기가 도래할 수 있다고 경고해왔다. 최근에 발표된 IPCC 6차 보고서는 인간의 활동으로 인해 현재 지구 온난화가 발생하는 것은 명백한 사실이라고 선언했다. 더욱 우려스러운 보고는 인류가 지금부터 극적으로 온실가스 배출을 낮추더라도 21세기 말에 섭씨 1.5도 이상의 지구평균온도 상승을 막기 어렵다는 것이다. 같은 보고서에서 IPCC는 섭씨 2도 상승의 경우 최소 3%에서 최대 29%의 생물종이 멸종될 수 있으며 식량부족, 물부족, 경제 시스템 악화 등을 경고하였다.[1]

---

* 본 논문은 필자 영문논문 "The Solidarity of Human Ecology and Ecological Theology for Our Ecological Crisis,"「한국조직신학논총」. 50 (2018): 133-160을 번역, 수정한 것임을 밝힌다.
[1] 기상청 기후과학국 기후정책과 편집, "기후변화 2021 과학적 근거: 정책결정자를 위한 요약본," 서울: 기상청, 2021, 5

이렇게 명백한 위기가 현실화되고 있는데 생존을 위해서라도 인류는 준비를 잘 하고 있을까? 유엔기후변화협약 당사국총회COP를 통해 파리기후협약 2015년을 맺어 신기후체제를 출범시키고 올해 모든 국가들이 온실국가 감축목표NDC를 제출하는 등 표면적으로는 준비가 착착 이루어지고 있는 것처럼 보인다. 하지만 2022년 COP에서 안토니오 쿠테후스 유엔사무총장이 현 기후위기 상황이 "지옥행 고속도로에서 가속 페달을 밟고 있는 것과 같다"[2]고 경고할 정도로 암울하다. 전세계 온실가스 배출량이 40% 감축이라는 목표는 고사하고 10% 증가할 것으로 예측되고 있고 대한민국 온실가스 배출량도 2021년이 2020년에 비해 3.5% 증가하는 상황이다.

이런 맥락에서 필자는 '인간 생태학human ecology'이라는 과학 분야가 신학에 대해 가지는 창조적 함의를 탐구하고자 한다. 본 논문의 가설은 과학으로서의 '인간 생태학'이 생태신학과 만날 때 신학적 인간학의 열매를 맺을 수 있다는 것이다. 이 두 분야의 만남은 과학과 신학 사이의 대화를 위한 흥미로운 선택지로 보일 뿐만 아니라 우리 시대의 실존적 문제인 생태계 위기에 얽힌 복잡한 실타래를 풀어내기 위한 실마리를 제공해 줄 수 있는 가능성이 엿보인다. 특별히 본 논문은 논의의 편의를 위해 잠정적으로 생태신학을 "인간 생태신학human ecological theology"이라고 부르고자 한다. 테드 피터스Ted Peters가 제안한 과학과 신학의 관계에 대한 8가지 입장 중 하나인 "윤리적 중첩"[3]이라는 전

---

2) "유엔 총장 "기후위기, 지옥행 고속도로 타고 가속페달"", (2022.11.08.) 연합뉴스, 2022년 11월 16일 접근, https://www.yna.co.kr/view/AKR20221108003651079.

3) 피터스는 "신학과 과학의 8가지 길"을 다음과 같이 제시한다: 과학주의, 과학적 제국주의, 교권적 권위주의, 과학적 창조론, 두 언어 이론, 가설적 공명, 윤리적 중첩, 뉴에지 영성. Ted Peters, *Science, Theology, and Ethics*, *Ashgate Science and Religion Series* (Aldershot,

제 위에, 필자는 과학과 신학에 각기 존재하는 두 가지 다른 '인간 생태학들'을 살펴보고, 이 두 분야들의 상호작용 가능성과 한계에 대해 평가할 것이다. 본 글의 결론 부분에서 필자는 윤리적 혹은 실천적 연대를 위한 창조적 모델을 제시할 것이다.

II. 신학과 과학의 대화

과학과 종교가 서로 소통하게된 계기는 과학에서 비롯되었다. 20세기 이후, 수많은 발견과 이론들이 뉴턴역학의 기반을 흔들었다. 아원자와 쿼크의 미시세계에 대한 발견, 아인슈타인의 상대성 원리, 하이젠베르크의 불확정성의 원리, 카오스 이론, 암흑 물질 발견 등이 그러한 사례들이다. 다른 말로 하면, 현대과학은 우주가 근대 과학이 생각했던 것처럼 단순히 인과관계로 꽉 짜여진 기계론적 세계가 아니라는 점을 밝혀왔다. 토마스 쿤이 『과학혁명의 구조』[4]에서 보여준 대로, 과학적 원칙들조차 불변의 진리가 아니라 패러다임 변동에 따라 변할 수 있는 가설적 진리이다.

변화의 맥락에서 어떤 과학자들은 우주 안에 계신 신을 분별하려고 애를 썼고 그들 스스로 신학과의 대화를 시작했다. 예를 들어, 이론 물리학자 존 폴킹혼 John Polkinghorne은 성공회 사제가 된 이후에 과학과 신학의 대화에 헌신하였다. 물리학뿐만 아니라 종교와 충돌한다고 여겨졌던 진화론을 포함하는 생물학도 과학과 신학의 대화의 주요 분야 중 하나이다.

Hants, England; Burlington, VT: Ashgate, 2003), 16-22.

4) Thomas S. Kuhn, *The Structure of Scientific Revolutions* (Chicago: University of Chicago Press, 1965).

물리학과 신학 혹은 생물학과 신학의 관계에 대한 토론들 외에 신학과 과학의 상호작용에 있어 흥미로운 분야들도 존재한다. 예를 들어, 신경과학, 인지과학은 인간 본성에 대한 철학과 신학의 전통적인 개념들에 도전하고 있다. 천문학은 신과 창조에 대한 질문을 던진다. 윤리 분야에 있어서 핵심적 문제들과 논쟁을 가져오는 유전 공학 연구 또한 종교 및 신학의 중요한 대화 파트너가 되고 있다.

특별히, 지난 30년간 과학과 신학 사이의 다리를 놓는데 헌신한 테드 피터스가 지적하는 것처럼, 생태계 위기는 점차 급박한 과제가 되고 있는데 이는 신학과 과학 분야뿐만 아니라 생명세계 전체의 생존에 위협이 된다는 관점에서 지구 전체의 과제가 되었다. 신학과 과학의 관계에 대한 여러 입장들의 차이에도 불구하고, 이 토론에 참여하는 모든 주체들은 생태계 위기를 막기 위해 헌신해야 한다. 이것이 바로 피터스가 "윤리적 중첩"을 통해 이야기하는 바이다.[5] 그러므로 생태계 위기는 종교의 다른 어떤 이슈보다 집중적으로 관심 가져야 하는 이슈이며 이런 맥락에서 생태학과 생태신학 사이의 대화는 절실하고도 긴급하게 필요한 것이다.

III. 과학으로서의 인간 생태학

이 세 번째 절에서 필자는 인간 생태학의 정의, 주요 개념들에 초점을 맞추어 인간 생태학 이라는 과학 분야의 윤곽을 보여주고 한다. 이를 위해 주로 제랄드 마르텐Gerald Marten의 Human Ecology[6]의 설명을 활용할 것이다.

---

5) Ted Peters, *Science and Theology: The New Consonance* (Boulder, CO: Westview Press, 1998), 19-20.

6) Gerald G. Marten, *Human Ecology: Basic Concepts for Sustainable Development* (London;

1. 생태계와 인간 사회의 관계

인간 생태학 연구는 식물 생태학과 동물 생태학과 함께 생태학의 하위분야로 시작하였다.[7] 생태학이 "살아있는 유기체들과 그들의 환경 사이의 관계를 연구하는 과학"으로 정의된다면,[8] 인간 생태학은 "사람들과 그들의 환경의 관계"를 연구하는 과학으로 간단히 정의될 수 있다.[9] 따라서 사회 시스템은 인간 생태학의 핵심 개념인데,[10] 왜냐하면 사회 시스템은 사람들, 그들을 보여주는 숫자들, 심리학적 구성, 인간 행동을 형성하는 사회 조직에 대한 모든 것이기 때문이다.[11] 사회 시스템 속 상호작용의 주요 요인들은 에너지, 물질, 그리고 정보이다. 생태계가 이러한 세 가지 요소들을 사화 시스템에 제공하는 동시에 인간 사회 시스템도 인간의 행동들을 통해 생태계에 영향을 준다.[12] ⟨FigureⅢ.1⟩[13]

예를 들어, 수산업의 변화에 대한 이야기는 사회시스템과 생태계 사이의 상호작용을 효과적으로 보여준다. 1980년대 기간 동안, 나이론으로 만든 투명한 흘림그물은 수산업에서 흔히 사용되었지만 이러한 방법은 수많은 돌고래들을 죽이는 결과는 낳고 말았다. 흘림 그물의 금지를 주장했던 보호 단체들과 다수

Sterling, VA: Earthscan Publications, 2001).

7) J. W. Bews, *Human Ecology* (New York,: Russell & Russell, 1973), 1-14.

8) Gerald G. Marten, *Human Ecology: Basic Concepts for Sustainable Development*, 1.

9) Ibid.

10) Ibid.

11) Ibid.

12) Ibid.

13) Ibid., 97.

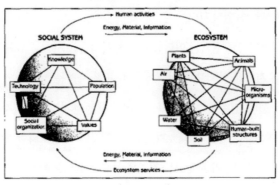

(FigureIII.1)

의 정부들의 저항이 있고 나서 어획 방법은 주낙 방식으로 바뀌었다.14) 결과적으로, 한 사회 체계 안에서 개발된 어획 방법은 해양 생태계에 영향을 끼쳐왔고 우려스러운 결과를 예측하는 부정적 정보가 사회 시스템을 변화시켰다. 최근에 주낙 방식 및 어획규모가 생태계에 미치는 영향은 심각하게 논의되고 있다.15)

2. 창발적 특성

생물 시스템은 분자부터 생태계 전체에 이르는 조직 수준의 위계를 가지며 각 단위는 창발하는 특징적 행동들을 가진다. 이 특수한 행위들은 창발적 특성들이라고 불리며 그 특성들은 "각 조직 수준에서 부분의 합보다 큰 자신만의 생명을 부여하는 상승작용 기능을 한다."16)

생태계에서 창발적 특성의 두 가지 사례를 찾을 수 있다. 첫 번째 사례는 시력이다. 시각적 이미지는 유기체 전체의 수준에서 창발하고 유기체의 필수 세

---

14) Ibid., 3-4.
15) Ibid., 4-5.
16) Ibid., 43.

포의 한 특성일 수 없다.[17]

생태계 안에서 발견되는 이러한 창발적 특성들은 사회 시스템에 적용될 수 있다. 사회 시스템 안의 창발적 특성의 대표적 사례는 정보의 왜곡과 부정이다.[18] 예를 들어, 전화로 하는 파티 게임에서 첫 번째 사람의 메시지는 마지막 사람의 메시지와 거의 언제나 다르다. 이것이 왜곡이다. 정보의 부정에 관하여 사람들은 "기존의 믿음과 충돌하는 진리를 인식하거나 수용하기를" 거절한다.[19] 1950년대와 60년대 이후로, 일부 생태학자들은 인구 폭발의 위험성과 환경 악화에 대한 경고를 하였다. 그러나 대부분의 사람들과 정부들은 그 위험을 무시하였다.[20] 결국 십 수년이 지난 후에 그러한 현실 부정의 대가는 끔찍하다.

3. 공진화와 공적응

생물 진화가 공진화와 공적응이라는 특징들을 가지는 것과 마찬가지로 사회 시스템과 생태계 사이의 상호작용 또한 공진화와 공적응 현상을 보여준다. 〈FigureIII.2〉[21]

이러한 현상들은 전통적 공적응과 현대적 공적응의 사례들을 가지고 설명될 수 있다. 첫 번째 전통적 사례는 모기에 대한 이야기이다.[22] 약 100년 전, 프랑스가 베트남을 식민지화하고 저지대에 사는 수많은 베트남인들을 고무 농장과 광

---

17) Ibid.,
18) Ibid., 45
19) Ibid.,
20) Ibid., 46.
21) Ibid., 97.
22) Ibid., 97-99.

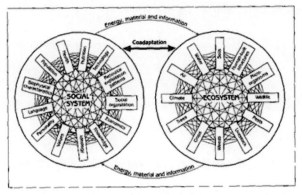

(FigureIII.2)

산에서 일을 시키기 위해 산악지대로 이동시켰을 때, 많은 이들이 말라리아로 목숨을 잃었다. 이는 그 당시까지 산악지대 주민들에게는 발생하지 않았던 일이다. 이러한 일은 저지대 주민과 산악지대 주민들이 집을 짓는 문화에 차이에서 발생한 것이다. 산악지대 주민들은 전통적으로 자신들의 집을 땅 보다 높게 지었고 물소와 같은 동물들을 건물 아래에 머물도록 했다. 집 안에서 요리를 위해 불을 피웠기 때문에 모기들은 연기 때문에 집 안으로 들어올 수 없었고 동물들의 피에 만족해야 했다. 반면에 저지대 주민들은 전통적으로 자신들의 집을 동물들을 격리시키는 방식으로 지었고 요리를 집 바깥에서 하였다. 저지대 주민들이 산악 지대로 이동했을 때 자신들의 집 짓는 방식을 유지했고 결국 모기들이 쉽게 그들을 공격할 수 있었다. 모기를 죽여 말라리아를 예방하기 위해 개발된 DDT가 1940년대부터 엄청난 양으로 살포되었음에도 불구하고, 말라리아 재앙은 지금까지도 확장되고 있고 DDT에 저항하는 유전자를 가진 모기도 등장하고 있다. "DDT는 말라리아 조절을 위해 지속가능한 기술이 아니다."[23]

이 DDT의 예는 현대적 적응, 즉 현대 농업의 사례와 연결된다.[24] 기계의 발전이 이루어진 근대시대가 농업을 환경적, 생태적 가치가 아닌 경제적 가치로 평가하기 시작했을 때, 농업은 경제적 이익의 관점에서 단일재배의 농업이 되었다. 이는 전통적인 복수재배의 농업의 생태적 이익을 - 토양 침식 경감, 자연친화적 해충통제, 다양한 작물 재배를 통한 자연 재해 피해의 최소화 - 포기하는 것을 의미하였다. 이러한 발전의 불행하고 끔찍한 결과는 레이첼 카슨Rachel Carson의 유명한 책, 『침묵의 봄』Silent Spring에서 탐구되었다.[25] 불행하게도 현대 농업 시스템은 자연 생태계보다 현대 사회 시스템에 강하게 적응한 것이다.

4. 지속가능한 인간-생태계 상호작용

인간 생태학은 지속가능한 발전을 성취하는 것에 초점을 맞추고 있다. 인간 생태학을 특징짓는 두 개의 큰 원칙과 연관된 작은 원칙들이 이를 보여준다.[26] 첫 번째 원칙인, "생태계를 해치지 말라" 안에 다섯 개의 작은 원칙들이 존재한다: 생태계의 역량손실 방지, 새로운 기술의 환경적, 사회적 부작용을 세심하게 관찰하기, 자연 자원의 과잉개발 금지, 공동 자산 자원보호하는 사회 기관 발전시키기, 그리고 자연 자원 사용의 예방 원칙 준수. 두 번째 원칙인, "자연이 가능

---

23) Ibid., 99.

24) Ibid., 101-104.

25) Rachel Carson, *Silent Spring*, 40th anniversary ed. (Boston: Houghton Mifflin, 2002).

26) Gerald G. Marten, *Human Ecology: Basic Concepts for Sustainable Development*, 157-158.

한 한 많은 일을 하도록 자연의 길을 선택하라"에도 다섯 개의 작은 원칙들이 존재한다: 자연의 자기조직 능력 강화 및 인간 개입 줄이기, 적게 개입하는 기술들의 개발, 자연의 긍정적, 부정적 되먹임 루프의 사용, 자연 순환에 맡기기, 그리고 자연의 전략을 모방한 농업 생태계 및 도시 생태계 조직하기.

IV. 신학으로서의 인간 생태학

1. 청지기 정신과 인간성

인간과 자연의 관계는 신학적으로 청지기 정신의 관점에서 자주 탐구되었다. 다음에서 언급하는 것들은 청지기 개념의 공통 기반이다. 첫째, 인간은 자연과 분리된 존재로 여겨질 수 없다. 인간을 포함한 자연이 신의 창조물이자 인간은 신 없이 존재할 수 없다.[27] 둘째, 청지기 정신 안에서 인간은 신의 대리자로서의 중요한 역할을 가진다.[28] 이 주장은 생태중심적 캠프에서 지적하는 것처럼 인간중심주의라는 오류로 나아가지 않으며 엄밀히 이야기하면 이는 신 중심적 접근이다.[29] 셋째, 청지기 정신을 강조하는 그룹은 개인적 측면이든 구조적 측면이든지 간에 인간의 죄가 존재하고, 그래서 인간에게 책임이 있다고 주장한다.[30] 하지만 개신교 환경주의 내에서도 자연 안에서의 인간의 상대적 위치에 대한 논쟁정복 혹은 동반자과 청지기 정신의 해석하는 길들"자연 섬기기", "자연

---

27) Robert Booth Fowler, *The Greening of Protestant Thought* (Chapel Hill: University of North Carolina Press, 1995), 77.

28) Ibid., 79.

29) Ibid,. 80.

30) Ibid., 79-80.

돌보기" 혹은 "자연 축복하기"의 의무에 대한 논쟁이 존재한다.31) 이러한 모호하고
도 해결이 나지 않는 논쟁들은 보다 더 급진적이고 혁신적인 생태신학들의 탄
생과 연결된다. 아래에서 다양한 생태신학들 가운데 인간에 대한 생태여성주의
관점 하나를 탐구하고 한다.

2. 생태여성주의와 인간

생태여성주의의 인간 역할은 청지기 정신 그룹이 주장하는 것과 아주 멀지
않다. 로즈마리 류터 및 샐리 맥페이그와 같은 대표적 생태여성주의 학자들은
그 인간 역할을 "정원사 류터"32)로 보거나 "행성 돌봄이 맥페이그"33) 역할을 한다
고 생각한다. 그러므로, 생태 여성주의는 심층 생태학이나 세속적 페미니즘와
달리 자연 속의 인간 역할을 강조한다. 그러나 생태 여성주의의 인식론과 현실
해석 및 성서해석에서 있어서 다른 생태신학과 개신교 환경주의와 다르다. 캐
롤린 머천트로부터 영향 받은 류터는 서구 문명의 기둥인 성서적, 고전적 전통
과 교회 전통 안에 존재하는 반-여성주의의 흔적을 찾는다.34) 여성주의 역사가
머천트는 그녀의 대표작 The Death of Nature35)에서 반여성주의를 비판한다.
왜냐하면 자연을 여성에 또는 반대로 여성을 자연에 비유함으로 여성과 자연을

---

31) Ibid., 81-86.

32) Stephen B. Scharper, Redeeming the Time: A Political Theology of the Environment (New York: Continuum, 1997), 141.

33) Ibid., 148.

34) Rosemary Radford Ruether, Gaia and God: An Ecofeminist Theology of Earth Healing, 1st ed. (San Francisco: HarperSanFrancisco, 1992).

35) Carolyn Merchant, The Death of Nature: Women, Ecology, and the Scientific Revolution, 1st ed. (San Francisco: Harper & Row, 1980).

동시에 차별하였기 때문이다. 맥페이그는 "신을 어머니, 사랑하는 자, 그리고 친구"로 은유하며 "세계를 신의 몸으"로 신학적 모델을 구성하는데 이는 생태여성주의와 생태학 사이에 조화를 이루는 신학적 상상이다.36) 한편, 브라질의 생태여성주의자 이본 게바라Ivone Gebara은 인간 본성을 "관계맺음"37)이며 이를 통해 오리엔탈리즘, 인종차별, 성차별을 극복하고 인간이 우주적 존재상태로 나아가고자 한다.38)

V. 결론 – 상호작용, 한계, 그리고 대안적 모델

1. 인간 생태학에서 과학과 신학의 상호작용

우리가 종교와 과학의 관계를 논할 때, 연결되는 다리라는 은유를 종종 떠올리게 된다. 필자는 이 다리의 일부분은 이미 연결되었지만 여전히 다른 부분은 연결되지 않았다고 생각한다.

기존에 연결된 영역들이 세 개가 존재한다. 첫째, 인간 사회체제는 자연 혹은 생태계와 분리될 수 없다. 양쪽은 서로 연결되고 얽혀있으며 영향을 주고받는다. 과학으로서의 인간 생태학이 인간 시스템의 상호연결성과 자연의 "공동 진화와 공동 적응"을 얘기할 때, 신학으로서의 인간 생태학은 신의 창조 혹은 관계의 일부로서 인간 본성을 강조한다.

둘째, 인간 생태학의 어떤 형태학도 자연 및 생태계와의 관계 안에서 인간 역

---

36) Stephen B. Scharper, Redeeming the Time: A Political Theology of the Environment, 144-146.

37) Ivone Gebara, Longing for Running Water: Ecofeminism and Liberation (Minneapolis, MN: Fortress Press, 1999), 83.

38) Ibid., 87-92.

할의 중용성과 영향을 간과하지 않는다. 인간은 동물과 자연을 정복하고 착취하기 위해 태어나지 않았다. 오히려, 인간은 동물과 자연의 동반자로서 창조되었고 자연과 동물을 돌보는 자가 신으로부터 받은 인간의 사명 가운데 하나이다. 동시에 인간과 인간 사회체제가 가진 강한 지배력 혹은 죄의 모습이 생태계의 긍정적 방향과 부정적 방향 모두에 영향을 끼쳤다. 이점에서 인간 생태학은 인간의 영향은 최소이고 환경오염조차 가이아의 자율적 능력에 의해 회복될 수 있다는 가이아 가설의 극단적 해석과는 다른 입장을 가진다.[39] 특별히, 우리는 앞의 세 번째 절에서 요약된 인간 사회체제의 창발적 특성의 관점에서 죄를 과학적 언어로 설명할 가능성을 찾을 수 있다. 하지만 악과 죄의 본질 혹은 자연악natural evil, 사회악social evil, 인간의 죄 사이의 관계와 같은 어려운 문제들이 남아 있다.

셋째, 과학으로서 인간 생태학과 신학으로서 인간 생태학은 모두 생태계와 조화를 이루는 지속가능한 사회를 추구한다. 과학으로서의 인간 생태학은 지속가능한 발전을 위해 인간과 생태계의 지속가능한 상호작용의 다양한 사례들을 통해 구체적 방법을 제안하는 반면, 신학으로서의 인간 생태학은 신이 원하는 그리고 인간과 자연이 조화롭게 공존하는 지속가능한 사회의 비전을 제시한다.

이제 아직 연결되지 않은 두 가지 측면을 언급하고자 한다. 첫째, 과학으로서 인간 생태학은 사회 시스템과 생태계의 공진화를 주장하는 기초 이론이다. 하지만 신학으로서의 인간 생태학은 매우 다양한 스펙트럼을 가지기 때문에, 일부 보수적 관점을 가진 그룹은 자신들이 개신교 환경주의자임을 자처함에도 진

---

39) Stephen B. Scharper, Redeeming the Time: A Political Theology of the Environment, 62.

화론을 거부할지도 모른다. 그들은 동물과 자연보다 우위에 있는 인간 이해를 유지하는 방향에서 진화를 거부할 것이라 추측해볼 수 있다. 이는 극복하기 힘든 큰 간극이다. 한편, 신학으로서의 인간 생태학에서 진보적 그룹들이 진화론을 생태학의 기초로 인정함에도 불구하고 몇 가지 어려움은 여전히 존재한다. 예를 들어, 생태신학을 열정적으로 추구하는 사람들이 생태학과 진화 사이의 관계를 다루지 않는 반면에, 진화와 기독교 신앙의 연결 관계를 드러내고자 노력하는 사람들이 진화와 생태신학의 관련성에 관심을 기울이지 않는 경향을 가지고 있다.[40]

둘째, 과학으로서 인간 생태학은 개인이 아니라 오로지 사회 시스템과 생태계 관계를 탐구하는 반면에, 신학으로서의 인간 생태학은 인간 사회시스템에 대한 고려 없이 인간 본성과 자연혹은 생태계의 대화를 추구한다. 신자유주의 경제 모델을 비판하고 생태적 경제 모델을 세우고자 하는 맥페이그의 모델이 이러한 경향에 예외적 모습을 보여준다.[41] 인간 사회시스템이 인간 개인의 독특성과 특수성을 표현할 수 있을까? 반대로 우리는 사회체제를 고려하지 않고 인간 본성만을 논하는 것이 가능하다고 말할 수 있을까? 이러한 질문들은 인간 본성을 놓고 개인주의와 구조주의 사이에 벌어진 논쟁의 역사를 떠올리게 한다. 이러한 간극을 채우고 진정한 연결을 이루기 위해서는 혹은 비유적으로 다리를 놓기 위해서는, 우리는 대안적 모델을 필요로 한다.

---

40) John F. Haught, Deeper Than Darwin: The Prospect for Religion in the Age of Evolution (Boulder, Colo.: Westview Press, 2003), Philip J. Hefner, The Human Factor: Evolution, Culture, and Religion, Theology and the Sciences (Minneapolis: Fortress Press, 1993).

41) Sallie McFague, Life Abundant: Rethinking Theology and Economy for a Planet in Peril (Minneapolis, MN: Fortress Press, 2001), 75-123.

2. 인간 생태학으로서의 과학과 신학의 연대

여기서 필자는 저명한 생물학자, 환경주의자 그리고 사회생물학의 창시자인 에드워드 윌슨Edward Wilson의 학제적 모델을 과학으로서의 인간 생태학과 신학으로서의 인간 생태학이 통합되도록 하는 연대의 실질적 모델을 발전시키는 일에 적용하고자 한다. 이러한 적용을 시도하는 이유는 윌슨이 Consilience라는 그의 저서에서 보여준 대로[42], 윌슨인 다양한 학문 분야를 통합하는 방식에서 우리가 오늘날의 생태계 위기와 맞서 싸울 수 있는 방법과 함의들을 찾을 수 있기 때문이다. 윌슨의 방법은 다음의 도표에서 드러난다.[43]

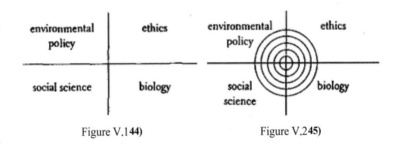

Figure V.1[44)] Figure V.2[45)]

V.1.라고 병명된 도표에서 학문 분야들을 구분하고 배치한 이후에, 윌슨은 V.2. 도표에서 실재reality를 나타내는 중심 원으로터 퍼져나가는 방식으로 여러 개의 원을 그려낸다. 그러한 원들은 서로 다르고 독특한 학문 분야들이 상호 연

42) Edward O. Wilson, *Consilience: The Unity of Knowledge*, 1st ed. (New York: Knopf: Distributed by Random House, 1998).

43) Ibid., 8-14.

44) Ibid., 9.

45) Ibid., 10.

결되었음을 의미한다. 윌슨에 따르면, 실제 세상에서 개별 학문들 사이에 V.2. 도표에 있는 선들에 의해 구획되지 않는 드넓은 영역들이 많이 존재한다. 그리고 자연과학과 인문학이 함께 이러한 영역들을 개척해 나가야 한다.

반면에, 윌슨은 학문구축의 순서는 V.1. 도표 왼쪽 상단에 위치한 환경 정책 enviromental policy으로 시작된다고 주장한다. 다시 말해 어떠한 정책들이 요구된다면 환경 정책, 도덕적 추론에 기반한 해결방안들이 제안된다 윤리. 그리고 나서 생물학이 도덕적 추론의 생물학적 기초를 탐구하고 생물학, 이 탐구로부터 사회 제도들이 환경과 역사의 산물로서 등장한다 사회 과학. 종국에 사회과학 연구는 환경 정책에 다시 반영된다. 이러한 흐름은 학문의 순환 양상의 일부를 보여주는 것이며 계속 반복되는 것이다.

여기서 필자는 윌슨의 환원주의적 경향을 거부한다. 왜냐하면 윌슨은 그의 사회생물학의 진흥의 일환으로 사회 과학을 생물학으로 통합시키려하기 때문이다.46) 그럼에도 불구하고 윌슨의 모델은 유용한 측면을 가지고 있다. 현실적 모델을 세우기 위해, 필자는 윌슨 모델을 수정하고자 한다. 즉 윤리학과 생물학 등의 일부 분과명들을 보다 확장된 명칭으로 바꿀 것이다. 윤리학은 종교학과 신학을 포함한 인문학으로 수정될 필요가 있다. 생물학은 생태학을 포함한 자연과학으로 확될 필요가 있다. 필자는 환경정책으로부터 학문 흐름의 순서가 시작되어야 한다는 윌슨의 생각에 동의하지 않는다. 오히려 학문 분야들이 진정으로 상호 연결되어 있다면 각각의 학문 영역들은 어떤 고정된 순서 없이 서로에게 영향을 줄 수 있다고 생각한다. 이렇게 수정된 모델은 사회과학과 같이

---

46) 에드워드 윌슨/ 이병훈, 박시룡 옮김, 『사회 생물학』(서울: 민음사, 1992), 22.

다른 학문들은 진정한 인간 생태학을 성취하기 위해 필요하다는 점을 보여준다. 류터와 맥페이그와 같은 많은 신학자들은 각자가 창조적이고 생태적 위기 극복을 위해 그럴듯한 모델들을 수립하였다. 하지만 이러한 모델들은 교회 공동체라는 맥락 안에서 신학적 레토릭의 한계에 머무는 듯하다. 그래서 이렇게 개별적으로 구성된 모델들은 생태계 위기에 실질적인 대안이 되는 일에 공헌하는 영향력이 약할 수밖에 없었다. 그러므로 이제 서론에서 언급한 기후 위기를 마주할 때에 공동의 선과 공유된 번영을 위한 공통적이고 강력하며 현실적인 대안을 제시하기 위해 신학자들과 과학자들을 포함한 다양한 그룹들은 서로 협력하고 서로의 힘과 지혜를 모아야 한다.

참고문헌

Bews, J. W. *Human Ecology*. New York,: Russell & Russell, 1973.

Carson, Rachel. *Silent Spring*. 40th anniversary ed. Boston: Houghton Mifflin, 2002.

Fowler, Robert Booth. *The Greening of Protestant Thought*. Chapel Hill: University of North Carolina Press, 1995.

Gebara, Ivone. *Longing for Running Water: Ecofeminism and Liberation*. Minneapolis, MN: Fortress Press, 1999.

Haught, John F. *Deeper Than Darwin: The Prospect for Religion in the Age of Evolution*. Boulder, Colo.: Westview Press, 2003.

Hefner, Philip J. *The Human Factor: Evolution, Culture, and Religion Theology and the Sciences*. Minneapolis: Fortress Press, 1993.

Kuhn, Thomas S. *The Structure of Scientific Revolutions*. Chicago: University of Chicago Press, 1965.

Marten, Gerald G. *Human Ecology: Basic Concepts for Sustainable Development*. London; Sterling, VA: Earthscan Publications, 2001.

McFague, Sallie. *Life Abundant: Rethinking Theology and Economy for a Planet in Peril*. Minneapolis, MN: Fortress Press, 2001.

Merchant, Carolyn. *The Death of Nature: Women, Ecology, and the Scientific Revolution*. 1st ed. San Francisco: Harper & Row, 1980.

Peters, Ted. *Science and Theology: The New Consonance*. Boulder, Colo.: Westview Press, 1998.

_____. Science, *Theology, and Ethics Ashgate Science and Religion Series*. Aldershot, Hants, England; Burlington, VT: Ashgate, 2003.

Ruether, Rosemary Radford. *Gaia and God: An Ecofeminist Theology of Earth Healing*. 1st ed. San Francisco: HarperSanFrancisco, 1992.

Scharper, Stephen B. *Redeeming the Time*: *A Political Theology of the Environment*. New York: Continuum, 1997.

Wilson, Edward O. *Sociobiology*: *The New Synthesis*(Korean). Translated by Byounghoon Lee; Shihoon Park. Seoul: Mineum Press, 1992.

_____. Consilience: *The Unity of Knowledge*. 1st ed. New York: Knopf: Distributed by Random House, 1998.

윌슨, 에드워드/ 이병훈, 박시룡 옮김. 『사회 생물학』. 서울: 민음사, 1992.

기후위기와 전환 속의 신학

박영식(서울신학대학교 교수)

1. 성장 위주의 교회에서 자족과 협력의 교회로

탄소 배출량으로 보면 중국, 미국, 인도가 1위, 2위, 3위를 차지하고 한국은 9위라고 한다. 한국의 경제적 위상과 탄소배출량이 거의 비례한다는 것을 알 수 있다. 기후위기는 단순히 환경의 문제만이 아니라 미래의 경제활동과도 연관된다고 한다. 앞으로는 기후위기와 관련해서 면밀하게 대응하는 기업의 물건을 소비자들이 유통할 것이기 때문이다. 기후위기로 인한 피해를 복구하는데 들어가는 비용보다 기후위기를 앞서 대처하는데 드는 비용이 더욱 경제적이라고도 한다. 기후위기와 경제 곧 집안살림은 오래 전부터 깊은 연관성을 지닌 듯하다. 하지만 지금가지의 경제가 기후위기를 초래하는 동력이 되었다면, 이제는 전환이 필요하다. 기후위기 앞에서 살아갈 길을 다시 모색해야 한다는 것이다.

앞서 하승수 대표는 단도직입적으로 말한다. '녹색성장'으로 이름 붙여진 플랜 A는 실패했고, 이제 플랜 B로 '탈성장'을 말해야 한다고. 즉, 플랜 A에서 플랜 B로 '전환'이 절실하다고 역설한다. 탈성장이란 성장제일주의 정책을 접어두자는 말이다. 그렇다고 무조건 가난해지자는 말은 아니다. 성장 일변도의 정책에서 한걸음 뒤로 물러서서 우리 삶 전체를 재설정하자는 이야기다.

기후위기와 관련해서 교회도, 신학도 지금까지 가던 길에서 멈춰서서 향후 나아가야 할 길을 모색하는 일이 필요하다. 성서의 언어로 말하면, 회개meta-noia가 필요하다. 일반적으로는 '전환'이 필요하다. 단순한 방향전환이 아니라, 철저하고 근본적인 전환이 요구된다. 무엇이 문제였는지를 캐묻고, 향후 나아가야 할 방향을 모색해야 한다.[1]

성장과 관련해서 말한다면, 이미 한국의 개신교는 성장이 멈춘 지 꽤 되었고, 교인 수는 감소하고 있다. 목회에 관심을 두는 신학생의 지원도 나날이 줄고 있다. 교회의 성장을 마냥 교인 수의 증가와 교회 건물의 확장과 동일시하는 경향은 오늘날 교회의 본질을 묻는 신학의 비판적 성찰 속에서 감퇴하고 있지만, 또 다른 측면에서는 교회성장은 오늘날 기독교인의 감소라는 현실을 의식하며 되레 더욱 절실하게 요구되기도 한다. 교회는 끊임없이 성장해야 한다! 이런 외침은 어쩌면 모든 교회 속에 잠재된 욕망인지도 모른다.

여기서 교회의 성장이란 진정 무엇인가를 묻지는 않을 것이다. 다만 교회 성

---

1) 2022년 1월부터 현재까지 40회나 연재된 〈기독신문〉의 컬럼 '우리 교회는 지구 지킴이'를 참조 바람. https://www.kidok.com/news/articleList.html?sc_serial_code=SRN143

장을 교회 건물의 확장이나 교인 수의 증가와 동일시하여 이해한다면, 이러한 교회 성장은, 비록 의도치 않았지만, 어쩌면 당연한 귀결로서 오늘날 교회 세습 또는 목회 세습이라는 해괴한 현상을 불러오며, 교회의 핵심목표가 마치 메가처치가 되는 것인양 착각을 일으키기도 한다. 교회의 재산이 많아지고, 교회와 관련된 권한이 한 사람에게 집중될 때, 이런 현상들이 항상 뒤따라오지 않았던가. 종교개혁의 선구자였던 위클리프가 당시 가톨릭교회의 병폐의 주된 원인을 성직자의 축재蓄財에 있다고 진단하며 '사도적 청빈'을 강조했던 것은 잘 알려진 사실인데, 기후위기에 직면한 오늘날 위클리프가 강조했던 사도적 청빈은 오늘날 새로운 모습으로 숙고되어야 할 성직자의 덕목이 아닐까 싶다. 하지만 개인적 청빈만으로는 교회에 주어진 시대적 과제를 감당할 순 없을 것 같다. 가난이 미덕이 될 수 없는 현실에서 청빈에 대한 강조는 때론 위험스럽게 여겨진다. 하지만 적어도 청빈에 대한 강조를 부의 축적과 세속적 성장 일변도에 대한 제동으로 오늘날 이해할 수 있다면, 교회적으로 유익이 될 수 있지 않을까. 수량적이고 외형적인 성장의 가치에서 벗어나 그리스도의 향기로 세상을 아름답게 구원하는 교회로 다시금 향방을 재정의해 보아야 할 때가 아닐까.

지금까지 많이 고려되지 않았지만, 기후위기와 관련해 교회의 양적 성장에 대해 보다 철저하게 성찰할 필요가 있어 보인다. 지금까지 아무렇지도 않게 생각했던 것을 이제는 기후위기 앞에서 되물어 봐야 한다. 교회 건물의 신축과 거대 교회의 건물 유지에는 엄청난 양의 탄소배출이 발생할 수밖에 없다. 또 예배에 모이는 많은 사람을 위해 주차장을 비롯하여, 여러 가지 부대시설을 마련하는 일이 오늘날에도 여전히 유지되고 지향되어야 하는 교회의 본연적 모습인지 되물어볼 필요가 있다. 오늘날 교회를 건축한다고 하면, 주차장 시설이나 카페, 식당, 그리고 풋살장이나 탁구장 같은 시설 마련을 당연시한다. 물론 이런 장소와 시설이 교회의 선교적 사명과 아무런 상관이 없지는 않다. 예배와 더불어 교육, 친교, 봉사의 기능을 교회는 감당해야 한다. 하지만 기후위기에 직면하여 우리는 한번 멈춰서서 생각해 볼 필요가 있다. 지나치게 거대한 교회, 필요 이상의 건물과 시설은 지속가능발전목표SDGs의 11번째 과제와 연관하여 지속 가능하고 복원력 있는 생활공간의 창출에 기여하기 어려울 것이다. 자칫 교회의 이런 대형화는 본래적인 의도와는 무관하게 반생명적인 기형적 구조를 양산할 수도 있다. 예컨대 주변에 이미 커피숍이 포화가 되어 있는 상태에서 교회의 커피숍은 주변 상권商圈의 생태계를 파괴할 뿐 아니라, 지나친 소비를 조장하는 일이 될 수 있고, 교회가 생산하지 않아도 되는 불필요한 쓰레기를 배출하게 된다. 이처럼 기후위기라는 거대한 도전을 염두에 두고서 교회의 현실적인 모습들을 비판적으로 성찰해 볼 때가 되었다.

기후위기를 염두에 두고서 교회의 강단 장식에서부터 교단의 선교전략 전반에 이르기까지 조심스럽게 진단하고 점검할 필요가 있다. 인구가 감소하고 도심 내에 교회 수가 포화된 상태에서 계속적인 교회 수의 증가가 정당한 목표가 될 수 있는지, 미래의 목회자 양성을 위한 신학교육은 생태 책임성에 부합하는지, 기존 교회뿐 아니라 새로운 교회 개척에도 가능하면 탄소배출을 최소화할 수 있는 방안이 무엇인지 등이 고려되어야 할 것이다. 앞서 언급했듯이 지나친

규모의 교회 건축이나 불필요한 교회 확장은 자제되어야 한다. 교회 건축이 계속적으로 이뤄지지 않기 위해서는 하나의 건물을 여러 교회가 공유해서 사용하는 방안을 모색하는 것도 필요하다. 이미 있는 건물이나 시설을 교회가 공유하는 방안도 필요하다. 교단과 교단 간의 벽을 허물고 서로 소통함으로써 특정 지역 내에서의 교회 밀집도를 줄이고 적당한 거리를 둔 교구 분할도 이뤄져야 한다. 교인들이 멀리서 자동차로 이동해서 예배를 드리는 것보다는 걸어서 예배 드릴 수 있는 장소를 찾을 수 있도록 선도하는 방식도 필요하다. 기후위기의 관점에서 보면, 목회자의 이중직에 대한 허용 여부를 논의하는 일보다 목회자의 사례비에 기본소득 개념을 적용하여 소위 부자 교회와 가난한 교회의 목회자 사례비에 균형을 맞추고, 목회자가 환경을 훼손하는 또 다른 일들에 의도치 않게 가담하지 않게 하는 일도 필요하다. 목회자의 기본소득 개념은 도시 집중화와 교회 간의 지나친 경쟁과 확장도 방지할 수 있을 것이다. 무엇보다도 에너지의 효율적 사용과 운용에 대해 교단 차원에서만이 아니라 교단을 초월해서 같은 지역의 교회들이 함께 논의할 수 있어야 한다.

기후변화와 관련된 기후변화에 관한 정부간 패널IPCC가 있듯이, 기후위기와 관련된 교단간의 패널도 필요하다. 이를 통해 교회 건물예배당, 부대시설의 공유 사용에 대한 협약도 체결될 수 있을 것이며, 교회의 에너지 사용과 관련하여 지방자치 단체와 연대하여 화석연료를 줄이는 일을 함께 모색할 수 있다. 개교회가 아니라 지역교회가 함께 지역 문제를 해결하기 위해 머리를 맞대어야 한다. 쓰레기를 줄이고 필요한 물건들을 재활용하여 교환하는 교단 차원의 플랫

폼도 구축되면 유용하리라 생각된다. 기후위기에 대처하기 위해 탄소 금식의 날을 선포하고 모든 교회의 교인들이 자동차 없이 출퇴근하는 일을 기획해 볼 수도 있다. 기후위기와 관련해서 볼 때 성장중심의 개교회주의에서 벗어나 함께 공생할 수 있는 길을 모색해야 할 것이다. 아무래도 성장과 번영보다는 자족과 협력이 현실 교회의 중요 가치가 되어야 할 것이다. 혼자 하면 힘들지만, 함께 머리를 맞대면 새로운 돌파구를 모색할 수 있을 것이다. 개교회를 넘어 지역교회가, 그리고 교단이, 더 나아가 교단과 교단 간의 협의체가 기후위기와 관련해서 미래교회의 모델을 제시할 수 있어야 할 것이다. 하지만 기후위기가 여러 가지 교회의 현안에 비해 여전히 심각하게 인식되지 못하고 있는 것이 사실이다.

2. 신학적 사유의 전환

기후위기와 관련해서 우리는 지금 '전환의 시대'를 살고 있다. 기존에 지향했던 방향에서 회개메타노이아해서 생명 친화적인 길을 모색해야 한다. 그러기 위해서는 실천적 변화와 더불어 생각의 전환, 곧 신학의 전환이 필요하다. 칼 마르크스가 "지금까지 철학자들은 세계를 해석해 왔지만, 중요한 것은 세계를 변혁하는 것"이라고 말했지만, 세계에 대한 이해와 해석 없이 곧바로 변혁을 위한 실천이 있을 순 없다. 특히 교회의 메시지를 비판적으로 검토하고 새로운 방향을 설정해 줘야 하는 신학자에게는 실천적 전환에 앞서 먼저 설교의 전환, 곧 신학의 전환이 급선무다. 방향 전환된 설교를 통해 교회 공동체의 다양한 구성원들은 자신의 생활세계에서 실천의 길을 걷게 될 것이다.

1) 기후위기와 인간의 범죄

지구의 역사에서 인간과 무관하게 지구의 기온이 급격하게 상승하거나 하강하는 일이 여러 차례 있었고 이때마다 생태계의 거대한 변화가 동반되었다. 하지만 산업혁명 이후 지구 온도가 상승하게 되는 주원인은 인간에게 있음이 오늘날 자명하게 밝혀졌다. 기후위기의 주범이 인간이라는 사실은 신학적 관점에서 보다 깊이 각성될 필요가 있다.

> 지금까지 기독교의 메시지에서 등장하는 인간의 범죄는 하나님과 인간, 인간과 인간 사이에서 일어난 일과 연관되었다. 우리는 이렇게 기도한다. '우리가 우리에게 죄지은 사람을 용서하여 준 것 같이 우리의 죄를 용서하여 주옵시고...'마6:12

자연은 우리에게 아무런 죄를 짓지 않았다. 다만 우리가 자연을 파괴하고 있을 뿐이다. 하나님이 선물로 주신 하늘과 땅, 물과 바람을 우리가 오염시킴으로써 창조세계를 선사하신 하나님을 욕되게 한다. 인간은 자연에 빚진 자임을 인식해야 한다.[2] 자연 덕분에 살아가며, 자연을 또한 파괴하며 살아가기에 채무자이면서도 빚을 갚기는커녕 더 많이 착취하는 범죄자로 살아간다. 자연에 대한 빚진 자로서의 의식과 죄의식을 하나님 앞에서 새롭게 각성할 필요가 있다.

그리고 보면, 아담의 최초 범죄는 인간과 인간 사이에서 일어난 것이 아니라, 인간과 자연 사이에 일어났다. 자연에 대한 범죄가 인간에 대한 범죄보다 근원

---

2) 나는 다음의 책을 통해 인간을 자연에 대한 "채무자" 또는 "부채자"로 인식할 수 있게 되었다. 방용호, 『신음하는 지구촌』(서울: 현대사상사, 1994) 참조.

적이라는 사실을 깊이 성찰할 필요가 있다. 하나님이 금지하신 자연에 대한 인간의 폭력은 인간에 대한 인간의 폭력으로 이어지며, 인간의 삶과 자연 사이의 반목을 불러 일으킨다. 오늘날 인간이 당하는 자연재해도 이런 관점에서 깊이 들여다보면, 단순히 인간에 대한 자연의 폭력이라기보다는 인간의 자연에 대한 범죄를 되돌려 받고 있다는 표현이 옳을 것이다. 메르스와 사스, 신종 코로나의 출현은 결국 침범하지 말아야 할 자연의 영역에 대한 인간의 침범이 불러온 재앙이다.

기후위기도 마찬가지다. 오늘날 온난화의 주범은 탄소 배출이며, 탄소배출의 주범은 인간임이 명백해졌다. 인간의 범죄로 인한 기후위기는 결국 인간과 인간 사이의 범죄로 이어질 것이다. 자연악malum physicum이나 도덕악malum morale보다 더 근원적인 악, 이것을 '도덕-자연악'이라고 명명할 수 있을까? 기후위기는 인간이 당하는 악이면서도, 먼저 인간에 의해 초래된 악이라는 점에서 도덕-자연악이라고 부를 수 있으며, 도덕-자연악의 악순환은 인류에게 치명적인 파괴를 가져올 것이다.

2) 인간 구원에서 창조 세계의 구원으로

종교개혁 이후 개신교회는 인간 구원을 신학의 중심주제로 설정했다. 설교의 주제는 구원이었고, 구원의 대상은 인간이었다. 자연은 인간에 의해 타락했다고 가르쳤지만, 자연의 구원에 대해서 그다지 힘주어 설교하는 일은 없었다. 하지만 오늘날 기후위기에 직면하여 이제 교회는 인간을 포함한 창조 세계 전체의 구원을 희망해야 한다. 물론 지구의 역사 속에서 기후위기로 인한 대멸종이 여러 차례 있었지만, 그때마다 지구상에는 새로운 생명체들이 탄생하곤 했다. 어쩌면 거대 동물인 공룡의 멸종은 인류 탄생과 성장에 기회가 되었을 것이다.

기후위기에 직면하여 사실 우리가 걱정하는 것은 지구 생명 전체의 멸종이라기보다는 우리 자신, 곧 인류의 멸망일지도 모른다. 그런 점에서 여전히 우리는 인간 구원을 배제할 순 없다. 하지만 인간의 구원과 자연의 구원이 어느 때보다 긴밀하게 연결되어 있다는 사실을 우리는 알고 있다. 이미 성서는 자연 만물의 창조 이후 인간의 창조를 소개함으로써, '인간 없이도 자연은 생존할 수 있지만, 자연 없이는 인간은 생존할 수 없다'김균진는 사실을 알려준다. 자연은 인간의 삶을 위한 필수요건이며, 이런 점에서 인간은 자연에 빚진 자로 살 수밖에 없다. 아담은 자연에 이름을 붙여줌으로써 자연과 인간이 긴밀한 관계에 놓여 있음을 상기시킨다. 앞서 언급했듯이 인간의 범죄는 자연권의 침해와 연결된다. 인간 범죄의 결과는 땅의 저주로 이어진다. 이제 교회는 자연이 배제된 인간 구원의 좁은 시야에서 벗어나 자연 안에서 자연을 통해 살아가는 인간의 구원을 자연의 구원과 함께 말해야 한다.

이런 점에서 개신교 신학은 그동안 망각하고 있었던, 세계에 대한 성례전적 인식을 다시금 회복할 필요가 있다. 물론 세계는 그 자체로 "하나님의 몸"이 아니다.3) 다만 은유적으로, 하나님과 세계의 밀착된 관계를 표현하기 위해 그렇게 말할 수 있을 것이다. 세계의 아픔은 하나님의 아픔이 되며, 또한 인간의 아픔이 된다. 그렇다면, 창조세계는 하나님의 몸으로 표현할 수 있을 뿐 아니라 또한 인간의 몸으로 표현될 수도 있다. 창조세계를 집oikos이라고 표현하기보다는 몸으로서 인식하는 것이 더 유익해 보인다.4) 창조세계는 살아있는 유기체로 이해될 수 있기 때문이다.

전통적으로 창조세계는 하나님 계시의 매개체로서 이해되었다. 자신을 인간에게 드러내시고자 하시는 하나님은 창조세계를 통해 자신이 누구인지 드러내신다롬1:20. 창조세계는 우리 인간이 하나님을 인식할 수 있는 "극장Calvin"이기도 하다. 보이지 않는 하나님은 자신이 창조하신 자연세계를 통해 자신을 반사한다. 비록 창조세계를 통한 하나님 인식이 왜곡되어 있다고 하더라도, 자연을 통해 인간은 자신이 홀로 존재하지 않으며, 자기 '너머'에 있는 수많은 존재와 함께, 또 그들에 의해 살아가고 있다는 사실을 인지하고 배우게 된다.

자연은 우리에게 인간이 세계의 주인이 아님을 알려주며, 인간보다 더 큰 존재, 곧 인간의 저편 너머를 인식하게 한다. 그러나 인간 너머와 인간은 분리되어 있지 않으며, 밀접하게 연결되어 있고, 인간은 인간 너머의 자연을 자기 안에 받

---

3) 샐리 맥페이그/김준우 옮김,『기후 변화와 신학의 재구성』(서울: 한국기독교연구소, 2008), 111.
4) 박영식, "창조와 치유",「한국조직신학논총」61(2020), 102-103. "하나의 집 안에도 여러 개의 방이 있어 나눠질 수 있지만 하나님의 창조세계는 실로 그렇지 않다. 국경에 의해, 문화에 의해, 인종에 의해 인위적으로 나누고 경계선을 그어두지만, 자연은 경계를 모른다. 창조세계의 피조물은 서로 넘나든다. 분리되어 있는 듯보이지만 상호의존적이며 상호공속적이다. 네 이웃을 네 '몸'처럼 사랑하라는 말씀을 이제 창조세계를 내 '몸'으로서 사랑하라는 말씀으로 생각해야 한다."(102)

아들이며, 자신을 만들어 간다는 사실도 배우게 된다. 물론 창조세계는 인간에게 때로는 낯선 존재로 나타난다. 하지만 창조세계는 인간보다 큰 존재이면서도 동시에 인간이 살아가는 터전이 되면서, 인간의 먹이가 되고 그래서 인간의 몸을 살찌우는 존재로 인간 곁에 있다. 기후위기로 인한 자연의 파괴는 인류의 파괴와 직결된다. 자연은 인간 밖의 존재이면서도 동시에 인간 곁에, 인간 안에 있다는 사실에 대한 각성은 기후위기 극복을 위해 필수적인 인식이라 할 수 있다.

기독교 신앙은 이와 같은 자연이 다름 아닌 하나님의 피조물이며, 하나님께서 생육하고 번성하여 땅에 충만하라는 생-명生-命을 자연에게도 인간에게도 함께 주셨다는 사실도 인식해야 한다. 인간은 자연의 주인이나 지배자가 아니라 채무자이며, 하나님이 자연과 인간의 창조주로서 만물을 키우신다. 시편104편의 말씀처럼 하나님은 자연의 경계와 질서를 세우시며 피조물을 먹이시고 입히신다. "여호와께서는 달로 절기를 정하심이여 해는 그 지는 때를 알도다. 주께서 흑암을 지어 밤이 되게 하시니 삼림의 모든 짐승이 기어나오나이다. 젊은 사자들은 그들의 먹이를 쫓아 부르짖으며 그들의 먹이를 하나님께 구하다가 해가 돋으면 물러가서 그들의 굴 속에 눕고 사람은 나와서 일하며 저녁까지 수고하는도다. 여호와여 주께서 하신 일이 어찌 그리 많은지요. 주께서 지혜로 그들을 다 지으셨으니 주께서 지으신 것들이 땅에 가득하나이다."시104:19-24

하나님이 지으시고 키우시는 자연세계는 오늘날 '함께 탄식하며 함께 고통을 겪고 있다.'롬8:22 이들의 탄식과 고통에 인간도 예외없이 깊이 '탄식하여 양자 될 것 곧 우리 몸의 속량을 기다린다.'롬8:23 인간을 포함하여 자연세계 전체의 구원은 기독교 신앙의 필수적인 희망에 속한다.

무엇보다도 창세기 1장이 보여주는 창조세계는 종말론적 비전으로 읽을 수 있어야 한다. 이 본문에 따르면, 하나님은 창조세계를 향해 '좋다.'고 일곱 번 강조하셨다. 세상을 향한 하나님의 '토브' 선언은 파괴된 자연과 더불어 탄식하는 오늘날에도 여전히 유효한 하나님의 약속으로 이해되어야 하며, 창조세계를 향한 하나님의 끊을 수 없는 사랑을 드러낸다. 창조주 하나님은 창조세계의 치유자로서 계속적 창조를 이끌어 가신다.

성서의 첫 창조기사가 창조세계를 하나님의 임재와 예배의 장소로 묘사하고 있다면, 계시록에 나타난 새 하늘과 새 땅의 종말론적 비전도 사람들 가운데 계신 하나님의 거주하심계 21:3을 언급하고 있다. 또한 창세기의 창조기사는 '하나님의 형상'으로서의 인간에게 창조의 대리적 권한과 책임창 1:27이하이 주어졌다는 사실을 보여준다. 하지만 이후의 창조 이야기에서 인간은 이를 제대로 수행하지 못했고 오히려 창조세계가 인간의 죄악으로 온통 물들어 부패하여 하나님의 탄식과 후회창 6:6를 불러일으킨다. 이와 관련해서 신약성서는 "보이지 않는 하나님의 형상으로서의 예수 그리스도"를 통해 "하늘에 있는 것들과 땅에 있는 것들, 보이는 것들과 보이지 않는 것들", 즉 창조세계의 모든 것들이 하나님과 화해골 1:15되며, 통일엡 1:10되고, 만물이 회복행 3:21 될 것이라는 종말론

적 비전을 제시한다.[5]

이처럼 기독교적 시각으로 보면, 하나님의 창조는 시작되었고, 지속되며, 완성될 것이다. 창조를 시작하신 하나님은 창조세계가 온전히 당신의 영광을 반사할 수 있도록 창조의 사역을 지속하시며 완성하실 것이다. 창조세계를 돌보는 돌봄이또는 도우미로서 부름받은 인간은 이제 창조의 동역자고전3:9로서 하나님의 창조-구원의 역사에 동참해야 할 것이다.

3) 하나님의 형상과 호모 후무스(homo humus)로서의 인간.

지금까지 교회는 인간에 대해 말할 때, '하나님의 형상' 개념에 집중해 왔다. 인간은 하나님의 형상으로 만들었지만, 타락에 의해 형상을 잃어버렸고, 예수 그리스도를 통해 다시금 하나님의 형상을 회복하게 되었다고 말한다. 하나님의 형상으로서의 인간은 하나님과 인간의 관계를 우선적으로 생각하게 만든다. 비록 자연에 대한 착취와 개발이라는 의미로 '땅의 통치dominium terrae'를 말하지 않고, 황무지를 개간하고 생명이 꽃필 수 있는 삶의 공간을 가꿔야 할 책무가 인간에게 주어졌다는 의미로 해석되곤 하지만, 하나님의 형상으로서의 인간은 자연 세계에 대해 하나님 통치의 대리자로 이해되곤 한다. 하지만 하나님의 형상으로서의 인간과 함께 성서가 분명하게 말하고 있는 인간의 본질이 있다. 그것이 '호모 후무스'다. 곧 인간아담은 흙아다마이라는 사실이다창2:7. 그동안 놓치고 있었던 '흙으로 만들어진 존재'로서의 인간, '흙에서 왔으니 흙으로 돌아가야

---

5) 박영식, "창조와 치유", 86.

할 존재'창3:19로서의 인간을 깊이 성찰할 필요가 있다.

  자연에 대한 인간의 탁월성과 우월성에 초점을 맞췄던 헬레니즘적 인간관에 기초하여 신학의 역사 속에서 하나님의 형상도 그러한 방향으로 종종 해석되었다면, 흙으로서의 인간호모 후무스, homo humus는 오히려 그와 반대 방향으로 인간과 자연의 공속관계를 드러낸다. 만물이 흙에서 나온 것처럼 인간도 흙으로 만들어졌다. 흙earth, Erde은 창조 생명의 집이며 터전인데, 인간에게도 그렇다. 아름다운 인간으로 대표되는 다비드상과 비너스상은 오늘날 다양한 문화적 코드로 변형되어 인간의 우월성과 탁월함을 드러내는데 사용될 뿐 아니라 인간에 대한 우리 자신의 평가를 뒷받침하는 역할을 하고 있다. 여기서 우월성과 탁월성은 신학의 역사 속에서 '하나님의 형상'과 연결되어, 인간의 언어적 능력, 문화적 역량, 인격성, 책임성, 도덕성 등과 같은 개념으로 풀이되곤 하였다. 이때, 이러한 인간이 소유하고 있는 자질과 능력은 동물과의 차등에 기반을 두고서 드러나는 것들이다.

  하지만 창세기 1장의 '하나님의 형상'은 창세기 2장에 등장하는 '호모 후무스'에 의해 보완되지 않으면 자연 위에 우뚝 선 계몽적인 인간상으로 쉽사리 변질되고 오용될 수 있다. 호모 후무스로서의 인간은 여타의 피조물과 마찬가지로 인간이 흙에서 나왔으며, 흙땅에 기반하여 살아가야 하는 존재임을 상기시킴으로써 동식물과의 차이성보다는 동료성Mitsein을 지시한다. 인간은 피조물에게 둘러싸여 있는 존재로서 창조되었고, 그들과 더불어 살아야 하며, 모든 피조물이 함께 살아가는 삶의 터전을 아름다운 정원으로 가꿔야 할 책임을 짊어지고 있다. 사실 인간의 죄악은 바로 호모 후무스로서의 자기 존재의 한계성을 망각하고 이를 넘어서려는 욕망에서 비롯되었다. 함께 살아가는 존재로서의 자연을 자기 욕망의 배설물로 삼음으로써 하나님과 인간, 인간과 인간, 인간과 땅의 관계가 뒤틀리게 되었다고 성서는 보도하고 있다.

오늘날 인간의 유한성을 넘어서는 존재를 꿈꾸는 뒤틀린 욕망은 '호모 데우스'유발 하라리라는 이름으로 유행하고 있으나, 기독교적 관점에서 보면, 이는 왜곡된 하나님의 형상으로서의 인간론의 또 다른 이름일 뿐이다. 보이지 않는 하나님의 형상이신 예수 그리스도는 부서지기 쉬운 몸을 벗어 던진 정신적 존재도 아니었고 자신을 정신화하거나 데이터화하는 불멸의 존재도 드러내고자 하신 것이 아니었다. 하나님의 형상으로서의 예수 그리스도는 요한복음에 따르면 썩어질 '밀알', 부셔지고 삼켜질 '빵'이며, 썩고 부패할 육체sarx로 나타나셨다. 하나님의 초월성은 호모 후무스로서 성육하신 예수 그리스도를 통해 드러났다. 썩는 존재, 그래서 자연과 하나되는 존재로서 자신을 인식하고 그렇게 자신의 삶을 나눠줄 수 있는 예수 그리스도의 생명이야말로 죽어도 사는 생명임을 요한복음은 선포하고 있다.

기후위기라는 절체절명의 도전 앞에서 호모 후무스로서의 인간론에 집중함으로써 기존의 기독교적 인간이해의 오류를 바로잡고, 친환경적이며 친생명적이고 생태 책임적임 인간론을 구상해 나갈 수 있지 않을까 생각한다.

4) 생명의 방주로서의 교회

교회 역사 속에서 교회는 구원의 방주로 비유되곤 했다. 성서 이야기에 따르면 홍수로 인해 온 세상의 생명이 멸망하게 될 때, 노아의 가족과 함께 모든 새와 짐승은 종류별로 방주에 들어감으로써 홍수 이후의 세계에서 살아가게 된다. 교회는 신약성경에서 에클레시아ekklesia로 명명되는데, 그 당시 에클레시아는 선별된 사람들의 정치적 모임을 뜻한다. 그러니까 에클레시아 밖에는 훨씬 더 많은 무리가 있고, 에클레시아는 그중에서 선별된 소수의 무리를 의미하는데, 신약성서의 교회는 이런 의미에서 신학적으로는 '부름받은 자들의 공동체'라 할 수 있다.

오늘날의 기후위기 상황을 염두에 두고서 노아 홍수 이야기에 등장하는 방주를 교회와 연관시켜 생각하면, 오늘날 교회는 생명 파괴적 상황 속에서 생명 친화적인 공동체로 이해될 수 있으며, 그 멤버는 인간만이 아니라 동물에게까지 확대된다.6) 홍수 이후 하나님은 인간뿐 아니라 모든 생물과도 언약을 세운다.창9:9 오늘날 교회는 인간중심적 공동체에서 인간 너머의 모든 생명을 포괄하는 창조생명의 공동체로 전환되어야 한다. 교회 안에는 인간만이 아니라 하나님의 피조물로서의 동식물이 하나님의 보호하심을 받는 구원의 대상으로서, 또한 하나님께 찬양하는 예배자로 함께 머물 수 있다. 성서가 하늘과 땅, 섬과

---

6) 방용호, 『신음하는 지구촌』, 464. "이렇게 인간의 잘못으로 사멸을 당하는 모든 짐승들이 또한 하나님의 은혜를 입은 노아의 가족과 함께 구해지게 된다. 즉, 서로 의존관계가 된다. 이렇듯 기독교인이 노아의 방주 사건으로부터 배울 수 있는 것은 인간을 포함한 모든 피조물에게 원천적으로 주어진 공동 운명이다."

바다, 들의 꽃과 짐승의 기도와 찬양을 언급하듯이시97, 시104, 교회의 설교도 인간을 넘어 모든 생명을 향한 살림의 말씀으로 선포될 수 있다.

방주로서의 교회 이미지는 때로는 폐쇄적인 것으로 생각될 수 있다. 그러나 방주는 그 자체가 목적이 아니며 방주로서의 교회 안에서의 삶이 영구적으로 지속성을 지닌 것도 아니다. 방주로서의 교회는 홍수 이후에 새롭게 전개될 세상을 향한 기대와 관심을 통해 바깥 세상과 연결되어 있다. 오늘날 교회는 기후위기에 직면하여 새로운 공동체를 대안적으로 구상해야 한다. 새로운 공동체는 인류 공동체라는 협소성을 넘어 모든 피조물과 더불어 살아가는 공동체로 생각되어야 하며, 기후위기라는 전대미문의 위기 앞에서 새로운 탈출구를 모색하는 대안 공동체가 되어야 한다.

전통적으로 현실적인 교회는 승리자나 잠자는 자들의 교회가 아니라 투쟁하는 교회라고 불린다. 그렇다면 무엇을 위한, 무엇을 향한 투쟁이어야 할 것인가? 생명의 수여자되시는 성령의 역사를 따라 생명을 위해 투쟁하는 공동체여야 한다. 타인의 생명을 강탈함으로써 자신의 생명을 보존한다는 의미에서의 생명 투쟁이 아니라, '모든 생명의 생명'을 향한 투쟁이어야 한다. 물론 생명은 강탈이다.화이트헤드 모든 생명은 다른 생명의 희생에 의존할 수밖에 없다. 하지만 기후위기에 직면하여 인류의 공멸을 걱정해야 하는 시점에서, 인간 이외의 생명을 무참하게 파괴함으로써 살아남고자 하는 잘못된 가치관에 맞서야 하며, 생명 강탈의 최소화와 생명의 선순환을 강구해야 한다. 알버트 슈바이쩌 박사가 생명의 경외Ehrfurcht vor dem Leben와 관련해서 인간 의식의 기본사실로 설정한 '나는 살기를 원하는 생명 한가운데서 살기를 원하는 생명이다.Ich bin Leben, das leben will inmitten von Leben, das leben will.'를 다시금 곱씹으며, 인간 생명은 여타의 다른 생명들과 함께 얽혀 있음을 기억해야 한다. 교회는 생명의 얽힘과 어울림을 깊이 인식하여, 생명공동체로서의 길을 모색해야 할 것이다.

5) 생명수의 강, 생명나무, 생명의 하나님

하나님의 창조로 시작한 성경은 마지막 책 요한계시록의 말미에서 하나님께서 만물을 새롭게 하신다는 메시지를 들려준다계21:5. 창조의 하나님은 생명의 하나님이시며, 창조의 하나님은 창조된 피조물이 생명으로 충만하게 하신다. 창세기 초두에 등장하는 몇몇 강들과 생명나무가 있던 에덴동산은 요한계시록 22장에 이르러 수정 같이 빛나는 생명수의 강, 민족들을 치유하는 나뭇잎을 지닌 생명나무가 있는 생명의 도성과 비교된다. 하나님은 창조 생명을 포기하지 않으신다. 좋다고 말씀하신 하나님은 매우 좋다는 말씀과 함께 복 주시며 거룩하게 하신 만물의 안식을 이루신다. 창조의 이러한 종말론적 비전을 요한계시록 22장은 다시금 확인시켜 주고 있다. 이처럼 기독교 신앙의 역사관은 고난과 패배, 아픔과 슬픔, 좌절과 절망, 위기와 도전을 부정하지 않으면서도 궁극적인 희망을 향해 개방되어 있다. 자연의 나라는 은혜의 나라를 거쳐 영광의 나라에 도달할 것이다. 은혜는 자연을 폐기하지 않고 완성한다. 어쩌면 은혜로 완성되지 못한 것까지도 하나님은 영광의 나라에서 새롭게 하실 것이다.

기후위기에 직면하여 파국적인 멸망을 지시하는 묵시적인 종말론을 성서 전통에서 끌어낼 수도 있다. 하지만 성서에는 묵시적인 종말론과는 별개로 또한 예언자적 종말론이 그려지고 있다.

"보아라. 내가 새 하늘과 새 땅을 창조할 것이니, 이전 것들은 기억되거나 마음에 떠 오르거나 하지 않을 것이다. 그러니 너희는 내가 창조하는 것을 길이길이 기뻐하고 즐거워하여라." 사 65:17-18

"이리와 어린 양이 함께 풀을 먹으며, 사자가 소처럼 여물을 먹으며, 뱀이 흙을 먹이 로 삼을 것이다. 나의 거룩한 산에서는 서로 해치거나 상하게 하는 일이 전혀 없을 것이다. 주님의 말씀이시다." 사65:25

예언자적 종말론의 희망은 묵시적 종말론과 결합하여 파국을 넘어선 새로운 희망의 광활한 지평을 열어준다. 보이는 것과 보이지 않는 만물의 창조주 아버지 하나님은 이 땅을 사랑하시는 분이시기에, 이 땅을 버리고 폐기하지 않으며 오히려 새롭게 변화시켜 주실 것이다. 만물의 회복과 새로움에 대한 희망은 기후위기의 거대한 위협 앞에서도 허무와 절망을 넘어 새로운 대안을 모색할 수 있는 근거가 될 것이다.

3. 나가는 말

온난화의 주범은 탄소 배출이며, 탄소배출의 주범은 인간이다. 오늘날 기후위기에서 벗어나기 위해 탄소중립을 위한 구체적인 정책과 실천들이 제시되고 있다. 창조주 하나님을 신앙하는 기독교 공동체도 그동안 걸어왔던 길을 비판적으로 되돌아보며, 기후위기를 극복할 수 있는 새로운 대안들을 모색해야 한다. 특히 교회의 이러한 대안모색은 단순히 종교집단으로서의 교회를 위한 방안은 아니다. 교회에는 기후위기 극복과 관련된 구체적인 정책과 실천을 시행할 수 있는 각계각층의 사람들이 교회 구성원으로서 자리하고 있다. 교회는 다양한 분야의 사람들과 함께 의논하여 담론을 형성할 수 있는 적절한 공간일 뿐 아니라 교회의 제안은 다양한 분야에서 구체적으로 적용될 수도 있다. 이런 점에서 교회는 우리 시대의 고민을 함께 고뇌해야 하면서도, 때로는 앞서 생각하는 예언자적 시야를 가져야 한다. 하지만 현실적으로 교회의 움직임은 늦은 감이 없지 않다. 교회의 다양한 현안들 가운데 기후위기의 문제는 아직도 순위밖에 밀려나 있다. 개인적 영성과 관련된 설교에 비해 하나님의 창조와 창조세계의 현실에 대한 설교는 현저하게 적은 것이 사실이다. 교단적인 차원에서의 움직임도 눈에 띄지 않는다. 생각을 모으고 마음을 모아 기후위기 극복을 위해 함께 기도해야 할 때다.

앞서 필자는 앞으로 더 깊이 생각해 봐야 할 여러 가지 실천적인 제안들을 했다. 기후위기와 관련하여 교단 차원의 기구들이 만들어지고, 교단 간의 연합체들이 만들어지면, 보다 현실적으로 실천 가능한 제안들이 더욱 풍성하게 모색될 수 있을 것이다. 실천적인 방향뿐 아니라 이론신학적인 근거들과 전통들도 발굴해야 한다. 이전에는 성장과 발전의 키워드를 뒷받침하는 이론들이 제시되었다면, 이제는 그 폐해를 극복하기 위한 다른 대안 모색에 도움이 되는 이론들이 제시되어야 한다. 개인 구원에 집중했던 신학적 가르침은 지구적인 차원까지 포괄할 수 있어야 한다. 내가 살고 있는 집이 불타고 있다면, 그 집안에서 아무리 건강을 위한 방안을 모색한다고 하더라도, 결과적으로 무용지물이 될 수밖에 없지 않겠는가. 개인의 안녕과 건강보다 지구적 차원의 안녕과 건강이 급선무임을 인식해야 할 때다. 개인중심에서 지구적 차원으로, 인간중심에서 생명중심으로 신학적 사유의 전환이 필요하다. 이런 관점에서 성서를 다시, 새롭게 읽어야 하며, 신학 전통들을 다시, 새롭게 발견해 나가야 한다. 신론, 인간론, 기독론, 교회론, 종말론에 이르기까지 신학의 각 주제들을 다시, 새롭게 재구성할 필요도 있다. 기후위기와 관련해서 그동안 나태했던 신학적 사유를 반성하고, 기후위기라는 작금의 현실에 직면하여 성서와 교회 전통을 세심하게 다시 살핌으로써 현재의 위기를 극복할 수 있는 신앙적 지혜를 발굴해야 한다. 이러한 시도들은 낯설고 어색할 수도 있지만, 성서와 교회 전통과의 만남 속에 뿌리내림으로써 타당성과 설득력을 확보할 수 있을 것이다.

분명 기후위기를 비롯한 생태계의 위기에는 통제력을 잃은 맘몬에 대한 숭배가 밑바닥에 놓여 있다.[7] 이제 교회도 번영과 성장 중심에서 자족과 절제 중

---

7) 신학적으로도 생태계의 위기와 성장중심주의의 연관성을 간과해서는 안 된다. 신학적 성찰에 대해서는 대니엘 카스티요/안재형 옮김, 『생태해방신학』(서울: 한국기독교연구소, 2021) 참조. 카스티요는 『거대한 전환』의 저자인 칼 폴라니의 진단에 의거하여 정치와 종교 등 여타의 사회적 구성요인들과 분리되어 왕좌에 앉은 시장경제를 비판한다. "시장사회는 인간의 삶과 자연을 상품 형태로 환원시키는 과정에서 삶의 사회-생태적 구조를 가격 변화와 극단적인 가격 변동에 노골적으로 종속시킴으로써 이 구조를 붕괴시키는 위협이 된다. 실제로 억제되지 않을 경우, 시장사회의 동력은 땅과 땅에서 나오는 모든 것을 위협하는 무자비한

심으로 실천적 전환을 설교해야 한다. 호모 후무스로서의 인간의 한계와 본질을 파악하고 삶의 터전으로 하나님이 선사하신 자연을 사랑하며 주어진 것에 만족하고 절제하는 삶을 모색해야 한다. 그동안 교회의 메시지는 경제성장과 자본의 논리에 따라 '넘치는 복을 주시는 하나님'을 강조해 왔다면, 이제는 받은 복에 대한 우리의 자족적 태도가 강조되어야 할 것이다. 더 많은 것을 얻고자 하기보다는 받은 복을 헤아리며 감사하는 태도가 우선되어야 한다.

'자족할 줄 아는 사람에게는, 경건은 큰 이득을 줍니다. 우리는 아무것도 세상에 가지고 오지 않았으므로, 아무것도 가지고 떠나갈 수 없습니다. 우리는 먹을 것과 입을 것이 있으면 그것으로 만족해야 할 것입니다.'딤전6:6-8

정치-생태론적 폭력을 용인하게 된다."(266)

신의 케노시스와 자연의 창조*

전 철 (한신대학교 신학대학원 원장)

I. 들어가며

신은 가장 오래된 개념이며 가장 논쟁적인 개념이다. 신 개념은 인간 경험의 요소를 묶어내고, 인간 경험의 가능성을 창출한다. 문명은 역사의 과정에서 신 이해의 다양한 양식을 구성하였다. 신 개념은 현실의 적합성을 담보해내지 못할 때 역사적으로 생멸한다. 그렇다면 우리 시대의 적실한 신 개념은 무엇인가. 생명의 시대에서 신의 의미는 생명의 현실성과 긴밀하게 연결되어야 할 것이다. 특히 생명의 가치를 잘 조명하는 것은 신 개념의 중요한 관건이다. 이러한 맥락에서 케노시스kenosis의 신론은 주목할 만한 의미가 있다.

본 연구는 전통적인 다양한 신관의 영향사를 넘어 케노시스의 신론이 오늘 우리에게 왜 부각되는지를 다룬다. 또한 신의 개념과 케노시스 사유가 만날 때 어떻게 신의 의미망이 새롭게 확장될 수 있는지를 논의한다. 그리고 오늘날 생명의 철

---

* 이 글은 전철, "신의 케노시스와 자연의 창조," 「생명연구」 67 (2023.2), 27-42에 게재된 논문을 보완한 것임을 밝힌다.

학의 관점에서 주목을 받고 있는 알프레드 노스 화이트헤드Alfred North White-head, 1861-1947의 형이상학이 케노시스의 사유와 어떻게 결부되어 있는지를 탐색한다. 즉 21세기 생명과 자연에 대한 지식과 그에 기반을 두고 있는 자연의 신학theologia naturae이 신의 자기비움을 강조하는 케노시스 사유와 어떠한 연관성이 있는지를 다룬다. 신의 케노시스와 자연의 창조에 관한 연결을 시도하여 생명의 현실성을 더욱 깊이 조명하는 새로운 신 담론의 가능성을 탐색할 것이다.

II. 전지와 전능의 빛과 그림자

중세의 신은 전지와 전능의 신Deus omnipotens이었다. 전지와 전능의 신은 신 개념의 화용론적 의미에서 인간학적 정당성을 충족한다. 피조물인 인간의 무지와 무능 앞에서 인간과 대극적인 자리에 서 있는 창조주인 신은 전지와 전능의 특성으로 다가온다. 만약 신이 인간처럼 무지와 무능의 존재라면, 우리 인간에게는 신이라는 절대적 지위를 설정할 필요가 없다. 이 맥락에서 신은 우주를 모두 알고, 우주를 신의 방식으로 이끄는 전능과 전지의 창조주로 알려진다. 유한한 인간에게 신은, 세계의 비밀과 신비의 존재이다.

이러한 신 개념은 유한한 인간에 대비되는 관점에서 요청되고 정당화 된다. 전능과 전지의 신이라는 표상은 역사적으로 장구하게 인간 사유를 주도해 왔다. 그러나 근대에 진입하면서 피조물의 자율성과 창조성, 그리고 자기생산1)의

---

1) 자기생산(autopoiesis)에 대한 연구로는 Niklas Luhmann, *Essays on Self-Reference* (New York: Columbia University Press, 1990), 1-20. Niklas Luhmann, *Soziale Systeme. Grundri einer allgemeinen Theorie* (Frankfurt: Suhrkamp, 1984), 57-65. 전 철, "니클라스 루만의 체계이론의 신학적 연구,"「신학연구」66 (2015), 33-58.

지위를 고려하지 않을 수 없다.2) 신의 무한성과 절대성은 인간의 유한성과 상대성에 대한 자각 속에서 발현된 표상이지만, 그로 인하여 인간의 자유, 창조성, 모든 피조물들의 자발성의 자리를 신과 관련하여 연결시키는 작업은 또 하나의 현실적 과제로 남았다. 거기에는 인간의 자유, 세상의 악, 그리고 자연의 질서에 대한 수많은 질문들을 의미 있게 포섭하는 합리적 사유방식이 상대적으로 취약해진다.

신의 전지와 전능에 대한 새로운 관점을 발굴하는 케노시스의 사유는 유대교와 종교개혁 이후 루터교에서 심화된다.3) 케노시스의 사유는 신의 신비, 신의 성육신에 대한 존재론적 확장과 성서적 전망을 근거로 새롭게 구성된다. 특히 개신교는 그리스도교 신의 가장 핵심 사건이라고 할 수 있는 십자가 사건의 의미를 신의 구원론적 관점 속에서 더욱 적극적으로 해석한다. 케노시스 신학의 유산은 종교개혁의 유산과 루터교 신학의 새로운 십자가 신학에 대한 발굴,

---

2) 창조에 대한 새로운 신학적 주목은 다음을 참조. Alexandre Ganoczy (Hrsg.), *Schöpfung und Kreativität* (Düsseldorf: Patmos Verlag, 1980); Christian Link, *Schöpfung*: *Schöpfungstheologie angeshits der Herausforderungen des 20. Jahrhunderts Bd. 7/2*(G tersloh: G tersloher Verlaghaus, 1991), 439-454; Michael Welker, *Gottes Geist*: *Theologie des Heiligen Geistes* (Neukirchen-Vluyn: Neukirchener Verlag, 1993). Ingolf U. Dalferth und Philipp Stoellger(Hrsg.), *Vernunft, Kontingenz und Gott - Konstellationen eines offenen Problems* (Tübingen: Mohr Siebeck, 2000). Günter Thomas, *Neue Schöpfung*: *Systematisch-theologische Untersuchungen zur Hoffnung auf das Leben in der zukünftigen Welt* (Neukirchen-Vluyn: Neukirchener Verlag, 2009).

3) 19세기 중반 에어랑엔의 고트프리트 토마시우스(Gottfried Theomasius, 1802-1875)는 "인격성의 발전"을 목표로 삼은 케노시스 기독론을 루터신학자들을 중심으로 구상하였다. 그에 의하면 예수는 인간적 지성과 의지의 정상적인 기능과 양립 불가능한 것으로 보이는 전능, 전지, 편재와 같은 신적 속성들을 벗어버렸다는 것이며, 그 벗음을 "케노시스"라고 명명하였다. 켈리 케이픽 편집(박찬호 옮김), 『현대신학 지형도: 조직신학 각 주제에 대한 현대적 개관』(서울: 새물결플러스, 2016), 285-289.

창조론에 대한 종교와 과학의 대화를 통하여 다양하게 전개된다.**4)**

피조물의 자율성과 창조성에 대한 안배는 창조주와 피조물의 관계를 모색할 때에 쟁점으로 부각된다. 피조물의 자율성은 창조주와 피조물을 관통하는 성격으로 작동되기 보다는 창조주의 전적 자율성과 피조물의 일방적 구도 속에서 쉽게 허용되지 않는다. 피조물의 자율성에 대한 박탈은 창조주의 자율성의 원형적 확보로 오해될 수는 있으나 피조물과 창조주 모두 진정한 의미의 자유가 위태로워질 수 있다. 이러한 전통적인 신론이 대면하게 되는 여러 사변적 모순과 난점을 이 연구는 주목한다.

III. 창조란 무엇인가: 창조 개념의 모색들

그렇다면 창조주의 완전한 창조 개념은 생명의 창조적 운동과 연속성과 불연속성을 지니는가. 이러한 창조의 쟁점에 대하여 독일의 미하엘 벨커Michael Welker, 1947-는 매우 세련된 방식으로 그 기원과 문제를 분석한다. 그에 의하면 창조에 대한 관례적인 중심 사상들에는 착종된 관점이 존재한다:"세속적인 건전한 인간지성들은 창조를 그것이 창출되어 그래서 종속되어 있는 것으로 간주되는 한에서, 유대 그리스도교적 유산 속에 있는 마치 종교 의식처럼 총체성으로, 세상으로 혹은 자연으로 명명한다. 창조가 한 분 하나님께, 우상들에게, 혹은 근원적이고, 전적으로 우월한, 내지는 세상 초월적이고 자연적인 힘들과 실체들에 예속되느냐 안되느냐에 관계없이, 창출된 존재의 모습과 종속된 존재의

---

4) Kevin Cronin, *Kenosis: Emptying Self and the Path of Christian Service* (Rockport, Mass. : Element, 1992).

모습은 독립적으로 유지된다."5)

그렇다면 이러한 창출된 존재와 종속된 존재의 이원론적 균열은 어디에 기인하는가. 벨커는 창조에 대한 모호하고 이해하기 어려운 문제의 핵심을 다음과 같이 말한다: "우리 서구문화 속에서 이러한 사상들은 오래전부터 끝내 소급될 수 없고 질문될 수 없는 최종적인 원인 제공과 원인 제공자라는 매우 추상화된 빈약한 개념에 연계되어 있다. 더 이상 소급될 수 없는 이러한 원인 제공과 원인 제공자에 대해서는 전혀 이야기될 수 없다."6)

행위자-네트워크 이론Actor-Network Theory을 창시한 프랑스의 과학기술사회학자 부뤼노 라투르Bruno Latour, 1947-2022는 전통적인 신론이 지니는 자기 폐쇄성의 문제를 심각하게 지적한다. 전통적인 신 표상의 대표적인 사례는 무소부재의 신, 전적으로 초월적인 신이다. 모든 개념은 추상성을 머금고 출현하는 사태이다. 그러나 개념의 추상성과 개념의 극단적 환원주의는 층위가 다르다. 개념의 극단적 환원주의는 그 개념이 현실을 담보하지 못하거나, 현실을 겉도는 사태를 촉발한다. 만약 종교적 경험과 신의 의미가 현실에서 적실성을 지니지 못할 때 그것은 종교의 타락이고 신의 죽음을 드러낼 뿐이다.

라투르는 전통적인 신 사유에 새로운 빛을 제공하는 사상가로 알프레드 노스 화이트헤드를 주목한다. 라투르가 보기에 초월적이며 힘을 지닌 신의 관념은 무력한 신powerless God으로 대체되어야 하며, 바로 화이트헤드는 이러한 신의 사유를 매우 깊은 차원으로 해석했다고 평가한다. 이 지점에서 본 연구는, 화

---

5) 미하엘 벨커(김재진 옮김), 『창조와 현실』 (서울: 대한기독교서회, 2020), 22.
6) Ibid.

이트헤드, 라투르의 사유의 연속선상에서 케노시스 사유의 쟁점과 의미를 포착하고 주목한다.

알프레드 노스 화이트헤드는 과정철학과 과정신학의 기초를 형성한 수학자 물리학자 출신의 형이상학자이다.[7] 반면 부뤼노 라투르는 철학과 신학의 전통보다는 과학과 사회의 관계를 새롭게 구상한 과학기술사회학자이다. 그러나 기본적으로 화이트헤드와 라투르는 '경험'과 '사건'의 문제를 치열하게 사유한 사상가이다. 특히 라투르와 화이트헤드와의 사상적 친화력은 벨기에의 과학철학자 이사벨 스텐저스Isabelle Stengers, 1949-의 저작인 *Thinking with Whitehead: A Free and Wild Creation of Concepts*에 담아낸 라투르의 서문에서 선명하게 드러난다.[8] 라투르는 여기에서 W로 시작하는 20세기의 가장 위대한 철학자는 비트겐슈타인Wittigenstein이 아니라 화이트헤드Whitehead라고 평가한다. 그렇다면 화이트헤드의 형이상학 안에서의 신과 세계, 창조와 피조의 관계가 구체적으로 어떠한 방식으로 해체되고 재구성 되는가.

IV. 창조와 피조의 상관성: 화이트헤드의 양극이론

화이트헤드는 자신의 형이상학을 속에서 모든 생명과 존재의 현상과 유리되지 않는 케노시스 사유를 위한 하나의 사상적 토대를 제공한다. 특히 신과 인간

---

7) Alfred North Whitehead, *Process and Reality: An Essay in Cosmology*. The Gifford Lectures of the University of Edinburgh. Corrected edition von David Ray Griffin und Donald W. Sherburne (1929) (New York: The Free Press, 1978).

8) Isabelle Stengers, *Thinking with Whitehead: A Free and Wild Creation of Concepts* (Cambridge: Harvard University Press, 2011). Bruno Latour, "What Is Given in Experience?," *boundary* 2, 32:1 (2005), 223-237.

이라는 특정한 주체의 관점이 아니라 생명과 모든 존재를 품는 동등한 관점에서 실재를 구상한다는 점에서 21세기에 더욱 주목을 받고 있다. 신과 인간의 민주주의를 넘어선 사물들의 민주주의적 사유는 화이트헤드의 독특한 해석학이다. 인간과 비인간, 주체와 객체, 인간과 사물의 전통적인 관계를 넘어서는 포괄적인 모색은 화이트헤드 사유의 참신성이다. 예를 들어 21세기 새롭게 전개되는 하먼의 객체지향적 사유와 사물중심의 사유 모색에는 화이트헤드가 전개한 매우 창조적인 발상들이 적극적으로 전유된다: "하먼은 사변적 실재론의 계보에서 화이트헤드에게 중요한 지위를 부여한다. 화이트헤드가 20세기에 드물게 "인간의 경계를 넘어서 모험을 감행하며" 모든 존재를 동등한 지평에 위치시킨 대담한 사상가였기 때문이다. 화이트헤드는 "인간과 세계 사이의 간극이 여타 존재 사이의 간극보다 철학적으로 좀 더 중요하다는 칸트적인 발상"을 거부한다."[9]

21세기 펼쳐지는 사변적 실재론이나 생동하는 사물의 철학[10]의 중요한 기초로 다시 주목되는 화이트헤드의 형이상학은 당대의 자연적-형이상학적 질서를 과감하게 통합하고 연결한 실재론으로 정평이 나 있다. 이러한 자연주의적 실재론에 기반을 둔 화이트헤트의 형이상학은 일군의 신학자들의 재해석 속에서 과정신학을 향한 기초를 제공하기도 하였다.[11] 과정신학은 전적으로 케노시

9) 스티븐 샤비로(안호성 옮김), 『사물들의 우주: 사변적 실재론과 화이트헤드』 (서울: 갈무리, 2021), 64-65.

10) 제인 베넷 지음(문성재 옮김), 『생동하는 물질: 사물에 대한 정치생태학』 (서울: 현실문화, 2020), 54-55.

11) Roland Faber, *Gott als Poet der Welt*: *Anliegen und Perspektiven der Prozesstheologie* (Darmstadt: Wissenschaftliche Buchgesellschaft, 2003). Cobb, John B., *A Christian Natural Theology*: *Based on the Thought of Alfred North Whitehead* (Philadelphia: The

스적 사유에 관심을 두지는 않으나, 간접적으로 케노시스 신학의 중요한 근거와 통찰을 제공한다. 그리하여 케노시스의 신학, 혹은 자기비움의 신학의 형성에 과정신학적 사유는 의미 있는 전망을 제공한다. 그렇다면 화이트헤드를 중심으로 한 과정철학과 과정신학은 케노시스의 전통과 어떠한 구체적인 관련성을 맺고 있는가.

우선 역사적으로 신정통주의 신학의 관점에서 하나님의 창조는 결의론적 측면을 강조한다. 즉 하나님은 원래 자기를 비울 필요가 없으나 피조물에 대한 사랑으로 전적인 결단에 의하여 자기를 비운다는 관점이다.12) 이러한 창조론의 전통과는 달리 과정신학은 하나님의 창조가 처음부터 피조물을 향한 자기비움의 존재방식임을 강조한다. 하나님의 케노시스는 자유로운 선택이 아니라 근원적 조건이며, 하나님의 자기제한은 자발적이기보다는 형이상학적 필연이라는 점을 과정신학은 강조한다.13) 즉 전능은 신의 속성이 아니며 신과 원천적으로 관련이 없다는 것이다. 이는 과정신학에서 구상하는 신의 핵심 본성에 대한

Westminster Press, 1974). Michael Welker, *Universalit t Gottes und Relativität der Welt* (Neukirchen-Vluyn: Neukirchener Verlag, 1988). Michael Welker, Art. Prozesstheologie, in: EKL3 Bd. 3, (G ttingen : Vandenhoeck & Ruprecht, 1992), 1363-1366.

12) Jürgen Moltmann, *Gott in der Schöpfung. Ökologische Schöpfungslehre* (M nchen: Chr. Kaiser Verlag, 1985).

13) "과정 신학은 하나님의 지식과 능력의 한계는 자발적인 자기 제한에서 기인하기보다 형이상학적 필연에서 비롯된다고 명백히 주장한다. 전지omniscience를 분석하면서 과정 사상가들은, 만약 시간의 경과가 하나님에게 실재한다면, 그리고 만약 우연, 새로움, 인간의 자유가 세계의 특징이라면, 미래 사건의 세부사항이 실제로 발생하기 전까지는 심지어 하나님조차 그것들을 알 수 없다고 주장한다. 만약 하나님이 미래에 대한 지식을 가졌을지도 모르지만 그런 능력을 제쳐두셨다고 말한다면, 그것은 이치에 맞지 않는다. 이와 비슷하게 실재에 대한 과정 신학의 관점에 따르면, 하나님의 전능은 원칙적으로 불가능하다." 이안 바버, "하나님의 능력: 과정 신학 관점", 미하엘 벨커 위르겐 몰트만 외(박동식 옮김), 『케노시스 창조이론』(서울: 새물결플러스, 2015), 43-44.

규명과 연결되어 있다. 과정신학의 케노시스 신 이해를 제공하는 화이트헤드의 중요한 사상적 텍스트 가운데 아주 유명한 본문은 『과정과 실재』 5부의 신과 세계이다.14)

화이트헤드는 신과 세계를 대칭의 관계로 설정하지 주종의 관계로 설정하지 않는다. 신은 세계를 군림하는 초월자가 아니다. 왜냐하면 신은 세계를 위하여 존재하며, 동시에 세계도 신을 위하여 존재하기 때문이다. 신과 세계의 철저한 대칭성의 사유는 신의 세계에 대한 일방적 행사의 사변이 지니는 여러 현실적 난점에 대한 반성의 산물이다. 신과 세계는 주종의 관계가 아닌 대칭의 관계이다. 주종의 관계는 오히려 비대칭적 관계를 뜻한다.

전통적인 신과 세계의 관계적 비대칭성에서는 세계의 자기생성적 과정auto-poietic process과 무작위적 과정stochastic process의 가능성과 근거를 제공하지 못한다. 이러한 세계의 자발적 향유와 새로운 창조의 가능성과 무관한 신 개념은 형이상학적-신학적으로도 화이트헤드와 과정신학 안에서는 거부된다. 신의 세계를 향한 일방적인 존재방식을 넘어서는 신과 세계의 긴밀한 사귐과 자기비움의 관계는 화이트헤드 사유를 기반으로 한 과정신학의 중요한 신론적 기틀이다.

---

14) "신은 항구적이고 세계는 유동적이라고 말하는 것은, 세계는 항구적이고 신은 유동적이라고 말하는 것과 마찬가지로 참이다. 신은 일자이고 세계는 다자라고 말하는 것은, 세계는 일자이고 신은 다자라고 말하는 것과 마찬가지로 참이다. 세계와 비교할 때 신이 탁월하게 현실적이라고 말하는 것은, 신과 비교할 때 세계가 탁월하게 현실적이라고 말하는 것과 마찬가지로 참이다. 세계가 신에 내재한다고 말하는 것은 신이 세계에 내재한다고 말하는 것과 마찬가지로 참이다. 신이 세계를 창조한다고 말하는 것은 세계가 신을 창조한다고 말하는 것과 마찬가지로 참이다. 신과 세계는 대비된 대립자이며, 이 대립자에 의해서 창조성은 대립 속에 다양성을 갖는 이접적인 다수성을, 대비 속에 다양성을 갖는 합생적 통일로 변형시키는 그 최상의 임무를 수행한다." 알프레드 노스 화이트헤드(오영환 옮김), 『과정과 실재: 유기체적 세계관의 구상』(서울: 민음사, 1991), 597-598.

V. 신의 자기비움: 자발성과 필연성 사이에서

화이트헤드의 이러한 세계의 시인으로서의 신의 관점이 군주적 신관으로 참칭되는 전통적인 신관을 적절하게 극복한다고 할 수 있는지를 질문할 수 있다. 세계의 시인으로서의 신15)과 세계와 공동 창조하는 신의 위상으로 창조주의 지위를 설정할 때의 쟁점은 두 가지로 요약될 수 있다. 한 가지 쟁점은 신과 생명의 정체성과 그 확정에 대한 과제가 이 사유의 질문이 아니라면 도대체 생명현상 가운데 "신"으로 정의하고 규정하는 그 화용론적 목표를 위의 화이트헤드적인 신 이해는 어떻게 충실하게 담보하고 있는가이다. 창조주와 피조물이라는 개념이 근본적으로 신의 정체성의 강화나 피조물의 정체성의 수동성에 관심이 있기 때문에 문화적으로 전개된 것이 아니라면, 우리는 신과 세계, 신과 피조물의 비대칭적 의미 관계는 폐기처분해야 하는 것인가. 세계의 결핍과 한계 너머의 존재양식을 신으로 이해하는 지성의 정당성마저도 화이트헤드와 과정신학에서는 폐기한다는 것을 뜻하는 것인가.

다른 한 가지 쟁점은 다음과 같다. 화이트헤드의 체계 안에서의 신의 자기비움은 자발적인가 형이상학적인 것인가에 관한 논쟁이다. 신의 자기비움과 자기퇴각은 그럴 필요가 없음에도 불구하고 특정한 결단과 선택에 의해 작동될 수 있다. 이 논의의 지점이 바로 신의 자기비움의 결의론적 측면과 유출론적 측면 사이의 긴장이기도 하다.16) 칼 바르트Karl Barth, 1886-1968를 중심으로 한 계시

---

15) Alfred North Whitehead, *Process and Reality: An Essay in Cosmology. The Gifford Lectures of the University of Edinburgh* (New York: The Free Press, 1978), 346.

16) Jürgen Moltmann, *Gott in der Schöpfung. Ökologische Schöpfungslehre* (München: Chr. Kaiser Verlag, 1985).

신학적 전통의 자기비움은 신이 몸소 자신의 능력을 퇴각시키고 피조세계를 향하여, 피조세계를 위하여 자발적 결의와 결단으로 이루어졌다는 입장을 보인다. 한편 화이트헤드와 과정신학의 하나님의 능력의 자기비움과 자기제한은 어떠한 방식으로 구성되는가. 이에 대하여 이안 바버Ian Barbour, 19232013는 하나님의 능력의 제한에 관하여 과정신학적 관점은 '자발적 자기 제한'이 아닌 '형이상학적 필연'의 성격을 지닌다고 강조한다. 왜냐하면 자발적 자기 제한으로 하나님의 능력의 제한을 해석한다면 그것은 또 다른 의미에서 신정론적인 난점을 양산한다고 보기 때문이다.[17)]

과정신학의 케노시스는 자발적 자기제한이 아닌 형이상학적 필연이라는 관점을 이안 바버는 강조한다. 이안 바버는 하나님의 케노시스가 "외부의 어떤 것"에 의해 제한되면 안 된다는 기본적인 견해를 제시한다. 하나님의 능력의 제한에 관한 논의는 신성에 대한 비하 혹은 외부적인 요인에 의하여 자신의 주도적인 능력을 퇴각시키는 것으로 오해된다. 피조물의 자율성과 창조성을 증진하기 위하여 하나님의 능력을 제한하는 것은 형식적으로는 "외부의 어떤 것"에 의해 제한되는 것으로 왜곡될 수 있기 때문이다.

---

17) "하나님의 능력에 대한 제한이 자발적 자기 제한이라기보다 형이상학적 필연이라고 말하는 것은, 하나님의 능력이 그분 외부의 어떤 것에 의해 제한된다는 의미가 아니다. 또한 이것은 세계에 존재하는 순수하고 영원한 형상을 구현하려는 하나님의 노력을 제한하는 다루기 힘든 질료recalcitrant matter가 존재한다고 주장하는 영지주의나 마니교에 기반을 둔 이원론도 아니다. 만약 하나님의 본성이 "사랑하는" 혹은 "창조적인"이란 말로 규정된다면, 하나님이 사랑하지 않기로 선택했다거나 창조적이지 않기로 선택했을지 모른다고 말하는 것은 일관성이 없다. 우리는 하나님이 한때 전능하셨으나 그런 능력을 잠시 제쳐놓기로 하셨다고 말할 수 없다. 만약 하나님의 비움의 행동 이면에 고통과 고난에 처한 희생자들을 구하지 않으시는 전능한 하나님이 있다면, 신정론의 문제는 앞에서 언급했듯이 훨씬 더 심각해질 수 있다." 이안 바버, "하나님의 능력: 과정 신학 관점", 미하엘 벨커 위르겐 몰트만 외(박동식 옮김), 『케노시스 창조이론』(서울: 새물결플러스, 2015), 44-45.

하나님의 능력에 대한 설정을 과정신학에서는 자발적 차원보다 더 근본의 관점에서 형이상학적으로 안배했다는 점을 이안 바버는 주목했다. 신의 본성을 세계의 풍요로움을 지탱하고 확산하는 배경과 조건으로 설정했다는 점이 이안 바버의 과정신학의 케노시스에 관한 해석의 요체이다. 중세의 스콜라 사유에서 전개되었던 신의 무한성에 기반을 둔 전지와 전능 개념에 대한 새로운 전환을 이후 과정신학자들은 진행한다. 그리고 신의 전능 개념에 대한 새로운 해석은 형이상학적 차원 뿐 아니라 도덕적 차원에서도 더욱 의미가 있다고 해석한다.[18]

VI. 신의 자기철회: 생명의 본성과 창조성

신의 자기철회와 자기비움에 관한 신학적 재해석에는 다양한 함의와 동기가 있다. 가장 근본적으로는 그리스도교가 새롭게 주목하였던 신의 성육신에 있다. 영원한 신은 세상을 향하여 화육하였으며 또한 피조세계의 중심에서 십자가 처형을 당하기까지 세계의 희생과 구원의 제물이 되었다. 이러한 신앙적이며 역사적 유산을 바탕으로 그리스도교의 사상적 동력은 확산되었다. 그러나 신과 세계에 대한 표상과 이해는 이러한 성육신과 세계의 체현으로서의 신성이

---

18) 이안 바버는 하트숀의 신의 전능에 대한 도덕적 해석을 다음과 같이 서술한다: "하트숀은 형이상학적 근거뿐 아니라 도덕적 근거에서도 신의 전능을 반대한다. 실재에 관한 사회적 관점에서 볼 때, 설득은 비록 그것이 악과 고난이라는 더 큰 위험을 수반한다 할지라도 강제(coercion)보다 더 높은 도덕적 지위를 지닌다. 하트숀에 따르면, 비록 다른 존재들이 그들 자신을 위해 행하기에 유익한 모든 것을 하나님이 하시는 것은 아니지만, 그분은 어떤 궁극적 존재가 행하기에 유익한 모든 것을 하신다." 이안 바버, "하나님의 능력: 과정 신학 관점", 미하엘 벨커 위르겐 몰트만 외(박동식 옮김), 『케노시스 창조이론』(서울: 새물결플러스, 2015), 44-45.

강조되기 보다는 신의 절대성과 세계의 상대성의 대립으로 여전히 주조되곤 하였다. 화이트헤드의 사유는 고도의 형이상학적 체계성을 확보하고 있지만 신과 세계의 관계에 대하여는 성육신과 신의 세상을 향한 체현의 관점으로 매우 일원론적으로 채색된다.

화이트헤드에게 신은 순수한 정신적 극이다. 세계는 불순한 물리적 극이다. 세계는 정신성과 물질성이 혼재되어 있다. 세계는 신과의 관계에서 정신성의 지향을 획득하며, 신은 세계와의 관계에서 그 비전의 물리적 체현을 획득한다.19) 이러한 신과 세계의 일원론적 사유는 신성의 해체와 물리적 세계의 신성화로 오해되기도 한다. 그러나 화이트헤드의 신과 세계의 관계의 핵심은 신성과 세계성, 정신성과 물질성은 결코 단순한 방식의 이원론적 구획으로 조명되거나 해체될 수 없다는 점에 있다. 더 나아가서 모든 경험의 사례는 신이든 세계이든 양극적bipolar이라는 점을 화이트헤드는 제시하였다.20)

화이트헤드의 이러한 신론은 신학사에서 하나님의 사랑의 본질에 대한 새로운 이미지를 제공한다. 즉 하나님의 사랑은 타자 위에 군림하는 힘과 능력이기보다는 오히려 타자를 향하여, 타자와 함께 하는 연대와 공감이라는 점이다. 힘과 능력이 연대와 공감으로 되는 것이 아니라, 연대와 공감으로 인해 전통적인 '힘'과 '능력'의 의미를 얻는다. 그러므로 신의 케노시스는 그가 얼마나 세계에 깊이 침투되어 들어가느냐가 문제가 된다. 세계를 향한 침윤의 목적은 신의 능력을 보증하는 것이 아니라, 상처와 혼돈과 아픔의 세계로 깊이 들어가 그를 어

---

19) Alfred North Whitehead, *Process and Reality: An Essay in Cosmology. The Gifford Lectures of the University of Edinburgh* (New York: The Free Press, 1978), 36.

20) "Any instance of experience is dipolar". Ibid., 36.

떻게 치유할 것인가에 있다.

인간은 세계의 아픔에 대한 신의 연민의 관계 앞에서 사변적인 질문을 제기할 수 있다. 왜 신은 고통스러운 세계를 창조하고, 또한 고통스러운 세계로 진입하는가. 세계의 고통과 아픔을 원천적으로 창조하지 않는 지혜는 없었을까. 세계의 고통과 아픔이 있다 하더라도, 다시 세계로 진입하여 세계의 아픔을 치유하고 완성한 신과 세계의 평화는, 최초의 신과 세계의 평화와는 무슨 차이가 있는가.

그러나 이 질문이 가능한 전제를 볼 필요가 있다. 이 질문은 신과 세계를 두 실체로 전제할 때에만 가능하다. 동시에 신과 세계의 새로운 경험을 고려하지 않을 때에만 가능하다. 더 나아가 신학이라는 학문이 어떠한 현실적이며 사회적 토대를 기반으로 정당성을 얻는지를 숙고하지 않을 때에만 가능하다. 신학이 현실과 사회적 토대를 배제하는 실체성의 사유에서만 존재한다면 이는 신학의 퇴행을 초래할 것이다. 신은 자기를 비우는 방식으로 세계와 관계를 맺는다. 신과 세계는 이 사건을 통하여 새로운 경험을 창출한다. 그리고 생명의 근원인 신의 자기비움의 방식은 또한 모든 생명의 보편적 양식일 수 있음을 암시한다.

화이트헤드의 사유가 케노시스 신학을 담지하고 있다는 주장은 신학의 역사적 궤적과 퇴행에 대한 그의 비판에서 더욱 근거와 힘을 얻는다. 화이트헤드는 기독교라는 종교가 지성과 합리성, 그리고 철저한 우주론적 사유로 무장된 자리와는 무관하다고 말한다. 그에게 기독교의 창시자인 예수의 비범함은 지성에 있는 것이 아니라 심원한 통찰이었다. 오히려 예수의 가르침을 지성적으로

종교화 하면서 종교가 타락되었다고 그는 지적한다.[21]

그는 중세 스콜라전통이 전개하고 있는 종교의 합리화와 지성화에 대하여 비판적이다. 그러나 동시에 중세를 넘어서 개신교의 새로운 출발을 잉태한 종교개혁에 대하여도 비판적이다. 한 가지 이유는 심미적 호소에 대한 포기이며 다른 이유는 야만적인 신학에 대한 보존이다.[22] 화이트헤드가 구상한 케노시스 사유의 사상사적 배경이 여기에서 드러난다. 즉 케노시스의 신은 지성주의를 넘어선 심미주의, 군주적 신을 넘어서는 자기비움의 신이며, 바로 이것이 예수의 정신임을 보여준다는 것이다. 신과 예수에 대한 화이트헤드의 관점은 신과 세계에 대한 고도의 형이상학적 사변으로 제한되지 않는다. 신과 세계의 대칭성과 관계성이라는 형이상학적 일반화로 환원될 수 없는 다양한 해석학적 전환 안에서 화이트헤드의 케노시스 사유의 핵심 정신이 드러난다. 오히려 예수 그리스도가 보여준 케노시스가 세계의 역사를 분기하는 사건임을 화이트헤드는 강조한다.[23]

---

21) "문제는 종교를 지성화하는 데서 생깁니다. 예수는 그렇게 지적인 편이 아니었습니다. 그가 가지고 있었던 것은 심원한 통찰이었습니다. 기원전 500년에서 기원 200년까지 동지중해 연안의 인간이 친밀한 사상을 글로 적어놓기 시작했고, 위대한 시대가 도래했습니다. 나는 물론 자기네 사상을 글로 적었던 특별히 재능있는 사람들에 대해 말하는 것입니다. 바울의 출현은 예수 사람들 중 단지 물 한 방울에 지나지 않았고 그의 후계자 중에는 높이 평가할 만한 인물이 많았습니다. 하지만 그들의 신 관념은 나에게는 악마의 관념입니다." 알프레드 노스 화이트헤드 루시엔 프라이스 기록(오영환 옮김), 『화이트헤드와의 대화』 (서울: 궁리, 2006), 347-348.

22) "종교개혁은 역사상 가장 큰 실패의 하나입니다. 그것은 교회를 관용과 우아한 것으로까지 만들게 해주었던 것, 즉 심미적인 호소를 완전히 포기하고 그 대신 야만적인 신학을 보존하도록 했어요." 알프레드 노스 화이트헤드 루시엔 프라이스 기록(오영환 옮김), 『화이트헤드와의 대화』 (서울: 궁리, 2006), 507.

23) "그리스도의 삶은 위압적인 힘의 과시가 아니다. 그의 삶의 영광은 그의 삶을 알아볼 수 있는 사람들을 위한 것이며 세계를 위한 것은 아니다. 그의 삶은 힘은 강압을 수반하지 않는다는 데 있다. 그의 삶에는 궁극적 이상에 대한 결의가 있으며, 이것이 이 시점을 전후하여 세계의

VII. 케노시스 신학과 자연의 신학

"케노시스 사유"는 전통적인 초월과 내재, 절대와 상대, 영원과 시간, 무한과 유한의 이분법적 사유를 극복하려는 생성적 사유의 시도이다. 동시에 모든 존재가 지니는 창조성과 가능성을 전제하며 그 바탕 위에서 피조물과 창조주의 긴밀한 관련성을 탐색하는 사유이다. 신의 자기비움은 세계에 대한 수동적인 반응이 아니라, 오히려 역설적으로 더욱 강력한 반응이자 창조이다.[24] 이러한 생성의 사유는 신이 세계에 내재하고, 상대적이고, 시간적이며 유한과 함께 함으로 새로운 생명의 가능성을 창출하는 역동적 대안의 제시이다. 케노시스 사유의 발원은 형이상학적 사변을 넘어서서 생명과 자연에 대한 새로운 인식과 심화의 관점에서 중요한 의미를 지닌다.

17세기의 종교적 성찰에서 발현되는 케노시스 사유 방식과는 별개로 자연의 질서를 바탕으로 신의 본성을 탐구하는 일군의 케노시스 사상이 발현된다. 전자가 계시신학적 전환이라고 한다면 후자는 자연신학적 전환이라고 할 수 있다. 이러한 자연과 생명의 패턴을 더욱 적극적으로 검토하는 '자연의 신학theologia naturae'이 20세기 중후반 강력하게 발현된다.[25] 자연의 신학의 여러 자연과학적 작인 가운데 하나는 30억 년 넘는 기간 동안 우주를 추동해 낸 생물학적 진화 현상이며, 또한 새로운 형태로 생명의 발현을 설명하는 창발emergence 현

역사가 나누어지는 이유이다." 화이트헤드(문창옥 옮김), 『종교란 무엇인가』 (고양: 사월의책, 2015), 71.

24) Michael Welker, *Schöpfung und Wirklichkeit* (Neukirchen-Vluyn: Neukirchener Verlag, 1995).

25) 전철, "자연의 신학의 현대성 연구: 인간과 자연의 미래를 위한 자연의 신학의 재구성", 「신학연구」 70 (2017), 45-73.

상에 대한 이론적 주목이다. 이러한 과학적 성찰을 반영하는 방법론과 실재론의 구상은 살아있는 생명에 대한 신론으로서 케노시스 이론을 도입하였다.

근대 진화의 서사시epic of evolution는 창조주 하나님의 본성과 창조 활동에 대한 새로운 인식을 요청한다. 위르겐 몰트만의 자기비움의 통찰을 심화한 존 폴킹혼John Polkinghorne, 1930-2021이 주도하여 케노시스 신학을 초학제적으로 다룬 매우 중요한 연구서인 『사랑의 사역: 케노시스로서의 창조』*The Works of Love: Creation as Kenosis*는 계시신학과 자연의 신학의 양 관점을 매우 종합적으로 연결시켰다.[26] 이 저술은 케노시스 신학에 대한 최근의 다양한 성과를 생물학, 우주론, 창조론, 종말론, 현대신학에 관련하여 조명한 이 분야의 탁월한 저술이다. 이 연구는 21세기를 맞이하여 위르겐 몰트만Jürgen Moltmann, 1926-과 밴스톤William Hubert Vanstone, 1923-1999의 신의 자기비움에 대한 사유와 통찰을 바탕으로 11명의 신학자, 신경과학자, 생물학자, 자연과학자들이 모여 생명 현상과 케노시스 신학의 관련성을 최신의 논의를 바탕으로 창조와 케노시스라는 주제를 다학제적으로 다루었다.

뜨거운 대폭발을 통한 우주의 기원, 생물학적 과정 속에서 펼쳐지는 스타케스틱 과정stochastic process, 세계의 존재들의 복잡성과 복합성의 형성 과정은 전통적인 신의 본성에 대한 새로운 재해석을 요구한다. 아서 피콕Arthur R. Peacocke, 1924-2006은 이러한 생명현상과 관련된 신의 이해방식의 문제를 다음과 같이 언급한다: "오늘날 신의 창조를 믿는 모든 믿음 체계는 인간을 포함

---

26) J. C. Polkinghorne (ed.), *The Work of Love: Creation as Kenosis* (Grand Rapids: W. B. Eerdmans, 2001).

하는 모든 생명체가 존재하게 된 방식과 관련된 이런 과학적 인식들을 받아들여야 하고, 더 분명히 말해 그런 인식들과 통합되어야 하며 그것들로부터 정보를 얻어야 한다."[27]

아서 피콕은 모든 생물학적 진화 과정을 약육강식으로 접근하는 관점과는 달리 자기비움이라는 값비싼 대가를 치르는 관점으로 해석한다.[28] 그리스도교 신학이 강조하는 십자가에 대한 새로운 문화적 인식론이 요구된다. 아서 피콕과 홈스 롤스턴Holmes Rolston, 1932-은 십자가에 대한 전통적인 해석, 즉 개인적, 내면적인 차원의 의미를 생물학적 지평으로 확산하여 해석한다. 그는 십자가를 생명과 인류 역사에서 보여주는 유기체의 고양된 생존을 위한 의미체계로 해석한다: "자연선택의 상황에서, 고통은 활력을 제공하는 효과가 있으며 행동하게끔 만드는 자극제다. 고통과 고난은 모두 자신의 생존을 위협하는 새로운 문제 상황과 계속 직면하게 되는 피조물을 위한 생존 가치를 지닌다. 홈스 롤스턴은 생물학적 진화가 가진 이런 특징을 발전시키면서, 이것을 "십자가형 자연주의"cruciform naturalism라 부른다."[29]

홈스 롤스턴에 의하면 수많은 생명은 다른 피조물을 위한 보상ransom을 위하여 그들의 고유한 삶을 포기하였다. 이러한 점에서 예수는 자연 질서의 예외가 아니라, 그 정점을 보여주는 핵심 사례가 된다. 그리고 이러한 고난을 통해 기쁨에 도달하는 능력은 기독교 최고의 창발이며 정수이다. 그 정점에 서 있는

---

27) 아서 피콕, "새로운 삶의 비용", 미하엘 벨커 위르겐 몰트만 외(박동식 옮김), 『케노시스 창조이론』(서울: 새물결플러스, 2015), 59.
28) Ibid., 58-90.
29) Ibid., 74.

대속과 고난과 희생의 사랑이 바로 예수 그리스도의 십자가이다. 이 십자가는 단순한 예수 개인, 그 사회의 지평을 넘어서 모든 자연적 문화적 역사를 상징하는 비유이다.[30]

창조 세계에서 전개되는 신의 활동은 전지와 전능의 성격보다는 자연과 생명계가 자신의 경험의 깊이를 강화하고 고난과 아픔을 통하여 진화하는 복잡계적 질서의 형성을 도모하는 존재이다. 신의 활동은 생물학적 변화와 진화의 전 요소들을 통하여 전개되는 생명현상을 의미 있게 담보하는 고도의 자연적 역사적 의미 체계이다. 그리스도교 신학은 이러한 생명의 역사와 관여된 신의 총체적 활동에 대한 조명과 성찰에서 케노시스 사유의 가치와 정당성을 더욱 확보할 수 있었다.

VIII. 나가며

신 개념은 인간이라는 피조물의 현실성 앞에서 절대와 전능이라는 화용론적 의미를 담지하고 있다. 절대와 전능이라는 개념은 중세를 거쳐서 존재론적이며 우주론적 가치로 일반화 되었다. 그러나 근대를 넘어서 신의 본성에 대한 신학적 재해석, 그리고 자연과 생명 현상에 대한 자연학적 탐구 속에서 새로운 케노시스 사유의 전환이 이루어진다. 21세기 인간과 자연과 사물에 대한 자연적 지식의 함양과 심화는 창조주와 피조물의 연관성, 그리고 창조 개념에 대한 새로운 전환 패러다임을 요구한다. 자기생성, 창조성, 자유와 지향성은 생명과 자연

---

30) 홈스 롤스톤, "비움과 자연", 미하엘 벨커 위르겐 몰트만 외(박동식 옮김), 『케노시스 창조이론』, (서울: 새물결플러스, 2015), 118-119.

의 선한 실상이며, 바로 그러한 가능성을 열어주는 존재가 케노시스 신의 이미지이다. 그리스도교 신학이 발굴하고 있는 성서적 신과 창조에 대한 심화된 인식은 오히려 케노시스적인 창조주의 양식에 대한 재해석과 발굴을 도모한다. 자기를 내어주시고 자기를 비우시는 그리스도의 독특한 사유가 그리스도의 계시 뿐만 아니라 모든 생명이 품고 있는 궁극적 행동임을 21세기의 자연의 과학과 자연의 신학은 주목하고 있는지도 모른다.

사실 우리 문화와 사회적 공론 장에서 자기를 비우고 타자와의 관계에서 자신의 행위를 상대화하는 능력은 더불어 사는 생명 공동체의 존재론적 기초를 구성한다. 자연 또한 복합적이고 조직화된 활동 속에서 지속가능한 생명 공동체의 터전을 제공하고 있다. 창조주의 관점에서 피조물의 창조 활동은 결코 창조주의 주권을 훼손하지 않는다. 화이트헤드의 형이상학은 이 생명의 세계를 창조주와 피조물이 상호 향유와 자유를 머금고 의미 있는 생명의 미래를 향해 나아가는 역동적 과정으로 기술한다. 케노시스적인 사유는 오늘 우리가 살아가고 있는 생명의 현실을 적절하게 해석하고, 생명의 가능성을 풍부하게 조명하는 요인이 될 것이다. 케노시스의 사유는 신의 전능과 전지를 훼손하는 이론이 아니라, 오히려 그리스도교의 비움의 사랑을 우리 시대의 종교, 사회, 생명, 우주의 질서 속에서 더욱 유용하게 재현하는 지적 유산이다.

IX. 참고문헌

미하엘 벨커 · 위르겐 몰트만 외/박동식 옮김. 『케노시스 창조이론』. 서울: 새물결플러스, 2015.

미하엘 벨커/김재진 옮김. 『창조와 현실』. 서울: 대한기독교서회, 2020.

스티븐 샤비로/안호성 옮김. 『사물들의 우주: 사변적 실재론과 화이트헤드』. 서울: 갈무리, 2021.

알프레드 노스 화이트헤드/오영환 옮김. 『과정과 실재: 유기체적 세계관의 구상』, 서울: 민음사, 1991.

알프레드 노스 화이트헤드/문창옥 옮김. 『종교란 무엇인가』. 고양: 사월의책, 2015.

알프레드 노스 화이트헤드 루시엔 프라이스/오영환 옮김. 『화이트헤드와의 대화』 서울: 궁리, 2006.

전철. "니클라스 루만의 체계이론의 신학적 연구". 「신학연구」 66 (2015), 33-58.

전철. "자연의 신학의 현대성 연구: 인간과 자연의 미래를 위한 자연의 신학의 재구성". 「신학연구」 70 (2017), 45-73.

제인 베넷/문성재 옮김. 『생동하는 물질: 사물에 대한 정치생태학』. 서울: 현실문화, 2020.

켈리 케이픽 편집/박찬호 옮김. 『현대신학 지형도: 조직신학 각 주제에 대한 현대적 개관』. 서울: 새물결플러스, 2016.

Cobb, John B. *A Christian Natural Theology: Based on the Thought of Alfred North Whitehead*. Philadelphia: The Westminster Press, 1974.

Cronin, Kevin. *Kenosis: Emptying Self and the Path of Christian Service*. Rockport, Mass.: Element, 1992.

Dalferth. Ingolf U. und Philipp Stoellger (Hrsg.). *Vernunft, Kontingenz und Gott - Konstellationen eines offenen Problems*. Tübingen: Mohr Siebeck, 2000.

Faber, Roland. *Gott als Poet der Welt: Anliegen und Perspektiven der Prozesstheologie*. Darmstadt: Wissenschaftliche Buchgesellschaft, 2003.

Ganoczy, Alexandre (Hrsg.). *Schöpfung und Kreativität*. Düsseldorf: Patmos

Verlag, 1980.

Latour, Bruno. "What Is Given in Experience?". *boundary* 2. 32/1 (2005), 223-237.

Link, Christian. *Schöpfung: Schöpfungstheologie angeshits der Herausforderungen des 20. Jahrhunderts Bd. 7/2*. Gütersloh: Gütersloher Verlaghaus, 1991.

Luhmann, Niklas. *Essays on Self-Reference*. New York: Columbia University Press, 1990.

Luhmann, Niklas. *Soziale Systeme. Grundriß einer allgemeinen Theorie*. Frankfurt: Suhrkamp, 1984.

Stengers, Isabelle. *Thinking with Whitehead: A Free and Wild Creation of Concepts*. Cambridge: Harvard University Press, 2011.

Thomas, Günter. *Neue Schöpfung: Systematisch-theologische Untersuchungen zur Hoffnung auf das Leben in der zukünftigen Welt*. Neukirchen-Vluyn: Neukirchener Verlag, 2009.

Welker, Michael. Art. "Prozesstheologie". *EKL³ Bd. 3* (1992), 1363-1366.

Welker, Michael. *Gottes Geist: Theologie des Heiligen Geistes*. Neukirchen-Vluyn: Neukirchener Verlag, 1993.

Welker, Michael. *Schöpfung und Wirklichkeit*. Neukirchen-Vluyn: Neukirchener Verlag, 1995.

Welker, Michael. *Universalität Gottes und Relativität der Welt*. Neukirchen-Vluyn: Neukirchener Verlag, 1988.

Whitehead, Alfred North. *Process and Reality: An Essay in Cosmology. The Gifford Lectures of the University of Edinburgh*. New York: The Free Press, 1978.